Pierre Grimal · Vergil

Pierre Grimal

VERGIL

Biographie

Aus dem Französischen übersetzt von
Eva Beate Fuhrmann

Artemis & Winkler

Titel der französischen Originalausgabe:
Virgile ou la seconde naissance de Rome, Paris 1985

Die Deutsche Bibliothek – CIP-Einheitsaufnahme

Grimal, Pierre: Vergil: Biographie / Pierre Grimal.
Aus dem Franz. übers. von Eva Beate Fuhrmann. –
Neuausg. – Düsseldorf; Zürich: Artemis und Winkler, 2000
Einheitssacht.: Virgile ou la seconde naissance de Rome <dt.>
ISBN 3-7608-1226-0

Umschlagmotiv: «Altrömische Weinschenke» (Ausschnitt)
von Arnold Böcklin (Kunstmuseum Basel)

Druck und Bindung: Lengerischer Handelsdruckerei, Lengerich
ISBN 3-7608-1226-0

Einleitung

Einen Vergil in einer «biographischen» Reihe vorzulegen ist ohne Zweifel ein kühnes Unterfangen. Was wir an gesicherten Kenntnissen über das Leben des Dichters haben, ist recht bescheiden. Selbst wenn man die Legenden und Kommentare hinzuzieht, die sich im Laufe der Jahrhunderte, und zwar schon seit der Antike, um sein Werk und seine Person herumgerankt haben, wären wenige Seiten ausreichend – und man erführe nicht einmal sehr viel. Die Schwierigkeit dieser bisweilen für undurchführbar angesehenen Aufgabe soll uns indes nicht zum Schweigen verurteilen. Denn wenn auch die Quellen und Zeugnisse einer kritischen Prüfung nicht standhalten oder uns im Stich lassen, so haben wir doch das dichterische Werk.

An dieses müssen wir uns halten, denn darin findet eine Entwicklung ihre Darstellung und ihren Ausdruck – ein zugleich innerer und von außen bedingter historischer Ablauf, bei dem verschiedenartige Kräfte aufeinandertreffen und zusammenwirken: die einen entstammen den Tiefen dichterischen Empfindens, andre haben ihren Ausgangspunkt in Einflüssen, die untrennbar verbunden sind mit jeglichem literarischen Schaffen, andre wiederum sind das Ergebnis von Zwängen einer Welt im raschen Umbruch. Da erfahren die sozialen Beziehungen der Menschen eine radikale Umformung: zwischen dem Untergang einer in sich geschlossenen Gesellschaft, die ihren richtigen Platz inmitten der allgemeinen Veränderung noch nicht kennt, und den Anfängen eines Kaiserreichs, das allmählich den Glauben an sich selbst wiedergewinnt in dem Maße, wie es sich immer zahlreicheren Völkerschaften öffnet.

Vergils Lebenszeit erstreckt sich nur über ein halbes Jahrhundert. Sie beginnt in dem Jahre, in dem man das durch die Gesetzgebung des Diktators Sulla unterbrochene politische Spiel wiederaufzunehmen trachtete, eben jenem Jahr 70 v. Chr., in dessen Verlauf der Prätor Verres abgeurteilt wurde und in die Verbannung gehen mußte, weil er Sizilien in der rauhen Manier republikanischer Statthalter verwaltet hatte; denen war mehr daran gelegen, ein Vermögen zu machen, als Gerechtigkeit zu üben und den Bewohnern der Provinz Wohlstand und Frieden zu garantieren, wie dies ihre Amtspflicht gefordert hätte. Die Sizilier strengten vor der römischen Gerichtsbarkeit einen Prozeß gegen Verres an; ihr Wortführer war Cicero, ein junger Mann noch, ihr ehemaliger Quästor, dessen Gerechtigkeitssinn, Energie und vielleicht auch schon Beredsamkeit sie schätzen gelernt hatten. Verres hatte Rom freiwillig verlassen und lebte seit Anfang August im Exil, und jedermann wußte, daß diese «cause célèbre» eine Gerichtsreform einleiten, den Senatoren ihr Rechtsprechungsmonopol entreißen und, so hoffte man wenigstens, Anlaß sein würde dafür, daß den Statthaltern bei der Eintreibung des Geldes Zügel angelegt würden durch die Androhung, sie müßten für ihre Amtsführung vor einem anderen Gremium als dem Senat, dem sie selbst angehörten, Rechenschaft ablegen. Am 15. Oktober desselben Jahres wurde Vergil in einer Gegend geboren, die damals noch von einem Statthalter verwaltet wurde, der Provinz Gallia Cisalpina, welche nach der Auffassung der römischen Verwaltung nicht zu Italien gehörte.

Als Vergil am 20. September 19 v. Chr. in Brindisi starb, hatte sich die Welt verändert. Zwei Jahre danach brachten die Säkularspiele, die nur gefeiert wurden, wenn alle vor der Abhaltung der letzten Spiele geborenen Menschen gestorben waren, wenn also ihre Umwelt sich gänzlich erneuert hatte, die Bestätigung dieses Wechsels, durch den alle alten Befleckungen, alle Verbrechen und Unglücksfälle endgültig überwunden, vergessen, der Vergangenheit anheimgegeben worden waren. Damals waren mehr als zwanzig Jahre verflossen, seitdem Vergils Heimat, jener Landstrich der Gallia Cisalpina, auf dem sich das Gebiet seiner Heimatstadt Mantua befand, dem römischen Staat eingegliedert worden war. Das politische Leben Roms flutete über die Grenzen der alten latinischen Stadt hinweg. Unter der Leitung des Mannes, den man seit acht Jahren Augustus nannte – das bedeutet «geheiligt», wie es ein Tempel, ein Altar sein kann, für den die Auguren die Gegenwart einer göttlichen Wesenheit festgestellt haben –, hatten die Römer zu einer neuen Form gesellschaftlichen Zusammenlebens gefunden, die weder dem alten, in magischen Vorstellungen wurzelnden Königtum eines Romulus oder Numa glich, noch der auf militärischer Stärke beruhenden Tyrannis der hellenistischen Könige und schon gar nicht der durch eine lange Folge von Bürgerkriegen machtlos gewordenen oligarchischen Republik. Von alledem war etwas in der neuen Gesellschaftsform enthalten. Römisches Staatsdenken hatte auf diese Weise eine sehr originelle Struktur entworfen, von der man damals das Heil erwarten durfte. Auch wenn sie nur als Übergangslösung gedacht war, so erwies sie sich doch als äußerst entwicklungsfähig. Und das, obwohl doch anzunehmen gewesen wäre, daß im Westen wie im Osten seit Jahrhunderten schon alles durchprobiert worden sei, daß die Herrschaftsformen, wenn sie durch Abnutzung oder Gewalteinwirkung zugrunde gingen, einander ablösten und daß der Verfall von Staatsgebilden und Stadtstaaten unaufhaltsam sei. Nicht wenige waren überzeugt von der Richtigkeit dieser Vorstellung; das Ende der Republik in Rom vollzog sich daher in einer Untergangsstimmung. Und da geschah das Wunder im letzten Teil der ein halbes Jahrhundert umfassenden Lebenszeit des Dichters: Rom erhob sich wieder, zeigte aufs neue seine Macht und gewann sein Selbstvertrauen zurück. Vergil war mehr als nur ein Zeuge dieses wunderbaren Geschehens, er hat daran mitgewirkt, zusammen mit Octavian und seinen politischen Ratgebern, und man sieht noch heute in seinen Gedichten das aufleuchten, was anfangs nur ein Hoffnungsschimmer war und was zur Gewißheit wurde nach dem Sieg, der Octavian zum Alleinherrscher an der Spitze des Imperiums machte.

Trotz seiner immer engeren inneren Bindung an die Entwicklung des großen Rom, des Weltreichs, blieb Vergil immer zutiefst seinem «Heimatland» verhaftet. Wir werden, wie viele vor uns, dartun, daß die Gegend um Mantua in den Eklogen und der Aeneis stets gegenwärtig ist; aber noch eindringlicher als die Bilder der von den Wasserläufen und Sumpfniederungen des Mincio umgebenen Stadt ist dem Dichter Mantuas Vergangenheit stets gegenwärtig. Diese Vergangenheit ragte tief hinein in die gemeinsame Sagenwelt, die der Schatz aller italischen Gemeinwesen war und sie zu Teilhabern am Ganzen der Kultur machte, die sich an den Gestaden des Mittelmeers und ihrem Hinterlande ausgebreitet hatte. Als der Dichter in der neunten Ekloge zwei seiner Figuren, zwei Hirten, vorführt, die mit ihren landwirtschaftlichen Erzeugnissen nach Mantua ziehen, nennt er ein Merkzeichen, das die Hälfte ihres Wegs angibt, das Grab des Bianor. In der

Antike standen überall auf dem Lande Grabmäler herum, die zum Bild der Landschaft gehörten. Es sind schon sozusagen die Vorentwürfe jener romantischen Stiche, die bis zum Überdruß die Straßen der römischen Campagna vorführten in einem Zustand, wie man ihn noch heute in der Umgebung von Pompeji sehen kann. Während jedoch die bis heute erhalten gebliebenen Grabstätten meist anonym sind (Caecilia Metella ist uns nur deshalb bekannt, weil ihr Mausoleum schützende Zinnen erhielt, als es zur Festung umgestaltet wurde), hat das Grabmal des Bianor für Vergil und die Einwohner von Mantua seinen Namen bewahrt. Und der Name bedeutete ihnen etwas.

Die Vergilkommentatoren versichern fast einhellig, bei Bianor handle es sich um keinen anderen als den Gründer von Mantua, Aucnus. Bianor sei sein Beiname gewesen, der auf griechisch Ausdruck für seine Tatkraft und seine Stärke gewesen sei. Die sagenhafte Überlieferung fügt noch weitere Einzelheiten hinzu: dieser Aucnus soll der Sohn oder Bruder von Aulestes, dem Gründer Perugias, gewesen sein; zur Vermeidung von Streitigkeiten mit Aulestes sei er freiwillig an den Nordabhang des Apennin ins Exil gezogen, wo er eine andere Stadt, Felsina, das spätere Bologna, gegründet habe. Dann habe er seine Gefährten ermuntert, sich allenthalben in der Gegend an befestigten Plätzen niederzulassen. Mantua sei eines dieser Kastelle gewesen, weil es auf natürliche Weise durch den Mincio und seine Sumpfniederungen geschützt war.

Aber die Sage wußte noch mehr zu berichten, nämlich, dieser Aucnus sei der Sohn einer gewissen Mantus gewesen, die eine Tochter des thebanischen Sehers Teiresias – oder sogar des Herakles –, die Gattin des Flußgottes Tiber gewesen sein soll. Durch diese verwandtschaftlichen Beziehungen war sie ganz eingebettet in den Mythos. Die sogenannten Antiquare, aus deren Feder die Vergilkommentare stammen, versichern ihrerseits, Mantus sei der Name einer mit Pluto, dem Herrscher der Unterwelt, identischen etruskischen Gottheit gewesen. Diese Konstruktionen setzen die Annahme voraus, Mantua sei eine etruskische Gründung, eine durchaus zulässige Annahme. Vergil teilte diese Meinung. Er hielt sich wenigstens teilweise für einen Erben der Etrusker. Bei der Aufzählung der auf seiten der Trojaner kämpfenden Verbündeten im zehnten Buch der Aeneis nennt er Aucnus ausdrücklich und fügt hinzu, Mantua, die Heimat des Helden, sei «reich an Vorfahren» gewesen, und seine Stärke verdanke es hauptsächlich seiner etruskischen Komponente.

Der etruskische Ursprung von Mantua wird zumindest teilweise bekräftigt durch eine Sage, die seine Gründung dem Etrusker Tarchon zuschreibt, einem Bruder des Tyrrhenus, der dem «tyrrhenischen» Volk (das heißt den Etruskern) seinen Namen gegeben haben soll. Und die Archäologie scheint diese sagenhafte Überlieferung zu bestätigen. Es ist durchaus vorstellbar, daß etruskische Gruppen, die vielleicht von der Küste des Tyrrhenischen Meers kamen, bis zu den ersten Ausläufern der Alpen vorgedrungen sind. Dann erfolgte über die Alpenpässe die keltische Einwanderung, die indes die ältere Kultur nicht zerstört zu haben scheint, denn die «Gallier» sind offenbar ohne größere Schwierigkeiten in der vorhandenen Bevölkerung aufgegangen.

Wie dem auch sei, vielleicht erklärt dies Empfinden Vergils, durch die Ursprünge seiner Heimatstadt mit den Etruskern verbunden zu sein, wenigstens teilweise, weshalb er diese unter den Truppen aufführte, die zusammen mit Aeneas für das zukünftige Geschick Roms fochten (Aen. 10, 198 ff.). Zur Erklärung dafür würde es nicht ausreichen, daran zu erinnern, daß Maecenas, der Freund des Augustus und des Vergil, aus einem etruskischen Geschlecht stammte, das einst in Arretium (Arezzo) die Herrschaft innehatte. Für den Dichter gab es bei dieser namentlichen Nennung ernstere und tieferliegende Gründe. Diese hängen mit seiner Sicht der italischen Welt zusammen.

Dieses Grabmal des Bianor also, auf das die Hirten unterwegs stoßen, läßt heute, nach den archäologischen Ausgrabungen in Prattica di Mare an der Küste Latiums (dem vergilischen Lavinium), an das dort wiederentdeckte Mausoleum des Aeneas denken. Die Erinnerung an den trojanischen Helden hat sich dort zweifellos an ein älteres Grabmal angehängt, was dazu beitrug, ihn an diesem Ort zu lokalisieren. Für den Dichter entstand auf diese Weise der Eindruck, in verschiedenen, sogar weit voneinander entfernten Gegenden Italiens seien ähnliche Sagen entstanden: eine tiefgründige Einheit, älter als die historisch gewachsenen Unterschiede. Da gab es an den Anfängen Mantuas das Grab des Aucnus Bianor, so wie es das des Aeneas an den Anfängen Roms gab.

Im Gedächtnis der Menschen indes bekam das früheste Altertum, das sie sich vorstellen konnten, eine griechische Färbung. Die Denkmäler etruskischer Kunst, die man kannte oder an die durch die Vermittlung der ältesten Kunst Latiums einige Erinnerung bewahrt blieb, enthielten orientalische Merkmale; der griechische Historiker Dionysios von Halikarnaß, ein jüngerer Zeitgenosse Vergils, spann das Thema von der griechischen Präsenz in Italien aus – vielleicht mit mehr Berechtigung, als man früher annahm. Allenthalben brachten Sagen die Städte mit Helden der homerischen Gesänge in Verbindung oder mit andren, die zu gleicher Zeit gelebt hatten oder mit ihnen verwandt waren. Es erstaunt daher nicht, daß man Mantus, die Mutter des Aucnus, als Tochter des Teiresias hinstellte (die Griechen wußten von einer Tochter des Sehers namens Manto, was in ihrer Sprache «Prophetin» heißt) oder sie von Herakles abstammen ließ, dem großen Reisenden und Liebhaber junger Mädchen. In der Aeneis finden wir Herakles, von den Römern Herkules benannt, ebenso wieder wie den alten König Euander, der mit seinen Arkadiern aus Griechenland gekommen war. Es gibt in den Geschichten, welche der Gründung und den Anfängen von Mantua Glanz verleihen, Parallelen zu den Sagen, die sich um die Stadt schlechthin, um Rom, rankten.

Eine andre bemerkenswerte Übereinstimmung betraf ein Volk, das unweit von Mantua lebte und aus Troja gekommen sein soll: unter der Führung Antenors, eines Helden, der wie Aeneas stets der Friedenspartei angehört hatte und wie dieser bei der Einnahme der Stadt sich das Wohlwollen der Griechen nutzbar gemacht hatte. Eine – auch von den Römern übernommene – Version seiner Sage erzählt, daß sich Antenor mit den Seinen im Podelta niederließ, wo er Padua gründete. So weiß sich die kleine Stadt am Mincio umgeben von allen Kulturen der frühgriechischen Zeit. Vergil war sich der Mischkultur seiner Heimat wohl bewußt: Die Stadt sei reich an verschiedenartigen Ahnen (Aen. 10, 201). Er ist zwar, wie wir gezeigt haben, der Ansicht, daß sie ihre Lebenskraft hauptsächlich den Etruskern verdankt, doch fügt er hinzu, drei «Rassen» hätten sich verschmolzen, um sie zu formen. Mantua wird so zu einem Kreuzungspunkt und wie das frühe Rom zu einem Schmelztiegel.

Man darf dennoch nicht denken, daß Vergil, wenn er Roms Sendung preist, dieses als Stadt eines erwählten Volkes betrachtet, dem vom Schicksal der Auftrag zuteil wurde, die Welt zu beherrschen. Zu gut weiß er seit frühester Jugend, daß es keine reinen, unveränderlichen und biologisch fest umrissenen Rassen gibt. Er konnte feststellen, daß jedes Volk das Ergebnis – heute würden wir sagen: die Synthese – der Vermischung von Kulturen und Lebensformen ist, die der Zufall zusammenführte und die über einen langen Zeitraum hinweg zusammenleben. Da er die Viehzüchter seiner Heimat gut kennt, weiß er, wie man Lebewesen mit den gewünschten Eigenschaften züchtet. In den Georgica (3, 384 ff.) spricht er von den Maßregeln, die man ergreifen muß, um Lämmer mit makelloser Wolle zu erhalten: Man muß auf die Ernährung achten (keine zu üppigen Weiden), auf die «Gene» des Zuchtbockes (ein noch so weißer Widder wird gefleckte Lämmer zeugen, wenn er selbst einen schwarzen Fleck unter der Zunge hat) – alles zählt, erworbene wie ererbte Eigenschaften verbinden oder behindern sich in jedem Tier und ebenso in jedem Menschen. Es wird sich zeigen, wie diese Ideen Einfluß haben auf Vergils Vorstellungen vom römischen Volk, von seinen Ursprüngen und seinen Verbindungen zum italischen Gebiet, aus dem es hervorging, sowie von den verschiedenen Kräften, die im Verlauf einer langen Entwicklung zusammengewirkt haben, um es zu formen.

Daß Vergil ein inniges Gefühl für die Landschaft um Mantua hegte, spürt man nicht nur an den pittoresken Zügen, wie sie in den Eklogen vorkommen. Das tritt auch darin zutage, wie er sich die Beziehungen der Menschen zur Erde denkt, den immerwährenden Einklang, der zwischen ihr und ihnen besteht. Ein Grieche aus Sizilien, etwa Theokrit, wird in der Tiefe seiner Seele Bilder bewahren, die ihn begleiten: die weiten sanft gewellten Hochebenen des Landesinneren, die tief eingeschnittenen Täler, in denen sich die frische Kühle sammelt, oder die weiten Strände, eingerahmt von felsigen Klippen. Seltsamerweise ist Sizilien kein Land, das den Reisenden zu verweilen einlädt; es fordert auf zu unendlicher Wanderschaft auf den weiten Triftwegen der Hirten, und dieser Eindruck muß in der Antike noch stärker gewesen sein, als es weniger Städte gab, die weiter voneinander entfernt lagen als heute die Dörfer. Mehr als anderwärts in Italien erscheinen die menschlichen Siedlungen als Fluchtburgen, die oben auf den Hügeln hocken, während das Land verlassen daliegt.

Ganz anders verhält es sich im transpadanischen Gebiet, der Gegend um Mantua: Dort gibt es einen gewaltigen Wasserspeicher, den Gardasee (zu Zeiten Vergils hieß er Benacus), dessen Wasser, wenn der Wind sie bewegt, «wie Meer aufbrausend mit tosender Flut» sich darbieten, wie Vergil im zweiten Buch der

Georgica (v. 160) sagt. Dies Wasserreservoir Norditaliens ist ausgedehnter als der Comersee und der Lago Maggiore, die die lombardische Tiefebene bewässern, und erstreckt sich über mehr als fünfzig Kilometer; es endet in einer Art sich verbreiternden Bekkens, in das die Halbinsel von Sirmio hineinragt, und fließt schließlich in den Mincio ab. Die langgestreckte, von eiszeitlichen Gletschern ausgehöhlte Talmulde bildet einen Durchgang, der den von Norden (der Brenner ist nur etwa hundertfünfzig Kilometer entfernt) kommenden Reisenden zur Poebene hingeleitet. Hier lädt alles zum Verweilen: Der fruchtbare Boden, den auch tiefstes Pflügen nicht zu erschöpfen vermag, ein milderes, sonniges und nicht so launenhaftes Klima wie in den Alpen, eine üppige Vegetation erwecken das Gefühl, hier sei das Gelobte Land. Es nimmt kaum Wunder, daß die aus Mitteleuropa hierhergelangten Kelten in diesem Land den Ackerbau erlernten und seßhaft wurden. Dabei stießen sie auf die Mischbevölkerung, von der wir in Anlehnung an Vergil sprachen, und hörten auf umherzuziehen. Man nahm sie auf – wie, ist nicht genau bekannt, aber offenbar ohne heftige Auseinandersetzungen –, und sie verschmolzen mit den Einwohnern, die von den Gestaden des Tyrrhenischen Meeres im Süden und von den Straßen längs der Adria im Osten die Kultur der großen mediterranen Völkergemeinschaft bis hierher an den Alpenrand gebracht hatten. Die Hirten von Mantua konnten denen des griechischen Sizilien nicht gleichen. Ihre Wurzeln liegen anderswo, sie haben ein andres Verhältnis zu ihrem Land; sie weiden ihre Herden auf festen Plätzen und ziehen nicht von Weidegrund zu Weidegrund. Sie sind auch lieber Ackerbauern – was die Sizilier in größerer Zahl erst im zweiten vorchristlichen Jahrhundert auf römischen Druck hin wurden.

Zur Zeit Vergils hatte diese Bevölkerung in Städten gelebt, zu denen auch Mantua gehört: Brixia, das heutige Brescia, im Westen, wo lange die Kelten vorherrschend waren, Verona im Osten, näher am Gardasee gelegen als Mantua und von Italikern besiedelt, die mit jener Völkerschaft Paduas stammverwandt waren, die Enganaer hieß. Südlicher lag Cremona und an der veränderlichen adriatischen Küste Spina, ein Umschlagplatz für solche griechischen Vasen, wie man sie heute im Museum von Ferrara zusammengetragen hat. Weiter weg zog sich schließlich seit dem 2. Jahrhundert v. Chr. die Via Aemilia entlang und verband die Kette von Städten, die die keltische Landbevölkerung in

Schach halten sollte: Piacenza, Parma, Bologna. Mantua lag also seit über einem Jahrhundert inmitten des romanisierten Gebietes der Gallia Cisalpina, als Vergil geboren wurde. Verglichen mit den Nachbarorten war es ein recht unbedeutendes Städtchen. Doch war es den Römern der Hauptstadt nicht unbekannt: Im Jahre 214 v. Chr. hatte eine Wundererscheinung (einer der vom Mincio gebildeten Seen hatte sich blutrot gefärbt) die Magistrate in Unruhe versetzt, und die offiziellen Historiographen hatten dieses Ereignis in den Staatsannalen vermerkt, so daß es bei Livius Erwähnung fand. Der Kriegszug gegen die Kelten, 197 v. Chr., war ein rasch beendeter Zwischenfall. Eine Schlacht hatte an den Ufern des Mincio stattgefunden, bei der die versprengten Stämme aufgerieben wurden, ohne daß die Stadt Mantua davon berührt worden wäre. Nach diesem Krieg, einer Folgeerscheinung des Kampfes gegen Hannibal und die Punier, weitete Rom endgültig seinen Machtbereich auf das «Cisalpinische Gebiet jenseits des Pos» (Transpadana) aus; von da an wurde die Stadt Rom, Verbündete gleichzeitig und Beherrscherin, der Bezugspunkt der Leute von Mantua.

Als der Hirte Tityrus in der ersten Ekloge berichtet, wie er seiner Freilassung wegen den Ort besuchte, der inzwischen zur Hauptstadt der Welt geworden war, ruft er aus (Ecl. 1, 19–25):

«Jene Stadt, man nennt sie Rom, Meliboeus, ich wähnte,
töricht genug, sie sei wie die unsere hier, wohin oft wir
Hirten treiben zum Markt die zarten Lämmer der Schafe.
Wußte ich doch, wie das Hündlein dem Hund, den Müttern die Böcklein
gleichen; so pflegte ich denn zu vergleichen dem Kleinen das Große.
Sie aber ragt so hoch mit dem Haupt über andere Städte,
wie über zähes Mehlbeergesträuch aufragen Cypressen.»

Hinter diesen naiven, mit Absicht im ländlichen Umfeld angesiedelten Versen steht die Entdeckung einer unbekannten Welt. Eine lange Zeit über war Rom nur eine Gemeinde *(civitas)* gewesen, ein Zusammenschluß von Menschen, die das juristische Band der Zugehörigkeit zum gleichen Gemeinwesen einte. Diese Menschen hatten ihre Versammlungen, ihre Verwaltung; man beschloß Gesetze, sprach Urteile, traf Entscheidungen, die nur im Inneren der Gemeinschaft Geltung haben konnten; und die Götter, zu denen man betete, waren nur für die Angehörigen der Gemeinschaft und deren Schutz zuständig. Es gab anderwärts im Erdkreis andre Städte, die in gleicher Weise ihr eigener Herr waren. Plötzlich hatte sich alles geändert, die Gemeinden waren einander nicht mehr ebenbürtig. Rom war gewachsen, hatte seinen Machtbereich – seinen Schutz und seine Gesetze, die der Götter und die seiner Waffen – auf andre Gemeinden ausgedehnt. Als Rom eine gewisse Größe erreicht hatte, konnte es nicht mehr mit seinen «Bundesgenossen» verglichen werden – es hatte seinen Charakter verändert. Das hatten die Staatsmänner der ausgehenden Republik noch nicht vollständig erkannt. Sie glaubten, die alten, nur leicht veränderten Institutionen seien in der Lage, ein Weltreich zu verwalten. Aber Rom war nun, ob es das wollte oder nicht, kein «Stadtstaat» mehr; es mußte notwendigerweise erkennen, daß sein Wesen sich verändert hatte und daß es sich etwas einfallen lassen mußte, um überleben zu können.

Der Dichter erkannte dies, empfand es aufgrund seiner Erfahrung aus einem Provinzstädtchen in den Grenzmarken Italiens am Ende der damaligen römischen Welt. Rom ist die Quelle der Gesetze – der Freiheit für den Sklaven, der das ihm anvertraute Land bearbeitet –; es bedeutet in einem ungenaueren, aber weiteren Sinn auch Freiheit für die Bürger von Mantua, die von Caesar das uneingeschränkte römische Bürgerrecht erhielten, als Vergil einundzwanzig Jahre alt war. Sieben Jahre später ist die Gallia Cisalpina keine Provinz mehr, sondern ein Bestandteil des zu Rom gehörigen Italien.

Mit diesem Buch möchten wir anhand der Dichtung Vergils und durch sie die innere Entwicklung dieser Welt im Umbruch erfassen, für deren Stationen sie Marksteine setzt. Diese Entwicklungsgeschichte strebt auf einen Höhepunkt zu, die Aeneis; sie vollzieht sich stufenweise mit dem Aufstieg des Dichters in der Hierarchie der poetischen Genera von der niederen Eklogendichtung bis zum erhabenen Epos. Zu Beginn, nach den ersten dichterischen Versuchen hatte der Cynthische Apoll ihm vom Epos abgeraten (Ecl. 6, 3): «Ein Hirt, mein Tityrus, soll nur / fett seine Schafe sich weiden, soll einfache Lieder nur singen.» Wenn ein Gott einschreiten mußte, heißt das, daß die Versuchung allmählich wuchs. In derselben Ekloge, in der diese Ermahnung steht, gibt Vergil ihr beinahe nach: der Keim für das, was einmal ein gewaltiges, die Welt umfassendes Gedicht werden sollte, war von nun an in ihm gelegt; schließlich hatten die göttlichen Warnungen keine Macht mehr über ihn. Auch Götter erliegen bisweilen einer Täuschung.

ERSTER TEIL

Von Mantua nach Rom und Neapel

Kapitel 1: Die Lehrjahre

Wie verlief das Leben des Dichters während dieses halben Jahrhunderts, das die Welt verändert hat? Gerne würden wir alle Lebensumstände, alle Geschehnisse bis ins einzelne kennenlernen. Leider bewegt sich unser Wissen hier auf unsicherem Grund; selbst da, wo anzunehmen ist, daß die Quellen zuverlässig sind, geben sie nur bruchstückhaft und ungenau Auskunft und befriedigen in keiner Weise unseren Wissensdrang.

Nicht nur die modernen Historiker verspüren diese Neugier. Vergilkommentatoren und Schriftsteller, die in der Tradition alexandrinischer Gelehrter an Dichterbiographien interessiert waren, versuchten seit der Antike, die Stationen seines Lebenslaufs zu schildern und auch seine Wesensart, seinen Umgang, sein Verhältnis zu seinen Freunden, zu Augustus, zu Maecenas und zu anderen. Die modernen Philologen behaupten, alles sehr kritisch geprüft zu haben; und so gibt es kein wie auch immer übermitteltes, auf Vergil bezügliches, antikes Zeugnis, das nicht von irgendeinem Gelehrten als ein Haufen von Ungereimtheiten, grundlosen Vermutungen oder zweifelhaften Angaben verworfen worden wäre. Auf diesem Felde tummelten sich wie auch anderwärts die hyperkritischen Geister, weil sie der eigenen Urteilskraft mehr vertrauten als den Aussagen der Überlieferung und weil sie froh darüber waren, daß es ihnen allein mit ihrem Scharfsinn gelang, wenn schon nicht alle Probleme zu lösen, so doch wenigstens eine Beweisführung zu ersinnen, die alle Gewißheit ins Wanken zu bringen vermochte. So können dann kühnste Spekulationen die Stelle der Angaben antiker Kommentatoren einnehmen. Das Verfahren besteht darin, systematisch die sachliche Richtigkeit der in der Überlieferung enthaltenen Nachrichten anzuzweifeln und anzunehmen, der Inhalt der Lebensbeschreibungen *(vitae)* sei mehr oder weniger geschickt aus Vergils Werken erschlossen, und zwar nicht nur aus denen, die sicher von ihm stammen, sondern auch aus solchen, bei denen die Echtheit mit gutem Grund unsicher ist; man nennt sie die «Appendix Vergiliana». Einige Gedichte daraus suchen den Anschein zu erwecken, sie berichteten Autobiographisches.

Diese hauptsächlich negative Methode – denn man kann die luftigen Gedankengebilde irgendeines modernen Gelehrten nicht als positive Erkenntnisse betrachten – basiert auf drei recht unwahrscheinlichen Annahmen: der Dichter Vergil, auf dessen Werk seine Zeitgenossen so viel gaben und dessen Einfluß auf die lateinische Dichtung sich über Jahrhunderte hinweg erstreckte, sei vom ersten vorchristlichen Jahrhundert an nie Gegenstand einer ernstzunehmenden Biographie gewesen, wo doch die Gattung der Biographie sich größter Beliebtheit erfreute; seine Lebensumstände seien sofort in Vergessenheit geraten, wo doch seine Dichtungen recht bald zur Schullektüre wurden; zur Rekonstruktion dieser Lebensumstände müsse man auf das eigene Vorstellungsvermögen zurückgreifen. Daß dies alles nicht zutraf, ist bekannt: die Freunde Vergils schrieben kurz nach seinem Tode ein Werk, worin sie vom «Wesen und der Lebensweise» Vergils handelten. Es ist auch bekannt, daß Sueton ungefähr hundertfünfzig Jahre nach Vergils Tod in sein Sammelwerk «Lebensbeschreibungen von Dichtern» eine ihm gewidmete Biographie einfügte. Leider ging dieses Werk Suetons verloren; es ist auch in den Auszügen der erhaltenen Kommentare nicht mit Sicherheit zu fassen. Im übrigen steht fest, daß sich um den festen Kern, den diese Vita darstellte, Sedimente verschiedenster Herkunft angelagert haben. Sie bestehen teils aus authentischen Nachrichten, die einer von Sueton unabhängigen Überlieferung entstammen, teils aus leider zweifelhaften Angaben und unbegründeten Extrapolationen aus den Dichtungen. Dennoch läßt sich in dieser ganzen diskordanten Ablagerung eine Reihe von gesicherten oder wahrscheinlichen oder auch in hohem Maße glaubhaften Elementen erahnen. Unsere dergestalt gewonnenen Kenntnisse über Vergils Leben sind das Ergebnis einer Rekonstruktion, dem Tun der Archäologen vergleichbar, wenn sie vor Fragmenten oder lückenhaften Befunden stehen. Es kommt uns dabei weniger darauf an, dem Lebensverlauf Vergils im Detail nachzuspüren – was ein unmögliches Unterfangen wäre –, als seine verschiedenen Lebensabschnitte so nachzuzeichnen, daß sie in den Ablauf der großen, für das damalige Leben Roms bedeutsamen Ereignisse eingebettet werden.

Vergil hieß P. Vergilius Maro, darüber gibt es keinen Zweifel. Der Name seiner *gens*, Vergilius, scheint darauf hinzuweisen, daß die väterliche Familie dem etruskischen Bevölkerungsteil Mantuas zugehörte, was zum Beinamen, dem *cognomen*, Maro paßt. Dieser Ausdruck bezeichnete bei den Etruskern ein Staatsamt. Der Name seiner Mutter, Magia Polla, scheint ihre Zugehörigkeit zu einer Familie römischen Ursprungs anzuzeigen. Die antiken Biographen heben die bescheidene soziale Stellung von Vergilius Maro, dem Vater des Dichters, hervor; die einen machen aus ihm einen Töpfer, die andren einen Bediensteten im Solde eines niederen Beamten (eines *viator*), der später sein Schwiegervater wurde. Dieser Magius sei so zufrieden gewesen mit der Tatkraft und Verläßlichkeit seines Bediensteten, daß er ihm seine Tochter zur Frau gegeben und die materielle Basis des jungen Hausstandes dadurch gesichert habe, daß er ihm die Einkünfte aus einem in der Dorfgemeinde Andes «nicht weit von Mantua» gelegenen Besitztum überließ. Die verschiedenen Angaben sind keineswegs widersprüchlich. Es ist durchaus möglich, daß ein mittelloser junger Mann anfangs ein in der Gegend sehr verbreitetes Handwerk, die Töpferei, ausgeübt, darauf nach einer einträglicheren Beschäftigung Ausschau gehalten und schließlich gesichertere Vermögensverhältnisse erreicht hat. Wie dem auch sei, auf dieser Besitzung in Andes kam Vergil an den Iden des Oktober (am 15. Oktober) unter dem ersten Konsulat von Licinius Crassus und von Cn. Pompeius Magnus (dem großen Pompeius), also im Jahre 70 v. Chr., zur Welt.

Die bescheidene soziale Herkunft von Vergilius dem Vater besagt nicht, daß er eigenhändig sein Landgut in Andes bebaut habe. Körperliche Arbeit wird in dieser Zeit von Sklaven ausgeführt, und die Angehörigen des *dominus* sind ebenso wie dieser selbst frei von der Mühsal der vielfältigen bäuerlichen Arbeiten. Doch steht er ihnen nicht ferne. Er ist ein *agricola*, ein «Bewohner des *ager*», des «flachen Landes», außerhalb der Stadt. Sein Leben ist verbunden mit dem Boden, von ihm abhängig. Das Leben eines Stadtrömers, eines *urbanus*, wird vom Jahresablauf der politischen und gesellschaftlichen Ereignisse geprägt: dem festen Datum des Amtsantritts der Magistrate, den Volksversammlungen, in denen diese gewählt werden (meist zu Beginn des Sommers), den Tagen, an denen die Kurie zusammentreten kann, den Gerichtstagen, den verschiedenen Götterfesten und vor allem den zu einem bestimmten Zeitpunkt wiederkehrenden Spielen. Der Jahreslauf eines Landmanns hingegen richtet sich nach der Abfolge der Jahreszeiten und dem Lauf der Gestirne.

Es ist ein wirklichkeitsbezogener Zeitablauf, wohingegen die Zeitfolge in Rom künstlich ist, denn das städtische Jahr wird mit den Jahreszeiten nur dadurch annähernd in Einklang gebracht, daß man alle zwei Jahre einen Schaltmonat von abwechselnd 22 und 23 Tagen einschiebt. Aber dieses sowieso schon hinter dem Sonnenjahr herhinkende Jahr gerät noch mehr in Verzug, wenn das Einfügen des Schaltmonats aus irgendeinem Anlaß unterbleibt. Dieses Jahr, das zehn oder zwölf Tage kürzer als das Sonnenjahr ist, verliert dann jeglichen Zusammenhang mit den Jahreszeiten. Erst die Kalenderreform Caesars räumte mit diesem Wirrwarr auf; sie trat im März 46 v. Chr. in Kraft, als Vergil vierundzwanzig Jahre alt war. Aber seine ganze Jugendzeit über lebte er nach dem «Bauernkalender», und so nimmt es nicht wunder, daß er zu Beginn der Georgica die Arbeiten des Landbaus im Hinblick auf den Stand der Gestirne ordnet und die beiden großen «strahlenden Lichter des Weltalls» anruft, die Sonne und den Mond, die Anführer im Zug der Monatssternbilder.

Das Besitztum der Familie in Andes lag nicht weit entfernt von Mantua. Ein leider unsicheres Zeugnis legt die Annahme nahe, es habe sich etwa dreitausend Schritt (ungefähr viereinhalb Kilometer) von der Stadt weg an einem Ort befunden, der seit dem Mittelalter Pietole Vecchia heißt und im Südosten am Ufer des Mincio liegt. Diese Lokalisierung überzeugt jedoch nicht; und so schlug man denn vor, Vergils Besitztum mehr im Norden zu suchen, südwestlich von Valeggio am Mincio, näher am Gardasee und folglich auch an den Höhenzügen der Voralpen, die den Blick nach Norden begrenzen: das wären dann jene Höhenzüge, deren Schatten in der Abenddämmerung «größer fallen und dunkler», wie es am Ende der ersten Ekloge heißt – vorausgesetzt, daß im Norden liegende Höhenzüge ihre Schatten sichtlich ausdehnen, wenn die Sonne untergeht und wenn diese ihre Strahlen vom westlichen Horizont sendet. In Wirklichkeit bietet Valeggio dem Anblick drei oder vier mittelalterliche Türme dar. Man sieht keine Berge im Hintergrund. Der Boden ist fett und topfeben. Es ist wohl das klügste, anzunehmen, daß die Landschaft der ersten Ekloge bunt zusammengewürfelt ist und die Phantasie dabei keine geringe Rolle spielt.

Eine Wanderanekdote, wie man sie sich in Griechenland, Italien und sicher auch anderwärts von großen Dichtern und berühmten Männern erzählte, wird in Verbindung mit Vergils Geburt berichtet. Kurz vor der Niederkunft träumte seiner Mutter, sie habe ein Lorbeerreis geboren, das, sobald es die Erde berührte, Wurzeln schlug, aufschoß und auf der Stelle zu einem mächtigen mit Früchten und Blüten übersäten Baum aufwuchs. Anderntags reiste sie in Begleitung ihres Gatten auf ihr Landgut, als sie plötzlich anhalten mußte und in einem neben der Straße liegenden Graben entband. Nun wollte es der Brauch, daß man bei der Geburt eines Kindes einen Pappelsteckling pflanzte. Der Zweig, den man dort in die Erde steckte, wo Magia angehalten hatte, wuchs sehr rasch, so daß er bald die Größe früher gepflanzter Pappeln erreichte. Dieser Wunderbaum erhielt den Namen des Dichters und wurde zu einem Ort volkstümlicher Verehrung; schwangere Frauen pflegten dorthin zu pilgern und um eine glückliche Geburt zu bitten. Man stelle sich diese Pappel wie jene heiligen Bäume vor, die man auf antiken Landschaftsbildern sieht, mit Girlanden und Votivtafeln geschmückt.

Es wäre ziemlich naiv, nach dem Wahrheitsgehalt dieser Geschichte zu fragen wie nach dem des Bienenschwarms, der sich auf den Lippen des jungen Pindar niederließ, oder der Tauben, die den jungen Horaz mit Blättern bedeckten, um ihn vor Schlangen zu schützen, als er in den Bergen eingeschlafen war. Aber es ist schwer vorstellbar, daß die Erinnerung an den Dichter sich nicht schon sehr bald in den Gemütern der Leute von Mantua festgesetzt hätte, wo er doch der Stolz und Ruhm seiner Heimatstadt war. Pappeln wachsen in dieser Gegend Italiens sehr schnell. Sie haben ihre volle Größe ungefähr in der Zeit erreicht, die ein Mensch benötigt, um heranzuwachsen; man kann sich gut vorstellen, daß das Los eines Neugeborenen mit dem seines Baumes verknüpft wird, zumindest bis zu dem Zeitpunkt, wo beide voll ausgewachsen sind. Die Menschen gehen wie die Pflanzen aus dem Mutterboden hervor. Vergil ist, wie wir sehen werden, tief von dieser um ihn herum schon vorher weit verbreiteten Vorstellung durchdrungen und versucht sie später wissenschaftlich zu erweisen.

Das Jahr 70 vor unserer Zeitrechnung, in dem Pompeius und Crassus Konsuln waren, wurde Zeuge von politischen Ereignissen, die, wie schon dargelegt, in ihrer Auswirkung der sullanischen Gesetzgebung und der Allmacht des Senats ein Ende bereiteten. Die beiden Konsuln mochten einander nicht. Nur der Zwang der Umstände oder genauer der Waffen einte sie, das heißt die Truppenverbände, die ihre siegreichen Kämpfe ihnen in die Hand gegeben hatten: dem Pompeius der Sieg in Spanien und dem Crassus die Niederwerfung der aufständischen Sklaven des Spartacus. Diesem Zwang mußten sich die Gesetze beugen. Pompeius wurde Konsul, obwohl er sich noch nicht um die Prätur beworben hatte, Crassus, obwohl zwischen seiner Prätur und dem Konsulat noch nicht die nötige Zeit verstrichen war. Pompeius wurde durch eine populare Koalition an die Macht gebracht, die es ihm zur Aufgabe machte, sofort die Wiederherstellung der tribunizischen Gewalt, ihres Vetorechts zu betreiben. Dies lief darauf hinaus, die übelsten Machenschaften und Parteiumtriebe zu ermöglichen, die schließlich den ganzen Staatsapparat lahmlegen sollten. Wenn fürderhin Rom einer Bedrohung aus irgendeiner Ecke seines Weltreichs militärisch entgegentreten mußte, würden nun die Männer, die man mit der Kriegführung betraute, ihre Ernennung weniger ihrer Befähigung verdanken als dem Beistand, den ihre Umtriebe in Rom ihnen verschafften. Der Salon einer großen Dame, etwa der Praecia, von der uns Plutarch (Lucullus 6, 2) berichtet, war in der Lage, Heerführer ein- und abzusetzen.

Zehn Jahre zuvor war Rom in totaler Abhängigkeit von Sulla gewesen, dem ein Bürgerkrieg zur Alleinherrschaft verholfen hatte. Und Sulla hatte sich, durch eigene Erfahrung gewitzigt, darum bemüht, mit seiner Gesetzgebung eine Wiederholung dieses Abenteuers auszuschließen. Jetzt aber hatte man diese heilsamen Gesetze abgeschafft, und Rom kehrte zu seinem alten Schlendrian zurück. Es würde nicht zu vermeiden sein, daß Menschen sich wieder über die Gesetze erhöben und, von den gleichen Kräften wie vormals getragen, einander Trotz böten, bis wieder ein Einziger obsiegte. Sullas Diktatur trug in sich den Keim der Monarchie; sie war eine Monarchie; die Reformen, die sie zerschlugen, machten eine Wiederaufnahme und Fortsetzung der Bürgerkriege unvermeidlich.

Der alte fluchbeladene Kreislauf begann aufs neue, geradeso wie ihn die alten Historiker beschrieben haben, allen voran Polybios. Auf die Monarchie, ließen sie verlauten, folge die Herrschaft von ein paar wenigen «Großen», die aus Neid den König vertrieben hatten; dann werde diese Gruppe von Machthabern ihrerseits durch einen Volksaufstand vertrieben, der das Volk, die «Vielen», an die Spitze des Staates bringe, so daß in kürzester Zeit allgemeine Anarchie herrsche. Diese finde ein Ende durch die Wiedereinsetzung eines Alleinherrschers, und der Kreislauf beginne von neuem.

Als Vergil geboren wurde, waren etwa zehn Jahre vergangen, seitdem der Alleinherrscher abgetreten war, offensichtlich vertrieben durch den «Neid» der Patrizier, zu denen die Caecilii Metelli zählten, und man befand sich auf dem besten Weg zur Anarchie einer Volksherrschaft, denn die vornehmlichsten Mittel der Machtausübung waren den Händen der *nobiles* entwunden, und die unumschränkte Gewalt der Tribunen stand in neuer Blüte. Es bedurfte weiterer zwanzig Jahre, bis sich der Kreis nach viel Blutvergießen durch Caesars Sieg wieder schloß; und ein neuer Zyklus sollte dann mit der Ermordung des Diktators an den Iden des März 44 in Gang gesetzt werden. Von Mantua aus, wo man das Glück hatte, nur von fern durch die Umwälzungen in Rom betroffen zu sein, beobachtet man dieses Treiben lediglich. Man hat deshalb mehr Freiheit im Urteil über die Geschehnisse. Und man ist dankbar, den Leidenschaften nicht ausgesetzt zu sein, die in den Herzen Machtgier entfachen und noch mehr die maßlose Sucht nach Reichtum.

Daß sie für derlei nicht anfällig sind, verdanken die Leute aus Mantua ihrer Lebensweise, die kein Übermaß zuläßt. In einem berühmten Abschnitt der Georgica hat Vergil dem allgemeinen Lebensgefühl in Mantua während seiner Kindheit Ausdruck verliehen, wenn er das Glück der Menschen darstellt, die das Wesen der ländlichen Götter, die in ihnen sich verkörpernde Wahrheit erfahren haben, die eins sind mit den Geistern der Erde, des Waldes, der Gewässer:

Ihn beugt nicht des Volkes Gewalt, nicht schreckt ihn des Herrschers
Purpurmantel, nicht Zwist, selbst Brüder in Heimtücke hetzend,
oder der Daker, der naht vom Herd der Verschwörung am Hister,
nicht Roms innerer Krieg noch sinkende Staaten. Auch schmerzt ihn
weder das Mitleid mit Armen, noch plagt ihn der Neid auf den Reichen
(Georg. 2, 493–499).

Derartige Verse beruhen zweifellos auf einer den Epikureern verwandten Lebensanschauung; bei Gelegenheit kommen wir auf diesen Zusammenhang zurück. Doch ist man auch zur Annahme berechtigt, das Denken der Provinzialen, der «Landleute», wie die Mantuaner es sind, verleihe diesen Aussagen das Gewicht der gelebten Erfahrung einer Kleinstadt, wo man die stadtrömischen Angelegenheiten mit einem im Grunde auch epikureischen Gefühl beurteilt:

Wonnevoll ist's, bei wogender See, wenn der Sturm die Gewässer
aufwühlt, ruhig vom Lande zu sehn wie ein andrer sich abmüht
(Lukrez 2, 1–2).

Die von Vergil in dem oben zitierten Abschnitt beigebrachten Beispiele sind keine Erfindung. Sie lassen sich unschwer auf die Realität beziehen. Die Anspielung auf die Daker führt uns in die Abfassungszeit der Georgica, die einander heimtückisch hetzenden Brüder hingegen zielen auf ein berühmtes, vor Vergils Geburtsjahr begangenes Verbrechen: der spätere Anführer der Verschwörung des Jahres 63, Catilina, hatte im Bürgerkrieg den eigenen Bruder umgebracht. Zur Vereitelung der Strafverfolgung hatte Catilina seinen Bruder durch Sulla auf die Proskriptionsliste setzen lassen, wodurch jegliches gerichtliche Eingreifen zunichte gemacht wurde. Ein solches Verbrechen, läßt Vergil durchblicken, könne niemals in seiner Heimat geschehen, wo, wie er zu verstehen gibt, die innere Beteiligung niemals stark genug sei, um derlei Untat nach sich zu ziehen. Seine Jugendzeit erscheint ihm als Goldenes Zeitalter; das Gefühl für das Glück des Landlebens verstärkt die einfühlsame Erinnerung. Einige Jahre später haben dann die Einwohner von Mantua auch ihren Anteil an den allgemeinen Nöten, als die Landzuteilung an die Veteranen des Octavian, des Antonius und des Lepidus ihren Landbesitz bedroht. Doch zu dem Zeitpunkt ist Vergil bereits dreißig Jahre alt.

Das Mantuaner Landgut scheint nicht der Hauptwohnsitz von Vergils Vater und von Magia Polla gewesen zu sein. Sie besaßen wahrscheinlich ihr «Stadthaus» in Cremona. Diesen Schluß läßt zumindest ein mit großer Sicherheit als echt geltendes Epigramm des Dichters aus späterer Zeit zu, worin es heißt, das Landgut, das er gerade bei Neapel geerbt hat, solle seinem Vater nun das sein, «was Mantua einst und was Cremona ihm war» (Cat. 8, 6). Gewiß übte Magius sein Amt als Staatskurier *(viator)* in der bedeutenderen Stadt Cremona aus, während sein Landbesitz sich auf Mantuaner Gebiet befand. Seine erste Schulzeit verlebte Vergil also in

Cremona; dort besuchte er den Grammatiklehrer *(grammaticus)*, wo er dem damaligen Unterrichtsplan gemäß die Grundbegriffe der Sprache oder, allgemeiner gesagt, der griechischen und lateinischen Literatur erlernte. Selbstverständlich wissen wir nichts über diesen Zeitabschnitt, der bis zu seinem sechzehnten Lebensjahr dauerte, bis zum zweiten Konsulat von Crassus und Pompeius, die ein boshaftes Geschick bei den Ämtern zu vereinen beliebte. Das war im Jahre 55 v. Chr.

In diesem Jahr 55 hing der Himmel schwer von Gewitterwolken über Italien. Im Lauf der vergangenen fünfzehn Jahre hatte sich das Rad der Geschichte in der von den Staatstheoretikern vorgesehenen Richtung bewegt. Den Patriziern war die Leitung der Staatsgeschäfte fast völlig entglitten. Emporkömmlinge *(homines novi)* hatten sich in die Staatsämter eingeschlichen. Ein Redner aus dem mittelitalischen Landstädtchen Arpinum, M. Tullius Cicero, hatte das Konsulat erreicht, sich in aufsehenerregender Weise hervorgetan durch die Vereitelung einer Verschwörung, die ein in seinem Ehrgeiz enttäuschter Patrizier, Sergius Catilina, angestellt hatte. Aber die Härte seines Vorgehens gegen die Verschwörer hatte ihm die Anhänger der Popularenpartei zu Feinden gemacht. Den so Isolierten hatten die Aristokraten im Stich gelassen, und ein von den Popularen beschlossenes Gesetz hatte ihn in die Verbannung geschickt. Es wird allmählich immer deutlicher, daß die Aristokratie vor den nach oben drängenden, von den Massen gestützten Männern das Feld räumt. Pompeius läßt sich durch Volksbeschluß außerordentliche Vollmachten übertragen. Er verbündet sich mit Caesar und Crassus, um zu gemeinsamem Vorteil Staatsämter und Provinzen mit Beschlag zu belegen. Caesar bedient sich eines Demagogen, des P. Clodius, eines Überläufers aus dem Lager der Aristokratie, der vielleicht auf eigene Rechnung agiert, seinem Verbündeten indes Schlägerbanden zur Verfügung stellen kann, die sich aus Sklaven, Freigelassenen und der ganzen Hefe des Volkes rekrutieren; er bezahlt sie aus eigener Tasche und läßt sie aufs Forum stürmen und dieses mit Hilfe von Steinen und Knütteln besetzen. Daß Caesar, Pompeius und Crassus das «erste Triumvirat» bilden, ist ein offenes Geheimnis, und in diesen drei über das Getümmel erhabenen Männern wirft die Monarchie ihren dreifachen Schatten voraus. Von 59 an, dem Konsulatsjahr Caesars und der Bildung des Triumvirats, bis zur Schlacht von Pharsalos, in der elf Jahre später die Macht des Pompeius zusammenbricht, ist die gesamte Politik auf die Machtergreifung eines Einzigen und die Entmachtung der beiden anderen hin ausgerichtet. An der Wiege der Monarchie steht so einmal mehr die Anarchie.

Im Jahre 55, als Vergil die Männertoga anlegt und damit aus der Kindheit ins Mannesalter eintritt, war diese Entwicklung erst auf halbem Wege. Die drei Persönlichkeiten, in deren Händen das Geschick der Welt lag, hatten ein Jahr zuvor in Lucca ihren Pakt erneuert. Caesar war in seiner Heerführung in Gallien bestätigt worden und hatte Rom soeben dadurch in Erstaunen gesetzt, daß er seine Armee den Rhein überschreiten ließ: es war das erste Mal, daß römische Legionen in Germanien erschienen. Und kaum war dieser Feldzug beendet, führte er eine Landung in Britannien durch.

Während dieser Zeit weihte Pompeius sein Theater auf dem Marsfeld ein und gab darin Spiele, deren Großartigkeit nicht die ungeteilte Bewunderung der Aristokraten hervorrief. Man sah in dieser Prachtentfaltung eher das letzte Aufscheinen eines vergangenen Ruhms als den Erweis gegenwärtiger Größe. Die kleinen Leute in Rom bestaunten voller Neugier die ihnen dargebotenen Schauspiele, aber die Popularität von Pompeius drang nicht über die Grenzen der Stadt hinaus, wohingegen Caesars Ruhmestaten eine ganz andere Reichweite hatten: Es schien, daß der Westen bald völlig unterworfen sein würde.

Der Mann, der diese gewaltige Aufgabe übernommen hatte, erschien in gottähnlichem Glanze. Cicero selbst hatte dies im Jahre zuvor in seiner Rede «Über die konsularischen Provinzen» zum Ausdruck gebracht, und zuvor schon hatte der Senat beschlossen, den Göttern feierlich Dank abzustatten für das, was Caesar durch seine Feldzüge in Gallien erreicht hatte. Es konnte nicht ausbleiben, daß die Leute aus Cremona und Mantua von diesen Siegen noch mehr betroffen waren als die stadtrömische Bevölkerung. Sie lebten näher an den Grenzen Italiens, und jeder feindliche Einfall aus dem Norden oder Westen mußte für sie notwendigerweise eine Katastrophe bedeuten. Caesars Eingreifen in Gallien und Germanien bot ihnen größere Sicherheit.

Caesars Stern, so sagt Vergil später in der neunten Ekloge, stieg empor und leuchtete für die Bewohner der Cisalpina heller als jedes andere Gestirn: versprach doch dieses Gestirn den Frieden, Kornfelder schwer von der Last der Ähren und an den sonnenbeschienenen Hügeln Weinstöcke im farbenglühenden Schmuck reifender Trauben; seinetwegen durfte man sagen:

«Pfropf deine Birnen, mein Daphnis! Dein Obst einst ernten die Enkel» (Ecl. 9, 47–50).

Was sich in diesen Versen ausdrückt, wurde möglicherweise dadurch angeregt, daß im Juli 43 das julische Gestirn auftauchte, aber das Bild hatte auch schon zwölf Jahre zuvor Gültigkeit, als Caesar siegreich von den Gestaden des Atlantiks zurückkehrte.

Im gleichen Jahr 55 sieht sich Cicero, bei dem die von der Verbannung geschlagenen Wunden kaum vernarbt sind, gezwungen, im Interesse des Staates «eine Palinodie (einen Widerruf) anzustimmen»: er schwenkt offiziell auf Caesars Linie ein und verzeiht dem Pompeius, der ihn drei Jahre zuvor der Rachsucht des P. Clodius ausgeliefert hatte, ohne einzugreifen; er unternimmt den Versuch, auf politischer Ebene den Senat mit Caesar auszusöhnen, um, wenn möglich, zu verhindern, daß ihre gegenseitige feindselige Haltung in einen Bürgerkrieg ausarte. Zur gleichen Zeit beschäftigt er sich mit einer mehr theoretischen Betrachtung über das Wesen der Macht und das Schicksal von Staatsgebilden: Es ist der Beginn seines Werkes «Über den Staat», das aus der gegenwärtigen Lage Lehren zieht und in Form eines Gesprächs unter großen Staatsmännern der Vergangenheit das Zusammenwirken der die Staatsgebilde beherrschenden Kräfte analysiert. In diesem Werk nahm Cicero die von Polybios stammende Theorie wieder auf und vertrat, wie seine Vorgänger, die Ansicht, die beste Regierungsform, diejenige, der die größte Chance zukomme, dem Keim des allem Lebendigen innewohnenden Vergehens Widerstand entgegenzusetzen, sei weder die Monarchie noch die Oligarchie oder die Demokratie, sondern eine Synthese aus diesen drei Regierungsformen.

Das Erstaunlichste in der Abhandlung «Über den Staat» ist wohl die Rolle, die Cicero dem monarchischen Element des Staats zuweist. Die Römer haben zwar ihre Könige vertrieben, und der bloße Begriff der Königswürde erfüllt sie mit Abscheu, doch der Grund für diese tiefe Abneigung liegt nach Ciceros Meinung nicht in der Fehlerhaftigkeit dieser Regierungsform, sondern in den von Königen selbst begangenen Verbrechen. Ein Weiterleben der Monarchie sieht er in der Einrichtung der beiden Konsuln, die gemeinsam das königliche Imperium innehaben und durch diese Doppelung einem Mißbrauch, zu dem sich jeder von ihnen auf Grund dieser Machtfülle versucht fühlen könnte, enge Grenzen setzen. Cicero bezieht auch eine verfassungsmäßig nicht vorgesehene, wohl aber geduldete Form der Alleinherrschaft in seine Erwägungen ein, nämlich den Einfluß im Staate, den einem bedeutenden Manne die Geltung seiner Persönlichkeit oder seiner Taten verschafft: Ein solcher Mann wird als *princeps*, als «erster Mann im Staate» bezeichnet; er ist Leitbild zugleich und Lenker, *auctor* – er erneuert den Staat und bürgt zugleich für seine Beständigkeit –, der Begriff verweist bereits auf die Bezeichnung Augustus. Der römische Staat befindet sich von da an auf dem Weg zum Kaisertum. Und es ist wahrscheinlich, daß die Bewohner der Gallia Cisalpina, die sich fortan immer enger in den römischen Staatsverband eingeschlossen sehen sollten, diese Strömungen ebenso spürten, auch wenn sie sich erst undeutlich bemerkbar machten, obwohl Cicero mit großer Klarsicht bemüht war, sie zu erfassen. Eine Persönlichkeit, Caesar, eine Weltanschauung: die hervorragende Rolle, die dieser Mann im Staate spielen könnte, das war es, was Vergil entdeckte, als er, seine Jugend hinter sich lassend, seine Lebensbahn begann, und sich anschickte, sein Lebensziel, das er erst noch suchen mußte, anzusteuern.

Nachdem der junge Vergil die Männertoga angelegt hatte, wurde er von seinem Vater nach Mailand, der bedeutendsten Stadt in der Provinz, geschickt, wo es die besten Lehrer gab. Es war an der Zeit, daß er den Rhetoren lauschte und, wenn dies sein Wunsch war, den Philosophen. Der Aufenthalt in Mailand beweist keinesfalls, daß Vergils Vater vermögend war. Man pflegt bei dieser Gelegenheit darauf hinzuweisen, welche Sorgfalt der doch in bescheidenen Verhältnissen lebende Vater von Horaz darauf verwendete, seinen Sohn zu den besten Lehrern zu schicken, ganz so, als habe er über große Einkünfte zu verfügen. Vergil sollte nun durch den Unterricht in Mailand lernen, wie man Gedanken faßt und sie in Worte kleidet, so daß man andre zu überzeugen vermag. Gleichgültig von welcher sozialen Stellung ein junger Mann war, ob er das «latinische» oder das römische Vollbürgerrecht besaß, er war es sich schuldig, eine Laufbahn zu ergreifen, die ihm bei seinen Mitbürgern zu Ansehen verhalf oder sogar unmittelbar in Rom. Er mußte als Redner auf dem Forum auftreten und sich eine *clientela* verschaffen; dann würde man ihn zweifellos zu einem Staatsamt wählen. Er würde wer sein in seinem kleinen Heimatdorf, vielleicht gar in Rom! Darin bestanden vermutlich die ehrgeizigen Pläne, die Vergils Vater für seinen Sohn hegte, solche Zukunftspläne waren vernünftig und entsprachen den Gegebenheiten. Anlage und Neigung Vergils sowie die äußeren Umstände wollten es anders.

An dieser Stelle erwartet man traditionsgemäß die Schilderung der körperlichen Erscheinungsform des jungen Mannes, der sich hier an der Schwelle zu einer noch ungebrochenen Lebensbahn befindet. Es heißt, er sei sehr groß gewesen, von dunkler Hautfarbe, sein Habitus und seine Gesichtszüge hätten dem entsprochen, was man bäurisch nennt. Er war von schwacher Gesundheit, neigte zu Magenleiden und Erkrankungen des Hals-Rachen-Raumes und litt an häufigen Kopfschmerzen; weiterhin wird von öfterem Bluthusten berichtet. All diese Einzelheiten sind gewiß nicht gesicherte Überlieferung. Doch ist nicht einzusehen, weshalb sie von den ersten Biographen hätten erfunden werden sollen, denn es gibt in den Werken Vergils keinerlei Hinweise darauf. In der Antike existierten Vergilbildnisse, wie es sie von allen großen Männern, von Schriftstellern, Dichtern, Philosophen und Staatsmännern, gab. Doch die Bildwerke, die uns unter dem Namen Vergils erhalten blieben, sind späten Datums, und ihr Stil legt Zeugnis ab vom Einfluß des jeweiligen Zeitgeschmacks auf den Künstler. So ist es schier unmöglich, ohne den Lockungen der Einbildungskraft zu erliegen, die Wahrheit von der Fiktion zu unterscheiden. Beim Porträtieren hielt sich die antike Kunst nicht immer an Genauigkeit, auch wenn die römischen Porträtisten im Rufe stehen, die Züge ihres Modells nach Vermögen wiedergegeben zu haben. Doch was für Porträtbüsten auf Grabmonumenten galt, war kein Maßstab für die Darstellung von Künstler- oder Philosophenporträts: Die Vorstellung, die man sich vom Wesen und vom Werk machte, vereitelte die realistische Absicht. Es gab ein Idealbild des Dichters, das die realistische Darstellung überlagerte. Wir besitzen zwei Mosaiken, die laut Beischrift den Dichter darstellen.

Das eine stammt aus Hadrumetum, dem heutigen Sousse in Afrika; es stellt den Dichter zwischen zwei Musen sitzend dar. Der Dichter hält eine Schriftrolle in der Hand, auf der die ersten Worte der Aeneis zu lesen sind. Schulausgaben bilden häufig die Züge ab, wie sie der Mosaikkünstler dem Dichter verlieh: einen glattrasierten Kopf, eine breite Stirn, hervorspringende Backenknochen, ein hageres längliches Gesicht; die Augen sind riesig und tiefliegend unter gewölbten Brauen. Man darf nicht annehmen, daß dies notwendig Vergils Gesichtsausdruck entspricht; es ist durchaus möglich, daß hier der Zeitstil (Ende des 3. Jahrhunderts n. Chr.) seine Spuren hinterlassen hat.

Dennoch überraschte uns eines Sonntags in Pietole vor der Dorfbar der Anblick von Männern, von Bauern, unter denen mehrere – eine erstaunliche Erscheinung – Zug um Zug dem Porträt von Sousse glichen. Beständigkeit eines menschlichen Typus über Jahrhunderte hinweg? Das wäre nicht unwahrscheinlich. Nur etwa sechzig Generationen trennen die heutigen Bewohner von Pietole an den Ufern des meeresarmbreiten Mincio von den Zeitgenossen Vergils.

Ein zweites Mosaik, das sich jetzt im Trierer Museum befindet, ist etwa um die gleiche Zeit wie das aus Sousse entstanden, vielleicht ein paar Jahrzehnte früher: es zeigt ein jüngeres Gesicht, das weniger harte Züge aufweist als das Porträt aus Sousse und das infolgedessen weniger der Beschreibung entspricht, die wir vom «bäurischen Aussehen» Vergils gaben. Man nimmt daher allgemein an, daß das Trierer Porträt eine eher phantasievolle und symbolische Darstellung sei – es bezeugt die Vorstellung, die man sich zweieinhalb Jahrhunderte nach Vergils Tod vom Dichter der Aeneis machte.

Es handelt sich also, wenn man den antiken Biographien Glauben schenkt – die vielleicht durch das Bildnis von Hadrumetum eine Bestätigung erfahren oder auch durch das oben erwähnte Erscheinungsbild heutiger Bewohner –, um einen jungen Mann von schwächlicher Gesundheit und linkischem, bäurischem Auftreten, der da in Mailand und kurz darauf in Rom seinen Studien obliegt. Als er nun aber zum ersten Mal eine Rede auf dem Forum halten sollte (vermutlich in Rom, vor irgendeinem Gerichtshof), wurde es ein solcher Mißerfolg, daß Vergil diese Erfahrung niemals wiederholen wollte. Es fehlten ihm alle jene Eigenschaften, die einen guten Redner ausmachen; seine Redeweise war schwerfällig und ließ ihn beinahe als ungebildet erscheinen. In einer Zeit, wo es unzählige hervorragende und auch annehmbare Redner gab, sah er ein, daß hier nicht der rechte Platz für ihn sei. Von Natur aus der Stille zugewandt, ein nachdenklicher Geist, mehr an Ursachen als an Tatsachen interessiert, faßt er anscheinend eine heftige Abneigung gegen das Forum, das er später als *insanum* (als «wahnwitzig», Georg. 2, 502) bezeichnet, weil dort alles auf dem mitreißenden Wort und nicht auf der Gewißheit beruht, wie wohlüberlegte Vernunftsgründe oder die unmittelbare Anschauung der Dichtung sie gewähren.

Während seiner Studienjahre in Mailand und später in Rom kümmerte sich Vergil offensichtlich wenig um die Rhetorik, für die er nur geringes Interesse aufbrachte, sondern suchte Zugang zu zwei Disziplinen, die damals nicht zum Bildungskanon gehörten, zur Medizin und zu den «mathematischen» Wissenschaften. Was letztere anbelangt, so hat man darunter gewiß die Astronomie zu verstehen oder, allgemeiner ausgedrückt, die Untersuchung der Sternenbahnen und ihres Einflusses auf die Angelegenheiten unseres Planeten. Wir sind es nicht gewohnt, Vergils Namen mit den Spekulationen der Astronomen und Astrologen in Verbindung zu bringen, weshalb denn auch diese Angabe der antiken Biographen bei den modernen Autoren Verwunderung hervorruft. Dennoch lassen sich im Werke des Dichters unschwer Hinweise entdecken, die geeignet sind, sie zu rechtfertigen. So etwa bei der Beschreibung des vom Bildschnitzer Alkimedon verfertigten Bechers aus Buchenholz: darauf sieht man, inmitten von rankenden Weinreben und blühenden Efeudolden, zwei Medaillons, zwei Bildnisse, von denen das eine den Astronomen Konon von Samos darstellt und das andere einen Gelehrten aus dem gleichen Wissensgebiet, dessen Name nicht genannt wird, von dem es aber heißt:

der mit dem Stab den Völkern ganz den Erdkreis gezeichnet,
wann für Schnitter und wann für gekrümmte Pflüger die Zeit sei?
(Ecl. 3, 41/42).

Dabei ist es unwichtig, wen der Dichter im Sinn hat, ob Eudoxos von Knidos oder einen anderen. Der Hirte Menalcas, dem diese Worte in den Mund gelegt sind, erhebt sich durch diesen Erweis seines Wissens über seinen Stand hinaus. Es ist offensichtlich, daß hier Vergil spricht und ihm vertraute Kenntnisse vorträgt. Wir hatten schon vermutet, daß er in seiner Jugend in der Umgegend von Mantua im Miterleben des bäuerlichen Jahresrhythmus den Zusammenklang zwischen den menschlichen Tätigkeiten und der Sonnenbahn im Durchgang durch den Zyklus der Jahreszeiten entdeckt habe. Viel später läßt er dann den langhaarigen Sänger

Iopas im ersten Buch der Aeneis (1, 740–746) mit seiner Leier vortragen, was er vom ersten, vom größten und ältesten Astronomen, vom Riesen Atlas, gelernt hatte: weil dieser im äußersten Westen Afrikas sich zu schwindelnder Höhe erhob, galt er als Beobachter der Sterne und dadurch als Begründer einer bis dahin unbekannten Wissenschaft.

Iopas besingt zuerst die Doppelbahn von Mond und Sonne, den beiden «Leuchtkörpern», die der Erde am nächsten sind und infolgedessen auf die irdischen Erscheinungen einen direkten Einfluß ausüben. Dann singt er vom Ursprung der Tiere und der Menschen, von den Ursachen des Regens und der Wärme, die in direkter Beziehung zu den Himmelskörpern stehen (die Sonne spendet Wärme, der Regen und, ganz allgemein, die atmosphärische Feuchtigkeit werden dem Mond zugeschrieben) und den so geschaffenen Lebewesen das Dasein ermöglichen. Schließlich erwähnt Iopas die Sternbilder, deren Auf- und Niedergang den menschlichen Tätigkeiten ihre Ordnung verleiht, indem ihr Auftauchen die Zeit der Seefahrt eröffnet, den Anfang des Sommers anzeigt oder bestimmend ist für die Berechnung der großen Bewegungen des Weltalls. Iopas Gesang führt noch weiter und begnügt sich nicht mit einer bloßen Beschreibung, sondern erklärt, warum

... so schnell in des Ozeans Fluten zu tauchen die Sonnen
sich im Winter bemühn, was schleichende Nächte verlängert
(Aen. 1, 742–746).

Bemerkenswert an diesem Gesang des Iopas ist, daß er fast wörtlich ein poetisches Programm aufgreift, das Vergil für sich selbst aufgestellt hatte, zumindest für die Zeit der Abfassung der Georgica, vielleicht sogar schon vorher, das in die Tat umzusetzen er jedoch die Hoffnung aufgegeben hatte (Georg. 2, 475 ff.). Aber die Vorstellung, daß die Sterne Kräfte sind, deren Auswirkungen sich allenthalben in der Natur bemerkbar machen, im Entwicklungsverlauf physikalischer und physiologischer Erscheinungen ebenso wie in der Abfolge der «Lebensalter», die die Welt durchläuft – diese Vorstellung, die den Menschen jener Zeit recht geläufig war, wird von Vergil geteilt. Die Erforschung des kosmischen Zusammenhangs ist eine Zielsetzung, die von allen philosophischen Schulen geteilt wird, den Stoikern ebenso wie den Epikureern; zwar gibt es signifikante Unterschiede zwischen den verschiedenen Schulen, doch niemand hegt den mindesten Zweifel an der Bedeutsamkeit dieser Betrachtungen für jeden, der es sich zum Ziel gesetzt hat, ein Weiser zu werden. So können wir von den Eklogen über das «Bekenntnis» der Georgica bis hin zur Aeneis eine ständige Beschäftigung mit dieser Wissenschaft feststellen, die bei dem Dichter bis in die Frühzeit seines Denkens zurückreicht und später vielleicht neue Impulse und größere Dringlichkeit durch die Lektüre von Lukrez erhält. Doch ist mit dieser Lektüre erst in viel späterer Zeit zu rechnen. Sie fiel indes auf fruchtbaren Boden.

Bemerkenswerter noch als die Neigung des jungen Vergil für die Astronomie ist sein Interesse an der Medizin. Zählte diese doch zur damaligen Zeit nicht unter die «freien Künste» *(artes liberales)*, die Allgemeinbildung, die ein freier Mann erwerben mußte und in deren Bereich er sich betätigen konnte. Die Medizin ist in der Theorie wie in der Praxis eine Angelegenheit der Griechen. Das hinderte die Römer allerdings nicht, griechische Ärzte zu schätzen und zu fördern, sie in ihren Hausstand aufzunehmen und selbstverständlich auch ihre Dienste zu beanspruchen. Bisweilen ließen sie sich auch in ihre Kunst einführen.

Zu Beginn des Jahrhunderts hatte ein aus dem Osten stammender Arzt, Asklepiades von Prusa in Bithynien, eine wahrhafte Revolution in der Heilkunst bewirkt: Er beschränkte sich nicht mehr auf bloße Empirie, sondern war bestrebt, die medizinische Theorie mit der Betrachtungsweise der Philosophen zu verknüpfen und ihre Methoden dadurch zu rechtfertigen, daß er sie zu einem Teilgebiet der «Physik» im Ganzen des allgemeinen Systems der Lehre von der Natur und vom Leben machte[1]. Wir wissen recht wenig von diesem Asklepiades, der von seinen Gegnern leidenschaftlich bekämpft wurde. Wenn man den verschiedenen ihn betreffenden Nachrichten Glauben schenkt, so hatte er als Rhetor begonnen und übte dann, weil ihm diese Tätigkeit nicht einträglich genug zu sein schien, ohne irgendwelche medizinischen Vorkenntnisse die Tätigkeit eines Arztes aus. Der Erfolg seiner Kunstfertigkeit war indes anscheinend so beträchtlich, daß ihn der König Mithridates an seinen Hof holen wollte. Asklepiades lehnte ab. In Rom bei den hohen Gesellschaftsschichten praktizierte er. Er war Freund und Leibarzt des Redners L. Crassus, des Konsuls von 95 v. Chr., der vier Jahre später verstarb. Dank seiner rhetorischen Ausbildung war Asklepiades in der Lage, gut zu reden und sich infolgedessen bei einem breiteren Publikum Gehör zu verschaffen, was den Ärzten der empiristischen Schule nicht möglich war, die an ihrer Praxis festhielten. Er interessierte sich weniger für die Krankheiten selbst als für ihre Ursachen und stützte sich dabei auf eine recht spezielle Auffassung der Physiologie. Nach seiner Vorstellung bestand das Leben in einer Bewegung kleinster Materiepartikeln im Inneren des menschlichen Körpers (und zweifellos ebenso bei den Tieren), die in Kanälen oder Gängen kreisten. Solange diese Bewegung normal verlief, war alles in Ordnung. Wenn aber das Gleichgewicht zwischen diesen Partikeln und den Gängen aufgehoben wurde, entstanden Krankheiten. Um auf den Organismus einzuwirken, benutzte Asklepiades keinerlei Drogen, weder mineralischer noch pflanzlicher Herkunft; er lehnte auch heftige Heilverfahren wie ausgiebiges Schwitzen ab. Er griff lieber zu «natürlichen» Behandlungen, wie Bädern oder Übungen; er verordnete auch häufig Wein, um die «Poren» (jene Gänge, durch die die Materiepartikeln kreisten) zu erweitern oder zu verengern.

Diese Vorstellung von den Lebensvorgängen leitet sich zweifellos aus der epikureischen Physik ab, die auf der atomistischen Urstofflehre basiert: Die Materie besteht aus kleinsten, unteilbaren «Kernen» von unendlicher Dichte, die keinerlei wahrnehmbare Eigenschaften besitzen. Diese Materienkerne, unsichtbare Staubkörner, sind zu fein, als daß sie irgendeine Wirkung auf unsere Sinne ausüben könnten, und schließen sich nach Regeln zusammen, die ihre Form ihnen vorgibt. Diese ersten Zusammenschlüsse stellen die Elemente der Materie dar, wie wir sie kennen; es gibt flüssige und feste, solche von feuerartiger und andre von gasartiger Beschaffenheit wie die Elementarteilchen des Windes oder der Luft. Diese Urkörperchen, wie sie Epikur schon annahm, kreisen in den Gängen der Körper und können sich dort durch den Verlust oder die Hinzunahme von Atomen verändern.

Es könnte den Anschein haben, als ob keine Verbindung zwischen diesen Theorien und Lehren des Asklepiades und den wissenschaftlichen Bestrebungen und Studien Vergils bestände, fände sich nicht in den Georgica eine analoge Vorstellung in bezug auf die Erde und die Lebensvorgänge der Pflanzen. Vergil liefert zu dem Verfahren, die Stoppeln nach der Ernte abzubrennen, um das Land wieder fruchtbar zu machen, eine mechanistische und atomistische Erklärung. Er nimmt an, daß die Erde von «Gängen» und Röhren durchzogen ist, durch die die Nährsäfte laufen. Die

Hitze, sagt er, bewirkt dabei entweder das Entstehen oder aber das Aufsteigen der Säfte, die als geheime Kräfte im Boden ruhen, oder sie läßt die unnützen Flüssigkeiten austreten; es könnte auch sein, daß die Hitze des Feuers die Röhren erweitert und den Durchgang der Nährsäfte zum Nutzen der jungen Pflanzen erleichtert; die letzte Hypothese schließlich lautet, die Hitze verengere die Röhren der Erde und verhindere auf diese Weise, daß allzu heftige Regengüsse oder die sengenden Strahlen der Sonne oder der winterliche Frost zu tief in die Erde eindringen und die Vegetation im Augenblick ihres Entstehens versehren (Georg. 1, 84–93). An andrer Stelle kommt Vergil auf diesen Umlauf der Säfte im Boden zurück: geht er mühelos vonstatten – was man an dem leichten Dunst erkennt, den der Boden ausatmet –, dann liegt ein Gelände vor, das für Reben und Obstbäume geeignet und ebensogut als Ackerland verwendbar ist wie als Weidegrund (Georg. 2, 217–223).

Die Erde ähnelt also nach Vergils Ansicht einem lebenden Organismus; sie ist ein den Tieren und den Menschen vergleichbarer Organismus, in dessen Innerem eine Bewegung besteht und der die Pflanzen hervorbringt, so wie andre Lebewesen ihr Fell, ihre Haare, ihre Nägel. Auf diese Weise erfahren die überkommenen Praktiken der Bauern ihre Berechtigung und ihre Erklärung: Brache, das Aufbringen von Mist, von Asche, das Abbrennen der Stoppeln, das Eggen, das die träge Scholle – *glaebae inertes* sagt er – aufbricht und die ihr innewohnenden Nährgründe freisetzt, alles, was dem Gleichgewicht der verschiedenen Elemente, der verschiedenen, für das harmonische Wachstum der Pflanzen unentbehrlichen Kräfte *(robora)* dienlich ist.

Die vom Vergilbiographen angeführten Medizinstudien treten hier zutage, und gleichzeitig erhält ihre Erwähnung in dieser umstrittenen Quelle ihr ganzes Gewicht, da diese Nachricht wohl kaum aus dem Werk erschlossen sein kann. Die alten Kommentatoren hatten die Vorstellungen des Asklepiades, die der Lehre Vergils zugrunde liegen, übersehen oder außer acht gelassen. Auf jeden Fall haben sie sie nicht wiedererkannt, und wenn sie uns berichten, der Dichter habe sich in seiner Jugend für die Heilkunst interessiert, dann müssen wir ihnen glauben. Die Chronologie schließt nicht aus, daß Vergil dem Vortrag des Asklepiades lauschte, als dieser schon in höherem Alter stand. Bei seiner Ankunft in Rom war er ja bereits der Leibarzt des Crassus gewesen. Das führt zu der Annahme, daß er spätestens um 120 v. Chr. geboren ist. Er konnte also im Jahre 50 etwa siebzig Jahre alt gewesen sein. Plinius berichtet, er sei in «sehr hohem Alter» durch einen Sturz von der Treppe gestorben. Nichts hindert also zu vermuten, er habe sich 53 v. Chr. gleichzeitig mit Vergil in Rom aufgehalten; er muß damals zumindest das Alter von siebenundsechzig Jahren gehabt haben, kann aber durchaus auch älter gewesen sein.

Wir wissen nicht, ob schon Asklepiades die Parallele entwickelt hat, die Vergil zwischen dem Leben der Erde und dem Leben der Organismen herstellte. Es ist möglich, daß diese Vorstellung allmählich im Dichter heranreifte und daß sie erst nach der Lektüre von Lukrez Gestalt annahm oder sogar erst später, als er sich im Hause des Epikureers Siron bildete (wovon gleich zu sprechen sein wird). Immerhin kann man sagen, daß die Lehren des Asklepiades, der die Grundsätze der atomistischen Physik auf die Medizin übertragen hatte, Vergils Sinn für derlei Analogien weckten, was beträchtliche Auswirkungen auf seine Dichtung hatte: durch eine analoge Behandlung des Lebens der Pflanzenwelt gelangte er, wie Lukrez, auf dem Weg der materialistischen Mechanik zu einem regelrechten Animismus. Im Gegensatz zur Ansicht der Epikureer, die das Leben auf eine Bewegung von Atomen und «Molekülen» zurückgeführt wissen wollten, sollte dem Dichter seinerseits offenbar werden, daß das Leben aus der Materie hervorgeht. Die beiden Paradigmen, das materialistische und das vitalistische, erweisen sich als gleichwertig, und das Leben verliert nichts von seiner Würde, von seiner Schönheit noch von seiner erregenden Bedeutsamkeit, wenn man weiß, was sich hinter dem schönen Schein verbirgt. Es wird dann offenbar, daß der Frühling ein Lieben ist, daß die jungen Pflanzen froh emporwachsen und die Obstbäume sich ihrer Kraft bewußt sind (Georg. 2, 363; 372; 426 u. ö.). So können wir schließlich unser körperliches und unser seelisches Dasein als unauflösliche Verbindung erfahren, und diese Erfahrung wird zu einem «Bezugssystem», mit dessen Hilfe die Welt begreifbar, erfaßbar wird, als sei sie von gleicher Wesensart.

So etwa müssen die Vorstellungen ausgesehen haben, die im Denken des jungen Vergil aufzudämmern begannen, als er sich nach Rom in eine Umgebung versetzt sah, deren Neigungen und Hoffnungen er nicht teilte.

Unterdessen nahm um ihn herum das politische Ränkespiel seinen Fortgang, und die Ereignisse trieben unverkennbar auf die Monarchie zu. Der eine der drei Männer, die de facto die Macht unter sich teilten, war soeben von der Bildfläche verschwunden: Crassus, der sich einen Kriegszug gegen die Parther hatte übertragen lassen, war bei Karrhae in Syrien auf dem Schlachtfeld gefallen, Caesar und Pompeius standen sich nun allein gegenüber. Das Band, welches sie mehrere Jahre hindurch geeint hatte, die Ehe zwischen Pompeius und Caesars Tochter Julia, war im Jahr zuvor durch den Tod der jungen Frau zerrissen worden. Caesar setzte in Gallien die durch die Erhebung mehrerer Stämme unabwendbar gewordenen Operationen fort. Er stellte zwar gegen Ende des Jahres die Überzeugung zur Schau, die Ruhe sei wiederhergestellt, nichtsdestoweniger hielt er auch weiterhin höchste Wachsamkeit für geboten. Obwohl Pompeius mit den spanischen Provinzen betraut war, ließ er sich dort durch Statthalter vertreten und blieb selbst in Rom, wo er die Rolle eines Schiedsrichters zwischen Popularen und Konservativen wahrnahm, die sich in immer häufigeren und immer heftigeren aufrührerischen Erhebungen gegenseitig bekämpften. Milo, der Protagonist des Senats, stand an der Spitze bewaffneter Banden, die denen des Vertreters popularer Interessen entgegentraten, des P. Clodius, eines Erzfeindes von Cicero. Anfang des Jahres 52 war Clodius auf der Via Appia erschlagen worden, während gleichzeitig in Gallien der Aufstand des Vercingetorix ausbrach. Der Zwiespalt zwischen den beiden noch lebenden Triumvirn tat sich immer weiter auf, und Rom erlebte einen Zustand andauernder Wirren. Bis dahin hatte der Staatsapparat noch den Schein der Legalität gewahrt, wenn seine Einrichtungen auch durch das Ränkespiel der Triumvirn ebenso unterhöhlt waren wie durch die zahlreichen Mißbräuche, die ihr Wesen veränderten. Hinfort wird selbst der Schein nicht mehr gewahrt, die Ausnahmegewalt, die man Pompeius zugestand, kam faktisch einer Alleinherrschaft gleich. Einer vorübergehenden Alleinherrschaft, denn man mußte mit Caesar rechnen. Aber Pompeius und die dem Caesar feindlich gesinnten Senatoren hatten ja gerade die Absicht, diesen lahmzulegen. Ein unvermeidbarer Schlagabtausch der beiden Männer zeichnete sich ab.

Während dieses Zeitabschnitts ist uns vom Leben Vergils nichts durch direkte und unwiderlegbare Zeugnisse bekannt. Doch sind wir zumindest imstande, manche Teilaspekte zu rekonstruieren. Einige antike Biographen berichten, daß er in Rom bei einem Rhetor namens Epidius zusammen mit einigen hochgestellten Persönlichkeiten studiert habe, insonderheit mit Octavian, dem späteren Augustus. Die Angabe war wegen des Altersunterschiedes als unwahrscheinlich erachtet worden, da Vergil im Jahr 50 sein zweiundzwanzigstes Lebensjahr erreicht hatte, während der im Jahre 63 geborene Octavian erst dreizehn Jahre alt war. Doch die Biographen des nachmaligen Augustus wissen zu berichten, er sei ein Wunderkind gewesen: im Alter von neun Jahren habe er öffentlich die Trauerrede auf seine Tante Julia gehalten und mit zwölf die auf seine Großmutter. Es ist daher wahrscheinlich, daß Vergil ihn kurz vor dem Jahr 50 kennengelernt hat, und zwar bei dem Rhetor, der den jungen Burschen in der Beredsamkeit unterrichtete, in einer Kunst also, in der es Vergil widerstrebte, sich hervorzutun.

Im gleichen Zeitabschnitt machte Vergil wahrscheinlich die Bekanntschaft einer andren zu Großem berufenen Persönlichkeit, nämlich die des nur sechs Jahre jüngeren Valerius Messalla. Die Tatsache, daß Vergil ihm seine «Ciris» gewidmet hat (wir kommen auf das Gedicht noch zurück, um seine Echtheit zu erweisen), legt die Vermutung nahe, die beiden Männer seien befreundet gewesen; das gleiche gilt von einer Notiz des Servius zum achten Gesang der Aeneis, worin ein bemerkenswertes Mahl erwähnt wird, bei dem Horaz, Vergil und Mesalla über den Wein diskutiert haben sollen, dem sie zugesprochen hatten.

Wie dem auch sei, man kann sich vorstellen, daß Vergil in diesen Kreisen römischer Intellektueller beim Unterricht des Epidius oder bei den Vorträgen des Asklepiades und der Philosophen während der Jahre vor dem Ausbruch des Bürgerkriegs viele junge Leute flüchtiger oder näher gekannt haben muß, die im weiteren Verlauf eine bedeutende Rolle spielen sollten. Es ist denkbar, daß er aufhörte, ein entwurzelter Provinziale zu sein, und aufgenommen wurde in die *cohors* junger ehrgeiziger Gefolgsleute, die im Schatten einer großen Persönlichkeit lebten, bis sie selbst Karriere machten, so wie es damals üblich war. Es ist denkbar, daß er in die Fußstapfen Catulls trat, auch wenn er von geringerer Herkunft war. Man weiß ja, vom Beispiel des Horaz und manches anderen, daß die soziale Herkunft nicht den Ausschlag gab: war man nur ein frei Geborener, so standen einem die höchsten Ämter offen. Doch dazu hätte es bei Vergil einer andren Anlage bedurft, und seine Empfindsamkeit hätte ihn nicht in eine andre Richtung drängen dürfen. Er hatte sich der Erfolgslaufbahn eines Redners, für die er nicht geschaffen war, versagt, er dachte auch nicht daran, Soldat zu werden, was die unvermeidliche erste Sprosse der Ämterlaufbahn war. Seine Neigungen zielten einzig auf ein geistiges Dasein: es zog ihn zum Studium der Naturgesetze, zur Beobachtung des Schauspiels, das die Welt ihm bot, zur Suche nach innerer Zufriedenheit und im tiefsten Inneren mit unwiderstehlicher Liebe zur Dichtkunst, der er sein ganzes Leben lang treu blieb.

In diesen Jahren vor dem Ausbruch des Bürgerkriegs wurde aus dem Nachlaß des Lukrez das Lehrgedicht «Über die Natur» veröffentlicht, welches darlegt, wie sich das höchste Gut, und das bedeutet in der Lehre Epikurs Seelenfrieden und andauernde Lust, durch innere Askese und nicht durch die Anhäufung vermeintlicher äußerer Güter erreichen lasse, die zwar Lust verschaffen können, aber ihren Tribut in Form vielfältiger Martern heischen, vorab in der Besorgnis über ihren möglichen Verlust. Er, Vergil, empfand keinerlei Sehnsucht mehr nach Reichtum oder Ehren. Es wird überliefert, daß er mäßig war im Genuß von Speise und Trank. Offensichtlich befleißigte er sich einer bescheidenen Lebensführung. Sogar schon bevor er den Unterricht des Epikureers Siron genossen hatte, führte er von sich aus das Dasein der Sekte, ausgenommen seinen Hang zur Dichtkunst, die von den Epikureern bekanntlich abgelehnt wurde, zumindest im Grundsatz, da sie glaubten, von ihrem Wesen her müsse sie den Seelenfrieden stören; sie müsse die Todesfurcht erhöhen durch ihre Darstellung der Unterwelt und die Leidenschaft anschüren durch Liebesgedichte, durch Schilderung des Zorns selbst bei den Göttern, durch Hymnen vom Ruhm, der mit Sorgen und Mühen ohne Zahl erkauft wird. Aus alldem zogen die Epikureer den Schluß, die Dichtung gefährde die Ataraxia, die innere Ruhe, die Grundvoraussetzung der Glückseligkeit.

Vergil, an politischen Aufgaben kaum interessiert und von Natur getrieben, den Frieden der Seele und die Ruhe des Herzens zu suchen (er soll in seinen Liebesaffären die Knaben der Gesellschaft von Frauen vorgezogen haben, was man für eine geringere Gefährdung des inneren Friedens hielt, für nicht so stürmisch, sondern, zumindest seit Platon, für «philosophischer») – Vergil also verließ Rom, um sich nach Neapel zu dem epikureischen Philosophen Siron zu begeben, der in Parthenope einer Schule vorstand. Parthenope lautete der griechische Name von Neapolis, des heutigen Neapel, das eine ganz und gar hellenische Siedlung geblieben war und inmitten des römischen Imperiums wie seit eh und je das Dasein einer griechischen Kolonie am äußersten Rande Großgriechenlands führte und dessen Sprache, Sitten und Gesetze beibehalten hatte.

Von diesem Sinneswandel, den man nicht ganz zutreffend als «Bekehrung zum Epikureismus» bezeichnen könnte, gibt uns Vergil Zeugnis in einem trotz einiger gegenteiliger Stimmen allgemein für echt gehaltenen Epigramm von vierzehn Zeilen, dem fünften Stück des «Catalepton», der Sammlung «leichter Stücke». Dieses Epigramm stellt einen Abschied von der Rhetorik mit ihrem hohlen Getöse dar, dem Klang der Zymbeln, der die Jugend betört. Es ist auch ein Abschied von den Studiengenossen, unter denen ein gewisser Sextus Sabinus genannt wird, bei dem es sich nach Ansicht verschiedener moderner Interpreten, unter anderem Mommsens, um P. Ventidius handeln soll, der 43 nachgewählter Konsul war und aus der Cisalpina stammte. Von jetzt ab heißt es: fort mit den Lehrern (ihre Namen werden genannt, aber sie sind weiter nicht bekannt) –

Wir segeln fort jetzt nach des Seelenglücks Hafen.

Der Dichter lenkt sein Schiff nach «des großen Siron Wort und Weisheitsspruch» und schmeichelt sich, alle Leidenschaft von seinem Leben fernzuhalten. Was ihm indes nicht gelungen zu sein scheint, denn er verspürt ein Bedauern – jede «Bekehrung» fordert ihr Opfer. Er sagt den Musen Lebewohl, auch ihnen, aber er kann nicht umhin, ein wenig Zuneigung für sie zu bewahren:

Geht denn, ihr Musen, ja auch ihr, so geht wirklich,
ihr holden Musen – denn gesteh ich's nur ehrlich:
ihr waret hold mir – und ihr sollt doch auch wieder
nach meinen Blättern schaun, doch zuchtvoll und selten

(Cat. 5, 11–14).

Vergil zog also nach Neapel. Wir wissen nicht wann. Vielleicht – doch das ist wenig wahrscheinlich – vor dem Ausbruch des Bürgerkriegs (Januar 49), vielleicht erst, als beim Abmarsch Caesars große Teile der Bevölkerung Schutz suchten fern von der Hauptstadt, die von den Truppenverbänden Caesars bedroht schien, rekrutierten sie sich doch aus «barbarischen» Galliern und Germanen. Selbst wenn der junge Vergil Sympathien für die Eroberer

Galliens empfand, so rieten ihm doch seine Sehnsucht nach Ataraxie – und simple Klugheit – dazu, sich wegzubegeben. Doch das alles ist reine Spekulation. Fest steht nur, daß sich Vergil damals zum «gelehrten» Siron begab, der in einem kleinen Besitztum die Philosophie Epikurs lehrte, in einem außerhalb der Stadt an der Bucht von Neapel gelegenen Ort, der heute Posilippo heißt, was «Ende des Kummers» bedeutet. Hier, auf einem Ufervorsprung inmitten einer Landschaft, die in Klima und Pflanzenwuchs eher Griechenland entsprach als der Cisalpina, sollte Vergil mehrere Jahre seines Lebens verbringen.

Siron erfreute sich in den philosophischen Kreisen Roms eines beträchtlichen Ansehens. Cicero schätzte ihn. In einem Brief, den er im Jahre 45 an den Pompejaner Trebianus schickte, dem soeben die Begnadigung Caesars die Rückkehr aus dem Exil erlaubt hatte, bezeichnet er ihn als «seinen Freund» und stuft ihn als *prudentissimus* ein, was gleichzeitig «sehr weise» und «sehr erfahren» bedeutet. Zusammen mit Philodem von Gadara, auf den wir gleich zu sprechen kommen werden, erscheint Siron in der Mitte des ersten vorchristlichen Jahrhunderts als das eigentliche Haupt der Schule. Auf ihre Autorität bezieht sich Torquatus, der Epikureer und Hauptvertreter dieser Schulmeinung in Ciceros ebenfalls im Jahre 45 verfaßten Dialog «Über das höchste Gut und Übel».

Wenn es zutrifft, daß sich Vergil im Jahre 49 zu Siron begab, dann war er damals einundzwanzig Jahre alt, und es schien, als habe er mit der Wahl einer philosophischen Lebensweise eine endgültige Entscheidung getroffen. Wenn man sich in jener Zeit einem philosophischen Lehrer anschloß, kam das einem Klosternoviziat ziemlich nahe. Der gesamte Tagesablauf wurde davon in Anspruch genommen, und im Falle der Epikureer war das gemeinschaftliche Leben zusammen mit dem Meister darin eingeschlossen. Häufig zog sich das über viele Jahre hin bis zu dessen Tod. Denn es ging nicht nur darum, sich eine Lehrmeinung verstandesmäßig anzueignen, sich einzuarbeiten in die Theorien des stets hochverehrten, wenn auch schon seit zweieinhalb Jahrhunderten verstorbenen Schulgründers, sondern es galt auch, sein Inneres bereit zu machen für philosophische Erfahrung und die Leidenschaften auszurotten: das Streben nach Reichtum, wenn man es verspürte, den Hang zur Liebe, den politischen Ehrgeiz, vor allem aber die Todesfurcht und die unbezwingliche Gier, am Leben zu bleiben, ganz gleich unter welchen Bedingungen! Ein Meister war in erster Linie ein Lehrmeister der Lebensgestaltung und dann erst ein Wissensvermittler. Er war ein Vorbild. Deshalb bedauerte Seneca ein Jahrhundert später, daß die Anforderungen des täglichen Lebens ihn von seinem Freunde Lucilius fernhalten, dem er den Weg zur Philosophie zu weisen sucht. Und er erwähnt bei der Gelegenheit berühmte Beispiele: Sokrates, der durch seine Gegenwart und seine Gespräche auf Platon und Aristoteles einwirkte, Kleanthes, der eng mit seinem Meister Zenon zusammenlebte und so den Stoizismus aus der Theorie in die Praxis umsetzen konnte, die Schüler des Epikur schließlich, «die nicht durch die Unterweisung ihres Meisters groß wurden, sondern weil sie sein Leben teilten». Man sieht, diese Grundhaltung findet sich in allen Schulen. Doch gewann sie im Epikureismus eine besondere Bedeutung. Das Zusammenleben in derlei «Gärten», wie etwa in dem kleinen Landhaus des Siron bei Neapel, war eine Nachahmung der Lebensweise des Schulgründers, der sich in seinen Briefen durchaus auch über die Gerichte an seiner Tafel mit seinen Freunden unterhielt: die Mahlzeiten waren einfach; man gestand ihnen nur zu, was unumgänglich für die leiblichen Bedürfnisse war; ein für allemal war jeder unnütze Luxus ferngehalten; fröhliche Armut galt als größter Reichtum, und es genügte, glaubte man, seine Wünsche zu zügeln, dann lebe man im Überfluß. Um diesen Preis genoß man das höchste Glück der Erde: ungestörte Zufriedenheit in heiterem Genuß geistiger Freuden, das Vollgefühl eines jeden Augenblicks, frei von Furcht und Hoffnung; denn was könnte dem die Zukunft bieten, der in der Fülle lebt; das Gefühl schließlich, die Freiheit zu haben, daß man jeden Augenblick der Vergangenheit im Geiste wiedererleben und folglich dauernd über sein Dasein in seiner Gänze verfügen könne. Man war auf diese Weise gänzlich der Zeit enthoben und damit der Furcht, daß die ständig verrinnende Zeit einem wie Sand durch die Finger riesle und so in den Tod führe.

Dies war das Leben, das Vergil um sein einundzwanzigstes Lebensjahr anstrebte oder zumindest anzustreben vorgab. Man muß hinzufügen, daß eine der von Epikur versprochenen Vergnügungen in der Freundschaft bestand, die unter seinen Schülern herrschte, einer Freundschaft, deren Rechtfertigung auf ihrer Notwendigkeit für Männer beruhte, die die Ehe ablehnten und sich mit flüchtigen Abenteuern begnügten, da sie jede Verpflichtung mieden, die den Seelenfrieden zu stören geeignet war. Doch diese epikureische Freundschaft übersteigt reine Nützlichkeitserwägungen bei weitem. Sie beruht darauf, daß alle gemeinsam nach demselben Ziel streben und daß sie die gleichen Überzeugungen teilen und das gleiche Ideal. Sie gestattet es den Freunden, sich gegenseitig zu ermutigen und sich zu stützen auf dem Pfad zur Weisheit; sie befriedigt schließlich einen der am tiefsten eingewurzelten Triebe der menschlichen Seele, den Hang zur Geselligkeit. Als Schüler des Aristoteles hatte Epikur von seinem Meister gelernt, der Mensch sei ein «soziales Wesen», er verwirkliche sich ganz und gar in der Gesellschaft. Der Komödiendichter Menander, ein Schüler Theophrasts, der seinerseits ein Schüler des Aristoteles war, hatte in seinen Stücken die Leute aufs Korn genommen, die soziale Bindungen ablehnten, die «Menschenfeinde» (Misanthropen), die ihr eigenes Unglück schmiedeten und das ihrer Familien. Die Freundeskreise um einen epikureischen Gelehrten trugen also dazu bei, diesem Geselligkeitstrieb ein Ziel zu geben, ist er doch, nach Ansicht der Griechen, eine der menschlichen Grundeigenschaften und gleichzeitig eine der unwandelbaren Erfordernisse unseres Wesens.

Wir wüßten gerne zumindest die Namen der Männer um Siron, die zu den «Freunden» Vergils zählten. Ein vereinzeltes Zeugnis spricht vom Juristen P. Alfenus Varus, der später eine Rolle im Leben des Dichters gespielt zu haben scheint und dem er die sechste Ekloge gewidmet hat. Es wäre möglich, daß er in diesem Abschnitt seines Lebens Quintilius Varus aus Cremona getroffen hat, der ebenfalls in epikureischen Kreisen in Neapel verkehrt haben soll. Ein leider stark verstümmeltes Papyrusfragment scheint Zeugnis davon abzulegen. Dieser Quintilius Varus ist uns hauptsächlich als Freund des Horaz bekannt, und es wäre denkbar, daß die beiden Dichter sich durch seine Vermittlung kennenlernten. Schließlich kann noch ein andrer, berühmterer Mann zu den «Freunden» um Siron gehört haben: der Dichter Varius Rufus, wenn es denn zutrifft, daß sein Name, wenn auch verstümmelt, auf eben diesem Papyrus verzeichnet ist – was eine Bestätigung erhielte durch die Tatsache, daß dieser Varius ein Gedicht «Über den Tod» verfaßt hat, worin er anscheinend gegen die Furcht vor dem Sterben anzugehen trachtete, so wie Lukrez dies unternommen hatte und wie Epikur bestrebt war, dies in die Seele seiner Schüler zu senken. Dies sind oder waren möglicherweise die mit Vergil um Siron gescharten Freunde. Lassen wir einmal beiseite, was hieran unsicher oder bloße Vermutung ist, so hat es den Anschein, daß der junge Dichter im Verlauf der Zeit, die man als seine Jahre der Zurückgezogenheit oder in einem andren, mehr goetheschen Sinne als seine «Lehrjahre» bezeichnen könnte, an einer der lebendigsten und fruchtbarsten geistigen Strömungen seiner Zeit teilhatte.

In der untergehenden Republik scheint der Epikureismus auf die Geister einen stärkeren Reiz ausgeübt zu haben als der Stoizismus. Es ist zum Beispiel bekannt, daß eine Reihe von jungen Leuten aus der Umgebung Caesars in Gallien mit dieser philosophischen Richtung sympathisierte; aber wir haben auch gesehen, daß ein Parteigänger des Pompeius, Trebianus, zu Siron in Beziehung stand. Der Epikureismus verlangte keinerlei politisches Engagement, und es ist undenkbar, daß er jemals eine «Partei» gebildet hätte. Das wäre übrigens auch dem Geist der Lehre strikt entgegengelaufen, die, anders als der Stoizismus, von der Teilnahme am staatlichen Leben abriet, denn, so lehrte Epikur, wenn man an den politischen Machtkämpfen teilnimmt, wenn man sich um ein Amt bewirbt, muß man unweigerlich Haß auf sich ziehen, einerseits von den Rivalen, auf die man trifft, und andrerseits von den Mitbürgern, deren Interessen man nicht fördert. Es sei noch hinzugefügt, daß die Staatsangelegenheiten alle, die sich mit ihnen befassen, in das Zeitgeschehen mit seinen Hoffnungen und Ängsten verwickelt; es ist daher besser, davon Abstand zu nehmen, wenn man seine Seelenruhe bewahren möchte und ein ungeschmälertes Dasein zu leben wünscht. Doch galt dies nur als Ratschlag, nicht als verpflichtendes Gebot. Sollte es vorkommen, daß irgendwelche Leute das öffentliche Leben wirklich für eine wünschenswerte Daseinserfüllung halten sollten, so gestattete man ihnen, bevor man ihnen den Zwang bedrükkender Untätigkeit auferlegte, ihrer Berufung Folge zu leisten, nicht ohne ihnen zu empfehlen, ihr Herz nicht daran zu hängen und so ihrer Seele verlustig zu gehen.

Doch verhielt es sich jedenfalls so, daß man zwar abriet von praktischer Ausübung der Politik, nicht aber von der theoretischen Beschäftigung damit. Epikur hatte eine Abhandlung «Über die Monarchie» verfaßt, was ja zu seinen Lebzeiten die vorherrschende Regierungsform in der griechischen Welt war, und in den Jahren nach dem Bürgerkrieg sollte ein andrer Gelehrter des Epikureismus, Philodem, in einem Werk den «Guten König, wie ihn Homer besingt» schildern, worin er ein monarchisches Idealbild vorführt, das sich aus dem Epikureismus und auch aus einer allegorischen Auslegung der Ilias und der Odyssee herleitete. Es ist augenscheinlich, daß Philodem dabei ein Königtum im Sinn hatte, das von und für Caesar eingerichtet werden sollte. Philodem war seit langem mit Calpurnius Piso befreundet, dem Schwiegervater Caesars, den er in der epikureischen Lehre unterwiesen hatte. Er war in Gadara in Palästina geboren, im Alter von etwa vierzig Jahren nach Italien gekommen, um die Zeit von Vergils Geburt; damals knüpfte er innige Freundschaftsbande mit Piso, der ihn bei sich aufnahm und in seiner Gesellschaft einen epikureischen Lebenswandel pflegte. Philodem und Piso führen uns zwei Beispiele von der Art vor, wie ein philosophisches Dasein gemäß der Lehre Epikurs aufgefaßt und gelebt werden konnte. Während der Römer aufgrund seiner sozialen Herkunft und seiner Volkszugehörigkeit die Ämterlaufbahn anstreben und durchlaufen mußte, begnügte sich der Grieche nicht damit, Abhandlungen philosophischen Inhalts zu verfassen, er schrieb auch eine große Anzahl Gedichte, meist Epigramme erotischen Inhalts. Zumindest führte Cicero dies in der Rede gegen Piso aus. Aber was uns an Gedichten von Philodem in der Anthologia Palatina erhalten blieb, läßt sich sehr wohl mit dem epikureischen Ideal vereinen: er fordert darin sich selbst zum Maßhalten auf in der Liebe wie in der Lust, er ermahnt sich, der verrinnenden Zeit nicht nachzuweinen, er lädt schließlich seinen Freund Piso ein, an seinen Mahlzeiten teilzunehmen, wo man ohne Aufwand, aber in freimütiger Gesellschaft speise: es werde ein wahrhaft epikureisches Fest werden, fröhlich trotz seiner Einfachheit, das Gedächtnismahl für die «Eikades», am zwanzigsten Tag des Monats, dem Tag, an dem Epikur verschied.

Dies war das Leben, das die «Gefährten» in den Epikureerkreisen führten. Vergil nahm an diesem Dasein teil. Philodem war ohne Zweifel bekannt mit Siron, denn die Epikureerkreise standen miteinander in Verbindung, ihre Mitglieder statteten einander Besuche ab, und es ist sicher, daß der Freund seinen Gönner Piso begleitete, wenn dieser sich in sein schönes Landhaus nach Herkulaneum begab. Es muß wohl das Haus gewesen sein, in dem vor anderthalb Jahrhunderten eine ganze Bibliothek zum Vorschein kam, bei der die dort aufgefundenen Abhandlungen Philodems den Hauptteil ausmachten. Man darf also mit Sicherheit behaupten, Vergil habe Philodem gekannt und durch ihn erfahren, daß die epikureische Philosophie, die Liebe und der Umgang mit den Musen durchaus zu vereinbaren seien. Man lebte in diesen «Gärten», wo heiterer Lebensgenuß kultiviert wurde, keineswegs in einer stickigen Atmosphäre und respektierte persönliche Neigungen. Was wäre auch sonst aus der Freundschaft geworden? So konnte Vergil mit Philodem seine Bewunderung für Caesar teilen und für Rom eine Zukunft ins Auge fassen, in der der Diktator der Stadt Wohlfahrt und Glück schenken würde, indem er die vorrangigen Lebensregeln der gemeinsamen Lehre in die Tat umsetzte: die Ablehnung alles dessen, was «die Natur» behindert oder übersteigt, die Rückkehr zur altüberkommenen Bedürfnislosigkeit; beseitigt werden sollte im Gemeinwesen auch das üble Machtstreben, diese Quelle der Zwietracht, indem man die heftigen Wahlkämpfe unterband, die das öffentliche Leben vergifteten, die Atmosphäre verdarben und sogar die Existenz des Staates aufs Spiel setzten. Man kann Übereinstimmungen zwischen den von Philodem in seiner Abhandlung «Der gute König» vorgetragenen Gedanken und einigen Stellen konstatieren, worin Vergil seine politischen Anschauungen zum Ausdruck bringt. So erinnert zum Beispiel der Gedanke, das Ansehen eines Königs verhindere die Zwietracht zwischen den Bürgern, an den Anfang des dritten Buchs der Georgica, wo die Machtfülle des Octavian, des Siegers über Antonius, ihre Rechtfertigung und die Überwindung der Zwietracht ihren Lobpreis erhält. Auch die Versicherung des Philosophen, ein weiser und gerechter König garantiere die Wohlfahrt des Königreichs, gemahnt in gewissem Umfang an Vergils Schilderung des Goldenen Zeitalters unter der Regierung Saturns, als noch die Gerechtigkeit auf Erden unter den Sterblichen weilte.

Man kann auch den von Philodem geäußerten Gedanken, die Hauptaufgabe eines «guten Königs» müsse die eines Kriegers sein – was sicher das Gefallen Caesars fand –, mit Vergils Beschreibung im vierten Buch der Georgica (4, 67–94) von der Rolle des «Königs» im Bienenschwarm in Verbindung bringen – man glaubte nämlich damals, ein König, nicht eine Königin stehe an der Spitze des Bienenvolkes; diesen «Bienenstaat» bewundert der Dichter so sehr, daß er ausführt, «manche» erklärten

... die Biene durchwirke ein Teil vom göttlichen Weltgeist

(Georg. 4, 220).

In diesem Staate verkörpert und erhält der König die Einheit.

Steht's um den Herrscher nur gut, durchglüht ein *Sinn sie alle;*
sank er dahin, zerbricht auch der Bund... (Georg. 4, 212/13).

Diese Verse, mehr als zehn Jahre nach dem Aufenthalt bei Siron niedergeschrieben, als der Zwist zwischen Antonius und Octavian, den beiden zur Macht strebenden «Königen», Rom von neuem in einen Bürgerkrieg zu stürzen drohte, könnten beinahe aus diesem Anlaß verfaßt sein und enthalten gewiß Anspielungen auf die gegenwärtige Lage. Vergil versäumt nicht hervorzuheben, daß die Macht unteilbar sei und einer der beiden Könige geopfert werden müsse. All das bezieht sich offensichtlich auf den Konflikt, der kurz vor seinem Ausbruch steht. Aber es ist kaum denkbar, daß Vergil diese monarchische Weltsicht damals aus dem Stegreif niedergeschrieben hat. Er fand sie im Kreise um Siron und Philodem bereits vor; er ließ sie während der Jahre seiner epikureischen Weltabkehr heranreifen; dank ihrer ist er ausersehen, etwas hinzunehmen, zu ersehnen, ja gedanklich mit vorzubereiten, was damals noch nicht vorhersehbar war, die Übernahme der Macht durch Augustus.

So wenig wir wissen, wann Vergil sich nach Neapel zu Siron begab, ob bei Ausbruch des Bürgerkriegs im Jahre 49 oder erst später, so unbekannt ist auch, wie lange er in dieser «Gemeinschaft» verweilte. Man darf annehmen, daß er dort zumindest bis 43 oder 42 v. Chr., vielleicht auch länger, blieb. Er war nahezu dreißig Jahre alt, als er von dort schied, und er hatte schon mit der Abfassung der Eklogen begonnen.

Caesars Sieg über die Pompejaner, der anfangs zügig voranging, hatte diesem in den ersten Monaten des Jahres 49 Italien beinahe kampflos ausgeliefert. Pompeius jedoch hatte sich auf das griechische Ufer der Adria begeben, um dort die Truppen zusammenzuziehen, die ihm die Provinzen des Ostens und die tributpflichtigen Könige schickten, die er fünfzehn Jahre zuvor in ihre Königreiche wiedereingesetzt hatte; der Krieg hatte sich in die Länge gezogen. Caesar hatte die Gelegenheit benutzt, sich die beiden spanischen Provinzen in entschlossenem Zugriff botmäßig zu machen, wodurch die beiden Statthalter des Pompeius verjagt wurden. Man lieferte sich daraufhin die Entscheidungsschlacht: bei Pharsalos in Nordgriechenland, am 9. August 48. Pompeius floh und wurde von dem jungen Ägypterkönig, bei dem er Asyl suchte, meuchlings niedergemacht. Caesar, der ohne Zögern erschien, sah sich genötigt, den Osten zu unterwerfen, der im allgemeinen Pompeius die Treue hielt. Dies erledigte er in wenigen Monaten.

Alexandrien fiel in seine Hand und mit ihm ganz Ägypten. Von dort zog er nach Nordafrika, wo sich eine republikanisch gesinnte Armee zusammengezogen hatte, die er im April 46 in der Schlacht von Thapsos aufrieb. Die ganze Provinz wird befriedet, während sich Cato im Bewußtsein, der «letzte Republikaner» zu sein, in Utica, nahe bei Tunis, das Leben nimmt. Eine letzte Prüfung harrte des Siegers: die Befriedung Spaniens, wo sich die Überreste der Armee des Pompeius unter der Führung seiner beiden Söhne, Gnaeus, des älteren, und Sextus, des jüngeren, wieder zusammengeschlossen hatten. Am 17. März 45, bei Munda, brach auch dieser Widerstand zusammen, und Caesar konnte diesmal in einer befriedeten Welt nach Rom zurückkehren. Die Ruhe war wiederhergestellt. Zumindest konnte man dies annehmen. Doch kaum ein Jahr nach Munda, am 15. März 44, wurde Caesar ermordet, und der Kreislauf begann von neuem: Die Mißgunst, die *invidia* der Aristokraten, hatte den De-facto-Monarchen erschlagen, der sich gegen sie erhoben hatte.

Die Ereignisse machten deutlich, daß der von Caesar erfochtene Friede nur vorläufiger Natur war. Dem Senat gelingt es nicht, das Heft wieder in die Hand zu nehmen. Octavius (Octavian), der Großneffe Caesars und sein Erbe, beansprucht die Erbschaft des ermordeten Diktators. Er stellt sich gegen Antonius, den Caesar stets als seinen Statthalter betrachtet hatte. Doch kurz darauf verständigen sich die beiden. Octavian zieht nach Rom und läßt sich unter Androhung von Gewalt das Konsulat übertragen. Die Macht liegt von nun an in den Händen der Militärführer, die die Konsulate in den folgenden Jahren unter sich verteilen, und wie zu Sullas Zeiten werden Proskriptionslisten angeschlagen. Die «Feinde Caesars», alle politischen Gegner, aber auch viele Senatoren, die man wegen ihres Reichtums der Ächtung preisgibt, werden umgebracht, ihr Vermögen eingezogen. Cicero gehört zu den Opfern. Unterdessen nutzen die Erben Caesars die Verwirrung, in die der Tod des Diktators das Volk gestürzt hatte, um das Gerücht zu verbreiten, Caesar sei zum Gott erhoben worden. Ein Komet war kurz nach dem Begräbnis am Himmel erschienen. Er zeigt sich jeden Abend kurz nach Sonnenuntergang und leuchtet die ganze Nacht hindurch: das ist Caesars Seele, die aufstrebt zur Milchstraße! Vergil wird sich, wie wir schon sagten, in der neunten Ekloge an diesen wunderbaren Stern erinnern. Das Auftauchen dieses Sterns und die Vergöttlichung des Heros – offiziell eingesetzt wird sein Kult an den Kalenden des Januar, also am 1. Januar 42, noch vor der Niederlage der republikanischen Truppen bei Philippi am 23. Oktober desselben Jahres – läßt wieder Hoffnung keimen: Von den Gefilden der Götter her waltet Caesar als Schutzgottheit, in deren Namen die derzeitigen Machthaber, die Triumvirn Antonius, Octavian und Lepidus, den Auftrag wahrnehmen, Rom eine neue Ordnung und neue Gesetze zu geben.

Doch bald schon mußte man erkennen, daß nichts in Ordnung war, und Vergil wird in eigener Person betroffen von den Wirren. Um die Soldaten, die an den Feldzügen der Jahre 43 und 42 teilgenommen hatten, entschädigen zu können, müssen Bauernstellen eingerichtet werden. Eine Anzahl von Städten wird sofort beim Abschluß des Triumvirats namentlich bestimmt – achtzehn Städte, auf deren Gemarkung Land zugunsten der Veteranen enteignet werden sollte. Aber die Zahl der Versorgungsberechtigten erwies sich schließlich als so groß, daß es notwendig wurde, weitere Städte allenthalben in Italien für diese Aktion freizugeben. Ein derartiges Vorgehen war nicht unrechtmäßig, denn die eroberten oder durch Vertrag an Rom gebundenen Gemeinwesen hatten theoretisch ihr Besitzrecht den Römern überlassen: es war ihnen zwar wieder abgetreten worden, aber ohne Rechtsanspruch und jederzeit widerrufbar. Doch blieb ein solcher Widerruf die Ausnahme, und man hatte sich in der Vergangenheit nur selten dazu entschlossen. Der jüngste Fall hatte sich unter Caesar ereignet, zuvor schon hatte Sulla reichlich Gebrauch von dieser Möglichkeit gemacht. Im allgemeinen bemühten sich die römischen Behörden bei derartigen Landzuweisungen, die Rechte von Privatleuten nicht anzutasten, und wiesen nur Gemeindefluren als Veteranenland aus. Doch waren sie dazu nicht verpflichtet, und die Landparzellierung konnte mit brutaler Vertreibung der Grundbesitzer einhergehen. Dies fand in der Cisalpina statt. Mantua figurierte nicht auf der Liste der abgabepflichtigen Gemeinden; doch Cremona, seinen Nachbarort, hatte man darauf gesetzt, und so geschah es, daß die Enteignungen auf die Nachbargemeinde Mantua übergriffen, als sich der verfügbare Ackerboden in

Cremona als unzureichend erwies. Die Veteranen zögerten nicht, sich der ihnen zuträglich erscheinenden Felder auf der Gemarkung Mantuas zu bemächtigen. Es hat den Anschein, als sei Vergils Familienbesitz auf diese Weise beschlagnahmt worden. Die antiken Biographen fügen noch Nachrichten über die näheren Umstände hinzu, die wahrscheinlich nicht der Wahrheit entsprechen, weil sie aus Angaben abgeleitet sind, die man den Eklogen entnehmen zu können glaubte. So haben denn die modernen Gelehrten zumeist auch erhebliche Bedenken, aus dem, was von den Erlebnissen des Dichters in dieser Zeit überliefert ist, einen zusammenhängenden Bericht herzustellen.

Daß aber Vergils Familienbesitz in der Zeit der Konfiskationen zumindest bedroht gewesen ist, unterliegt keinem Zweifel: Wir finden eine Erinnerung an diese Bedrohung in einem Epigramm des «Catalepton»:

Landhäuschen, einst des Siron Besitz, mein Äckerlein, armes,
und doch jenem, dem Herrn, wirklicher Reichtum auch du;
mich und diese zusammen mit mir, die ich immer schon liebte,
lege ich dir ans Herz, wenn ich vom heimischen Land
Schlimmes gehört. Ich empfehle zuerst dir den Vater: sei du ihm
jetzt, was Mantua einst und was Cremona ihm war
(Cat. 8, 1–6).

Man schließt aus diesen paar Versen, daß Sirons «Garten» in Vergils Besitz gelangt ist, sei es, weil der greise Philosoph ihn aufgab, was unwahrscheinlich, aber möglich ist, und ihn seinem Schüler verkaufte oder überließ, sei es, weil er verstorben war und ihn dem Vergil vermacht hatte, was ziemlich einhellig angenommen wird. Wie dem auch sei, Vergil kann offensichtlich darüber verfügen zu dem Zeitpunkt, als die Konfiskationen im Gang sind und ihre Ausweitung von Cremona auf die Gemarkung Mantuas zur Debatte steht. Wir befinden uns nun am Ende von 42 oder in den ersten Monaten des Jahres 41, also in der Zeit nach der Schlacht von Philippi, die neue Rechtsansprüche und neuerliche Versorgungsprobleme für die siegreichen Veteranen heraufbeschwor.

Die Eklogen lassen diese Ereignisse oft anklingen, aber in so verklausulierter und angedeuteter Form, daß sie als historische Quelle unbrauchbar sind; so sind denn auch alle nur denkbaren Hypothesen vorgebracht worden. Vornehmlich die erste und die neunte Ekloge werden dazu herangezogen. In der ersten verlebt der Hirte Tityrus friedvolle Tage, als ein andrer kleiner Landpächter bei ihm erscheint, der mit seinen Herden auswandern muß, weil ein «Soldat» das Land, auf dem er lebte, in Besitz genommen hat. Dieser Unglückliche mußte all sein Besitztum verlassen, um irgendwohin in die Ferne zu ziehen. Er weiß, daß sein Unglück eine Folge des Bürgerkriegs ist und daß wegen der Beschlagnahmung im ganzen Land Wirrnis herrscht. Daher staunt er, den Tityrus so ruhig zu sehen, und fragt ihn nach dem Grunde. Tityrus antwortet ihm, er verdanke dies Glück einem «jungen Manne», den er nicht näher bezeichnet und den er als Gott zu verehren erklärt. Diesen jungen Mann hat er in Rom gesehen, als er sich seiner Freilassung wegen dort aufhielt. Er hatte genug Geld zusammengebracht, um sich freikaufen zu können; die Freilassungsformalitäten ließen sich aber nur in Rom abwickeln. Vergil sagt nicht, Tityrus habe durch «den jungen Gott» seine Freiheit erlangt, sondern nur, daß dieser ihn aufgefordert habe, seiner gewohnten Tätigkeit weiterhin nachzugehen:

«*Weidet wie früher, Burschen, die Rinder, züchtet euch Stiere*»
(Ecl. 1, 45).

Er hat also den Tityrus in seinen Besitzrechten an dem bestätigt, was ihm insofern gehört, als er es zwar für einen Herrn, aber als praktisch unkündbarer Pächter bewirtschaftet. Das ist neuerlich klar bewiesen worden[2]. Ob Sklave oder Freigelassener, Tityrus kann seiner Zukunft gewiß sein, solange das von ihm bewirtschaftete Land in der Hand desselben Herrn ist. Aber es ist ganz ausgeschlossen, aus dieser durchaus üblichen Situation zu folgern, das betreffende Land habe Octavian gehört. Vor allem dann, wenn – recht willkürlich – angenommen wird, das Landgut, worauf Tityrus lebt und das in der Ekloge beschrieben wird, sei kein andres als das Besitztum Vergils, und insonderheit dann, wenn man sich aus der Beschreibung Aufschlüsse über seine geographische Lage erwartet. Die Situation ist also recht klar, und die Freilassung von Tityrus sowie die drohende Beschlagnahme des Landgutes sind auf natürliche und notwendige Weise miteinander verkoppelt. Es ist ziemlich sicher, daß der Pächter erst als Sklave, dann als Freigelassener seine *possessio* aus seiner Bindung an den Herrn ableitet und daß letzterer das Eigentum an dem fraglichen Gut für sich behält und seinem Pächter den Nießbrauch daran überläßt. Bei Eigentümerwechsel muß der Pächter gehen. Dies war das Los des Meliboeus, des Gesprächspartners von Tityrus in der Ekloge; das von ihm bebaute Land hat den Eigentümer gewechselt; nun ist es im Besitz eines Soldaten. Der Pächter hat dort keine Bleibe mehr, er hat seine Heimstatt, seine Einkünfte und die Grundlage seines Lebensunterhalts verloren. Mit sich führt er den ihm zustehenden Teil des lebenden Inventars. Er ist künftig ein Heimatloser. Tityrus hingegen kann auf seinem Landgütchen wohnen bleiben, nicht weil er ein Freier ist, sondern weil die Familie der Vergilii, die auch künftighin seine Patrone sind, das Eigentum an dem Landgut behielt.

Der kleine, vom Dichter erfundene «Roman» war nötig, um das Drama der Konfiskationen in einem juristisch abgesicherten und realistischen Rahmen darzustellen. Wurde ein Veteran auf das Besitztum eingewiesen, so verlor der Dichter und seine Familie den Pachtzins und, allgemeiner gesagt, die Einkünfte, also einen Anteil am Ernteertrag und das Wohnrecht in den für den Gutsherrn vorgesehenen Räumen, die es in jeder ländlichen *villa* gab, und das war ganz gewiß unangenehm. Aber was soll man erst vom Pächter «auf Lebenszeit» sagen? Bei ihm steht seine gesamte Existenz auf dem Spiel. Für die Mißlichkeit seiner Lage möchte der Dichter unsere Anteilnahme wecken. Vergil ergreift nicht Partei für die «Eigentümer». Das soeben zitierte Epigramm läßt durchblicken, daß Vergils Familie vom Verlust ihrer Besitzung hart betroffen worden wäre, da sie ihr, zumindest teilweise, den Lebensunterhalt sicherte: man würde sich einschränken und auf Sirons Landgut ein epikureisches Leben führen müssen, das Kärglichkeit in Reichtum verwandelt. Die Familie könnte sich aber auf jeden Fall über Wasser halten. Tityrus hingegen wäre für immer vernichtet, so wie Meliboeus. Eine wirtschaftliche Tragödie ohne Zweifel, doch vor allem ein Drama der Entwurzelung.

So wird verständlich, weshalb der Dichter die Freilassung des Tityrus und die Bestätigung der Eigentumsrechte seiner eigenen Geschichte übergestülpt hat: Tityrus mußte sich mit seinem Herrn zusammen (also etwa mit Vergil) nach Rom begeben, um seine Freilassung zu erwirken; so lautete die gesetzliche Vorschrift, und das gab Vergil und seinem Freigelassenen die Gelegenheit, den jungen Triumvirn um die Bestätigung der Eigentumsrechte an dem Landgut anzugehen, was für Tityrus lebensnotwendig war. Zwei vom Dichter miteinander verbundene Maßnahmen sind gleichwohl deutlich voneinander unterschieden. Als Meliboeus den Tityrus nach den Gründen seiner Abwesenheit fragt, gibt dieser zur Antwort:

Was denn tun? Sonst konnte dem Joch ich nirgends entkommen,
nirgendwo kennenlernen so hilfreich-gewärtige Götter

(Ecl. 1, 40–44).

Auch in der Dichtung verlangt römisches Denken genaue und juristisch einwandfreie Sachverhaltsschilderungen.

Es ist unbekannt, auf welchen Zeitpunkt der Wirren Meliboeus anspielt: vielleicht auf die Monate vor dem Aufstand von L. Antonius, dem Bruder des Triumvirn Marcus Antonius, der mit der Belagerung und Einnahme Perugias endete. Es würde sich dann um die Wintermonate 41/40 handeln. Aber vielleicht sind diese Verse auch aus der Rückschau geschrieben; obwohl später abgefaßt, sollen sie den Leser in die Situation zurückversetzen, wie sie in Italien in der Zeit zwischen 42 und 40 herrschte. Wie dem auch sei, das Gedicht räumt Octavian die wichtigste Stellung unter den Triumvirn ein, jenem Octavian, der 43 gerade zwanzig Jahre alt geworden und damals noch eine Zeitlang als *iuvenis* zu bezeichnen war, was eher «ein Mann in jungen Jahren» heißt, denn «junger Mann». Er war sieben Jahre jünger als Vergil. Der Sieg von Perugia hatte ihn zum maßgeblichen Anführer gemacht, während Marcus Antonius im Osten in immer weitere Ferne zu rücken schien.

Man sieht, diese Ekloge ist gewiß «allegorisch» in dem Sinne, daß sie auf eine wirkliche oder denkbare Rechtslage zurückgreift, die es ermöglicht, den tieferen Sinn der Dichtung zu übermitteln. Vergil hätte Verse verfassen können, worin er Octavian seinen Dank abstattete, wenn dessen Eingreifen wirklich, wie wir annehmen, von entscheidender Bedeutung war. Er hätte ihn ohne Umschweife preisen können, und das hätte ein persönliches, von Schmeichelei nicht freies Gedicht gegeben, ein Gedicht, das – bereits! – alle Merkmale einer panegyrischen Hofdichtung enthalten hätte, und zwar insofern als darin eine direkte Beziehung zwischen Vergil und Octavian hergestellt worden wäre. Vergil hat das nicht gewollt, sei es aus Berechnung, sei es, was wohl eher zutrifft, weil sein ganzes Wesen jedem Anschein von Liebedienerei abhold war, und außerdem, weil, wie schon angedeutet, das Gedicht die tiefe Bestürzung des Dichters angesichts dessen zum Thema hat, was er als Erniedrigung der

Gemeinschaft empfinden mußte, die ihm teuer war und der er sich verbunden fühlte. Hier stoßen wir zum ersten Mal auf das vergilische Mitgefühl, das sich auf alles Lebende erstreckt und dem man so häufig in seinem Werk begegnet. Mitgefühl, ja, aber kein Selbstmitleid.

Es wäre nun alles klar, was die Beschlagnahme betrifft, gäbe es nicht noch die neunte Ekloge; sie berichtet davon, wie «Menalcas», in dem wir offensichtlich Vergil zu sehen haben, geglaubt hatte, mit seinem Liede ein gewisses Gebiet, ob sein eigenes Besitztum oder einen Teil des Gemeindelandes bleibt unklar, gerettet zu haben, daß aber die Dichtung im Waffengeklirr machtlos ist. Denn, so erzählt der greise Diener des Menalcas, Moeris, ein Soldat sei aufgetaucht und habe behauptet, das Land gehöre nun ihm, die vormaligen Bewirtschafter, die «früheren Siedler», hätten zu verschwinden. Doch hat der neue Eigentümer des Landguts den Moeris, wohl einen Freigelassenen, als Pächter beibehalten. Das Problem, das diese Ekloge aufwirft, ist die Frage, ob die Situation, worauf sie Bezug nimmt, einen früheren Rechtszustand schildert als die erste oder einen späteren. Daraus folgt indes nicht, daß sie früher oder später als jene verfaßt wurde.

Daß der Menalcas der neunten Ekloge Vergil selber sei, unterliegt keinem Zweifel: einer der beiden Gesprächspartner, Lycidas, legt ihm ausdrücklich Verse aus der fünften Ekloge in den Mund, die, wie gleich gezeigt werden soll, die Apotheose Caesars zum Gegenstand hat. Und diese Ekloge stammt sehr wahrscheinlich aus dem Jahre 42. Die neunte Ekloge enthält darüber hinaus Anspielungen auf die erste: es ist die Rede von Amaryllis und Tityrus, doch stehen die angeführten Verse nicht in der überlieferten Gedichtsammlung. Sollte es sich um Texte handeln, die in die endgültige Fassung nicht aufgenommen wurden? Möglicherweise. Dann hätte der Dichter sie, um sie nicht gänzlich zu unterdrücken, als unvollständige, absichtlich gekürzte Zitate aufgenommen. Doch dann hätten Tityrus und Amaryllis in dieser Hirtenwelt der Cisalpina, in diesem vom Dichter ersonnenen Schauspiel, eine erheblich größere Rolle gespielt als uns bekannt ist.

Abschließend mag, auch wenn eine gesicherte Lösung nicht angeboten werden kann, die Vermutung gestattet sein, Vergil sei, als die Prozedur der Landbeschlagnahmungen begann, so beunruhigt gewesen, daß er durch den Erwerb des Landgütchens von

Siron für seine Eltern und sich ein Refugium schuf. Doch gleichzeitig versuchte er, die drohende Beschlagnahme abzuwenden, und bat wohl einflußreiche Freunde, auf die wir noch zu sprechen kommen, um Unterstützung: Liebhaber seiner Dichtungen, die auch imstande waren, ihm zu helfen, wie etwa Alfenus Varus, den Beauftragten für die Landzuweisungen an die Veteranen. Eine Zeitlang muß Vergil geglaubt haben, der Einfluß seiner Freunde reiche aus, ihm sein Besitztum in Mantua zu erhalten. Bald aber belehrten ihn die – illegalen – Übergriffe der in Cremona angesiedelten Veteranen eines Besseren: das muß im Jahre 41 oder 40 geschehen sein. Zu diesem Zeitpunkt hat Octavian, der sich nach der Unterwerfung der Einwohner von Perugia als unbestrittenen Herrn Italiens fühlen kann, die Macht, Vergil zu seinem Recht zu verhelfen, hat sich dieser doch Anerkennung verdient durch den Preis von Caesars Apotheose, und diese Verherrlichung ist auch dazu angetan, Octavians Ansehen zu stärken, da Caesar ihn adoptiert hatte und er also hinfort als «Sohn eines Gottes» zu bezeichnen ist. Ein unmittelbares Eingreifen gibt dem Dichter das Land zurück, das ihm zu Unrecht weggenommen worden war, und nun liegt hier ein großartiges Gedicht als Zeugnis seiner Dankbarkeit vor, das seine persönliche Danksagung vereint mit dem – von ihm erhofften! – Dank der Landleute, der kleinen Bauern, welche die Enteignungen ins Elend bringen ungeachtet der Tatsache, daß es nie, rechtlich gesprochen, ihr eigenes Land war, jener Landleute, die den Kernbestand der italischen, dem Schutze Octavians anempfohlenen Heimat ausmachen.

Während dieser unruhigen Jahre hat Vergil offenbar stets seine Vorliebe für Neapel beibehalten und für Sirons *villa*, die sein Eigentum geworden war. Aber er hält sich meist in der Cisalpina auf; er verweilt auch in Rom und erscheint bei Octavian, der ihn sicherlich vom Hörensagen kennt und zu dem er deshalb leichter Zutritt hat. Es besteht keine Notwendigkeit zu der Vermutung, die erste Ekloge sei erst später verfaßt worden, zu einer Zeit, als Antonius, endgültig gebunden im Osten, zugunsten Octavians an Ansehen eingebüßt hatte, also um das Jahr 35. Es genügt, sich vor Augen zu halten, daß Octavian nach dem Perusinischen Krieg vollkommen Herr der Lage ist und daß sich Antonius Ende 40 gezwungen sieht, Frieden mit ihm zu schließen.

Indes ist die kleine *villa* Sirons trotz zeitweiliger Aufenthalte Vergils in Neapel nicht mehr der epikureische Garten von einst. Vergil gibt sich dort nicht als Fortsetzer des Lehrers. Die Liebe zu den Musen hat die Oberhand über seine philosophischen Neigungen gewonnen. Die Musen begnügen sich nicht damit, ihn «zuchtvoll und selten» heimzusuchen, wie er es sich in der ersten Begeisterung gewünscht hatte. Sie sind seine tägliche Begleitung geworden. Was es auch immer mit anderweitigen Versuchen auf sich haben mag, die Arbeit an den Eklogen hat ihn ganz mit Beschlag belegt; er hat sie, lassen die alten Kommentatoren wissen, zwischen 42 und 39 oder 38 abgefaßt, das heißt während der soeben erwähnten wirren Jahre. Aber es wäre absurd zu unterstellen, er habe sie niedergeschrieben, um eine Bekanntheit zu erlangen, die es ihm ermöglichte, sich vor Beschlagnahmen zu schützen. Er hat vielmehr in dieser Dichtung vom Landleben eine Ausdrucksform gefunden, die seinem tiefsten Inneren Genüge tat: seiner Liebe zum bäuerlichen Dasein, das ihm alles den Menschen erstrebenswerte Glück zu verschaffen schien, und zugleich, da er von seiner epikureischen Lebenserfahrung fest durchdrungen war, der Überzeugung, daß dieses Landleben alle Anforderungen der philosophischen Lebensweise, worin Siron ihn unterwiesen hatte, zu erfüllen vermöchte. Die Erinnerungen an seine Kindheit und Jugendzeit verbinden sich mit den Gedanken seines reifen Alters und der Betroffenheit durch die Drohung der Beschlagnahme und entführen den Dichter in eine halb reale, halb imaginäre Welt, die er nie mehr ganz verlassen sollte. Sie ist der Nährboden nicht nur für die Eklogen und die Georgica, sondern auch für ein bestimmtes Bild des ursprünglichen Italien, das in der Aeneis durchschimmert, und darüber hinaus auch für sein Rombild.

Von jetzt an sind die Fundamente der vergilischen Lebensanschauung fest gefügt. Es ist ein Denken, das sich – wie das des Horaz um dieselbe Zeit oder wenig später – nicht darauf beschränkt, den Lehren irgendeines Meisters zu folgen, das vielmehr ein ureigenes unabhängiges Nachsinnen bleibt und das weniger der Dialektik und den Konstruktionen der Vernunft als der Empfindsamkeit des Herzens und der Reizbarkeit des Gemütes verpflichtet ist. Es mutet seltsam an, daß die Gegner der Epikureer diesen unter anderem vorwarfen, kein logisches System ausgearbeitet zu haben, keinen methodischen Zugang zur Wahrheit. Sie rückten ihnen «grobe Sinnlichkeit» vor, indem sie geltend machten, daß Epikur den Sinnen zu viel Bedeutung einräume und sie für untrüglich halte und daß für ihn der Genuß in seiner sinnlichsten Form das Kriterium des «höchsten Gutes» sei. Es ist denkbar, daß gerade diese Merkmale des Epikureertums Vergil angezogen und sein Inneres zutiefst geprägt haben. Er fand in dieser Lehre eine Bestätigung seiner eigenen Neigungen, eine Rechtfertigung der Sinnenfreude, die von den andren Philosophen zumindest mit Argwohn betrachtet wurden. Hatte nicht Platon unser irdisches Dasein als eine Welt des Scheins begriffen, der keine größere Wirklichkeit zukomme als der von Schatten, die der Feuerschein an die Höhlenwand wirft? Die Stoiker hielten die sinnliche Wahrnehmung für die Ursache der falschen Werturteile der Menschen, da Schmerz und Lust in Wahrheit gleichgültige Dinge seien, die aber von der Kindheit an unser Urteilsvermögen trübten. Platoniker und Stoiker entfernen den Menschen von der Welt der sinnlichen Wahrnehmung, die seine Welt ist: das sind Lehrmeinungen, wie sie in Städten entstehen und sich entfalten können. Sokrates soll ja Athen nur ganz selten verlassen haben, und wenn er die Annehmlichkeiten des Spaziergangs, zu dem sein Freund Phaidros ihn einlädt, artig bewundert und wenn er die Ausmaße der Platane sowie die Frische des Wassers preist und die Reinheit der Luft zu schätzen weiß, so zieht er aus seinen Eindrücken doch folgenden Schluß: «Nimm mir's nicht übel, mein Bester. Ich möchte eben immerzu lernen; doch die Felder und Bäume wollen mich nichts lehren, sondern nur die Menschen in der Stadt» (Platon, Phaidros 230d). In dieser Beziehung hat Vergil überhaupt nichts Sokratisches an sich.

Zugleich ist diese Philosophie der Sinneswahrnehmung die poetischste Annäherung an die Wirklichkeit, die man sich vorstellen kann, denn alle Dichtung ist eine Kunst der Verzauberung, der Verwandlung der Dinge zu ewiger Gegenwart. Die Römer waren sich dessen besser bewußt als alle andren Völker, denn sie nannten das Gedicht *carmen*, wovon sich unser Wort «Charme» – Bezauberung – herleitet; dieser Begriff bezeichnet ebenso epische Berichte, Epigramme und die andren dichterischen Formen wie auch magische Zauberformeln. Und man versteht jetzt wohl besser, weshalb die römischen Epikureer, Lukrez, Varius, Horaz, Vergil in seinen jungen Jahren – dazugerechnet werden muß auch Philodem, der zum Römer geworden war –, sich befreiten von dem Verdammungsurteil, das der Meister über die Musen verhängt hatte. Epikur lehnte die Dichtung wegen der Mythen ab, des

Hauptthemas der Dichter. Diese Mythen bestätigten seiner Meinung nach Vorurteile und Anschauungen, die die Urteilskraft des Menschen in Verwirrung brächten; auf ihnen beruhten alle irrigen Vorstellungen über die Götter, das Jenseits, die dann zum Anlaß für ebensoviel Furcht und Schmerz würden. Die neueren Forscher haben daraus voreilig auf eine Verfemung jeglicher Art von Dichtung geschlossen. Dort, wo Philodem in seiner Abhandlung «Über den Guten König» von den Zerstreuungen spricht, die eines Prinzen würdig seien, lobt er die Lieder der Sänger, insofern sie die Taten von Helden verherrlichen und folglich Beispiele von Mut, von Milde, von Selbstbeherrschung vorführen, die ihre Zuhörer auf den Weg der großen menschlichen «Tugenden» zu leiten vermögen. Es ist bekannt, daß derlei «Vortrag von Heldenliedern bei Gastmählern» auch bei den Römern Brauch war, eine Vorform der Heldendichtung. Schließlich gab es auch eine Poesie, die wie ein schmerzlinderndes Mittel auf die Seele einwirkte und die Angst einschläferte, indem sie dem Geist glückliche Bilder vorgaukelte. Die Eklogen geben dafür ein Beispiel.

Aus all diesen Gründen fühlten sich die römischen Epikureer durch das Verdammungsurteil nicht gebunden, das der Meister über die Musen verhängt hatte, und die Musen kehrten mit Macht zurück zu den Schreibtäfelchen Vergils. Dazu hatte ihnen Lukrez den Weg gebahnt. Dies ist eine römische Entwicklung des Epikureertums, die den Wirklichkeitssinn römischen Empfindens ebenso berücksichtigt wie den Reiz der Dingwelt und, wenn man will, auch die «grobe Sinnlichkeit» dieser Kultur, die nur sehr widerwillig die Entwurzelung und Verstümmelung ihrer vollen Natur in Kauf nahm, welche das städtische Leben mit sich brachte.

Dennoch verflossen diese Jahre in Wirrnis aller Art. Rom erlebte eine Zeit der Unsicherheit. Die Triumvirn hatten den offiziellen Auftrag, neue Staatseinrichtungen zu schaffen – eine Erwartung, die sich endlos hinzog, je mehr sich schwerwiegende Mißhelligkeiten zwischen ihnen auftaten und sie sich um ihren Einfluß im Staate stritten. Antonius war in zunehmendem Maße in die Angelegenheiten des Ostens verwickelt. Octavian festigte mehr und mehr seine Stellung im Westen, und es wurde augenscheinlich, daß ihre Rivalität früher oder später zu einer bewaffneten Auseinandersetzung führen mußte. Die Beispiele aus der jüngsten Vergangenheit waren noch zu frisch im Gedächtnis, als daß die öffentliche Meinung nicht mit Schaudern vor einem Wiederaufleben des Bürgerkriegs zurückgeschreckt wäre. Als man nach dem Perusinischen Krieg eine Zeitlang glaubte, er werde wieder aufflackern, verweigerten die Soldaten die Teilnahme und forderten sichere Unterpfänder für eine Aussöhnung zwischen Antonius und Octavian, insonderheit die Ehe zwischen ersterem und Octavia, der Schwester Octavians. In dieser Atmosphäre verfaßte Vergil die Eklogen und leistete so seinen Beitrag zu der Friedenserwartung, die allenthalben die Gemüter erfüllte. Dieser Friede schien ihm, mehr als jedem anderen, eine dringende Notwendigkeit. Nicht nur, um in seinem Innern jene Seelenruhe zu erzeugen, die er ersehnte, sondern weil er mit jeder Fiber seines Herzens das Elend der Zeit mitfühlte: diesen Fluch des Bürgerzwists, den menschlicher Wahnsinn am Leben hielt, und der Generation auf Generation alles dem Menschen mögliche Glück zerstörte. Aus dieser Überzeugung gelangte er zu der Gewißheit – und entdeckte –, daß Dichter die Macht haben, auf ihre Zeit einzuwirken und, wenn möglich, den Lauf der Dinge zu ändern; denn dies kann ebensogut, wenn nicht sogar besser, durch Einwirkung auf die Herzen geschehen, indem man sie die Wahrheit erfassen läßt, als durch physischen Zwang mit Hilfe von Krieg und Gewalt, womit sich bislang die Politiker begnügt hatten.

Kapitel 2: Die Jahre der Entscheidung

Während dieses Zeitraumes politischer Unsicherheit und Furcht sah sich Vergil, obwohl er durch seine Verbundenheit mit Siron die Verpflichtung eingegangen war, sich vom öffentlichen Leben fernzuhalten und der Dichtkunst zu entsagen, bald veranlaßt, als Dichter seinen Beitrag zu den großen Umwälzungen zu leisten, die das römische Gemeinwesen erschütterten. Aufgrund seiner Herkunft konnte er kaum Anspruch erheben, ein Staatsamt zu bekleiden, und das widersprach auch seinem Wesen; er hatte es, wie wir gezeigt haben, abgelehnt, die Laufbahn einzuschlagen, die ihn dorthin hätte führen können. Aber er empfand darum das Unglück seiner Zeit nicht weniger heftig, und er litt daran, daß Italien furchtbar mitgenommen war und keine andre Zukunft vor sich sah als Gewalttaten und Verfall. Seine eigenen Sehnsüchte, das Bedürfnis nach friedvollem Glück, das er in sich verspürte und das ihn der epikureischen Philosophie in die Arme getrieben hatte wie in einen sicheren Port – das sind seine eigenen Worte –, erstrecken sich zuerst auf die Feldflur seiner Kindheit, dann auf ganz Italien. Zwar ist er später nicht mehr mit allen Lehren der Schule einverstanden, zum Beispiel nicht mit der von der Rolle des Göttlichen in der Welt, dessen Eingreifen in das irdische Geschehen von Epikur in Abrede gestellt wird, und nicht einmal mit der vom Weiterleben der Seele, das vom Schulgründer strikt zurückgewiesen wird; doch erfährt er nach wie vor als unerschütterliches Postulat in sich, was die Grundlage des ganzen Lehrgebäudes ist: daß Glück, das höchste Gut und Seelenfrieden dasselbe sind, und er bemüht sich mit der Kraft seiner Dichtergabe, den Beweis dafür zu erbringen. Und diese Sendung, deren er allmählich gewahr wird, führt ihn dann weit weg von Mantua und Neapel, sie macht aus ihm den vertrauten Freund der Männer, die, gewillt Roms Angelegenheiten in die Hand zu nehmen, bestrebt sind, an die Macht zu kommen.

Von diesem vertrauten Umgang mit den maßgeblichen Persönlichkeiten seiner Zeit geben die Bucolica unwiderleglich Zeugnis durch die Namen von drei Männern, denen einige seiner Eklogen zugeeignet sind: die vierte und, trotz gegenteiliger Meinung, wohl auch die achte ist Asinius Pollio, die sechste dem schon früher genannten Alfenus Varus gewidmet (dazu kommt eine Anspielung auf ihn in der neunten); Cornelius Gallus schließlich ist in einem großen Teil der sechsten Ekloge anwesend, und von ihm handelt zur Gänze die zehnte. Diese drei Persönlichkeiten sind nun aber direkt ins politische Tagesgeschehen verwickelt, und durch sie erlangt Vergil Zutritt zu den Großen seiner Zeit.

Der um sechs Jahre ältere Asinius Pollio hatte wohl als erster die Begabung des jungen Dichters erkannt, ihn auf die bukolische Dichtung gelenkt und ihn gleichzeitig gefördert. In der achten Ekloge wendet sich Vergil denn auch an ihn – der Name fällt zwar nicht, doch unterliegt die Identität keinem Zweifel.

Anfang bist Du und Ende dem Sang; so nimm diese Lieder,
deinem Geheiß entsprungen,... (Ecl. 8, 11/12).

Die Worte erhalten durch die antiken Kommentatoren einen eindeutigen Sinn und legen Zeugnis ab von der ersten Stufe auf dem Weg Vergils zum Rang eines «Nationaldichters».

Asinius Pollio hatte im Dienste Caesars gestanden; beim Tod des Diktators war er Antonius gefolgt, da dieser der natürliche Nachfolger des Verstorbenen zu sein schien. Damals verwaltete er die Provinz Baetica, das heißt Südspanien. Als die Dreimänner im November 43 in Bologna das Weltreich unter sich aufgeteilt hatten, hatte ihn Antonius zu seinem Stellvertreter in der ihm zugesprochenen Gallia Cisalpina gemacht. Nach dem Perusinischen Krieg befand sich Pollio in einer mißlichen Lage. Nach der Einnahme der Stadt und der Niederlage des L. Antonius, von dem man nicht wußte, inwieweit er den Interessen und Plänen seines Bruders dienstbar war, mußte er, von den Generälen des Octavian bedrängt, im Frühjahr 40 die Cisalpina räumen; er zog sich mit seinem unversehrten Heer in den Norden Venetiens zurück – also auf einen möglichen Weg nach Osten, wo sich Antonius befand. Doch sehen wir ihn wenige Monate später – und möglicherweise infolge dieser Truppenbewegung und der strategischen Position, die er einzunehmen gewußt hatte – in Brindisi, wo

Antonius soeben gelandet war und wohin auf anderem Wege Maecenas als Abgesandter des Octavian mit, so scheint es, dem Auftrag geeilt war, Friedensverhandlungen aufzunehmen. Die Bemühungen von Asinius Pollio und Maecenas, aber auch, wie wir schon darlegten, der offensichtliche Widerwillen der Soldaten, sich auf einen neuerlichen Bürgerkrieg einzulassen, der Druck der öffentlichen Meinung, die des ewigen Gemetzels und der ungewissen Zukunft müde war, führten zur Aussöhnung der beiden Triumvirn – Lepidus war seit Monaten ausgeschaltet! – und zur Erneuerung ihres Bündnisses. Pollio konnte das Konsulat übernehmen, das ihm drei Jahre zuvor anläßlich des Treffens von Bologna zugesprochen worden war; er war endlich einige Wochen vor Jahresende Konsul geworden. Vergil verfaßte in seiner Begeisterung über Pollios Erfolg als Unterhändler in Brindisi – bei dem sicherlich die Anwesenheit seiner Armee in Venetien ein gewichtiges Argument darstellte – die vierte Ekloge und widmete sie ihm: sein Konsulat, heißt es darin, werde ein neues Goldenes Zeitalter einläuten. Wohl ein Jahr später widmete Vergil ihm die achte Ekloge, ein Gedicht ohne politischen Hintersinn, das eine Rückwendung zu einer Thematik in der Art von Theokrit darstellt, wie sie in den beiden frühesten Eklogen Vergils, der zweiten und der dritten, schon angeklungen war.

So sieht das Material aus – dazu noch zwei Hinweise bei den alten Kommentatoren –, über das wir verfügen, wenn wir versuchen wollen, die Beziehungen zwischen den beiden Männern zu verstehen, zwischen Vergil, dem Dichter aus Mantua, und dem Provinzstatthalter, Staatsmann und Dichter Asinius Pollio.

Pollio verwaltete, wie gesagt, von Ende 43 bis zum Frühjahr 40 die Provinz Gallia Cisalpina. Dieser Zeitraum sah die Proskriptionen und dann den Kampf gegen die Caesarmörder, der mit deren Niederlage im Oktober 42 zu Ende ging. Die anticaesarische Partei ist nunmehr endgültig niedergeworfen, und es fragt sich nur noch, wer von den beiden «Erben» Caesars, Octavian oder Antonius, obsiegt und endgültig den Frieden herbeiführt. Wir erwähnten bereits, daß diese Jahre zumindest die ersten Landzuweisungen an Veteranen sahen, und von den Vergilbiographen weiß man, daß Pollio bei dieser Gelegenheit zusammen mit den beiden anderen «Gönnern» Vergils, Alfenus Varus und Cornelius Gallus, das Amt eines «Landverteilungskommissars» *(triumvir agris dividundis)* ausgeübt haben soll. Und so denkt man sich, der Dichter könne sich nacheinander um ihre Gunst bemüht haben, wobei er mit Pollio den Anfang machte und ihm Gedichte schickte. Aber die Vorstellung ist zumindest in dieser Form zu simpel. Die staatsbürgerlichen, «administrativen», Beziehungen zwischen dem Dichter und Pollio waren, wenn sie überhaupt je bestanden, nicht der Grund, sondern allenfalls die Folge ihres guten Verhältnisses. Bei hinreichend sorgfältiger Lektüre der auf Pollio bezüglichen Verse der dritten Ekloge stellt man fest, daß Vergils Preis seinem dichterischen Werk gilt: Pollio dichtet auch selbst neue Lieder (v. 86) – *nova carmina,* wie es nach des Autors eigenem Eingeständnis auch die «ländlichen Verse» *(rustica Musa)* der Eklogen sind. Und das führt uns zurück zum literarischen Leben in der Gallia Cisalpina, die ja vornehmlich das Heimatland der *poetae novi* ist, der «modernen Dichter», wie sie sich selbst bezeichnen, unter denen der vor etwa zehn Jahren verschiedene Catull der berühmteste war. Aber es hatte noch andere gegeben, deren Werke heute verschollen oder nur bruchstückhaft erhalten sind, die aber nicht minder bekannt waren; alle diese Dichter versuchten die lateinische Dichtung zu erneuern, indem sie sich alexandrinische Dichter, vor allem Kallimachos, sowie die Epigrammatiker zum Vorbild nahmen. Pollios ästhetische Bestrebungen zielten in die Richtung dieser Modernen, wie dies gleich auch für Gallus zu zeigen sein wird.

Man kann sich aber fragen, woher und wieso der Provinzstatthalter von Vergils Begabung wußte, denn dieser trat ihm nicht als ein Unbekannter entgegen. Eine plausible Antwort darauf muß zwar auf verschiedene Hypothesen zurückgreifen, doch wird es auf dieser Grundlage möglich, Streiflichter auf Vergils dichterische Entwicklung in der Zeit vor der Arbeit an den Eklogen zu werfen. Hierbei muß man eine hyperkritische Haltung ablegen und sich zu der – übrigens beweisbaren – Annahme verstehen, daß alles echt sei, was als «Carmina Minora» oder häufiger als «Appendix Vergiliana» bezeichnet zu werden pflegt, das heißt die ganze Reihe der Schriften, welche die Donatvita aufzählt: «Ciris» (oder «Der Reiher»), «Culex» (oder «Die Schnake»), «Dirae» («Verwünschungen»), «Copa» («Die Schankwirtin»), «Moretum» («Der Kräuterkloß», ein Gericht aus Quark mit Knoblauch, das die italischen Bauern sehr schätzten) und schließlich das «Catalepton», die Sammlung leichtfüßiger Verse, auf die wir früher schon Bezug nahmen. Die modernen Philologen haben sich weidlich Mühe gegeben, mit verschiednerlei Methoden, von denen einige höchst einfallsreich, aber darum nicht minder unsicher sind, darzutun, daß diese Gedichte nicht von Vergil stammen. Und das trotz gegenteiliger Aussagen der antiken Kommentatoren; schon Lukan machte eine Anspielung auf die «Schnake». Schon recht, geben die hyperkritischen Gelehrten der Neuzeit zur Antwort, aber dieses Schnakengedicht ist nicht identisch mit dem, das in den Handschriften unter diesem Titel überliefert ist.

Wie dem auch sei, wenn man die Aussagen der antiken Überlieferung für bare Münze nimmt, wird es möglich, die dichterische Laufbahn Vergils nachzuzeichnen: man entdeckt dann, wie kontinuierlich diese Entwicklung war und in welchem Maße die ersten Poeme bereits den zukünftigen Vergil ankündigen – ungeachtet des stilistischen und sprachlichen Abstands zu seinen großen Werken; aber welcher Dichter, der diesen Namen verdient, verharrt bei seinen ersten Versuchen und gewinnt nicht im Lauf der Jahre und seiner poetischen Betätigung seine persönliche Schreibart?

Vergil hatte in seinen Jugendjahren, als er noch *puer*, mithin keine fünfzehn Jahre alt war, ein Distichon verfaßt, das erhalten geblieben ist; es handelt sich um ein gegen einen gewissen Ballista gerichtetes Epigramm; dieser war vom Fechtmeister zum Räuber verkommen und gesteinigt worden. Es lautet:

Hier unter diesem Steinberg liegt Ballista begraben;
wandle bei Nacht und Tag, Wandrer, auf sicherem Weg

(Donatvita 59/60).

Ein naives Epigramm, das dem Zeitgeschmack entspricht; Catull hat ähnliche gemacht; hier spielt der junge Dichter, der Dichterlehrling, mit dem Namen des Fechtmeisters: Ballista ist die lateinische Bezeichnung für eine Steinschleuder; ihre Geschosse begraben nun die Schleuder unter sich. Dieser erste Versuch zeigt, daß Vergil schon als Kind den Reiz der Wörter spürte und empfänglich war für die in den Städten der Gallia Cisalpina damals modischen literarischen Strömungen. Zu dieser Zeit – wir befinden uns etwa im Jahre 55 – besucht er noch in Cremona die Schule. Ihm gilt, wie seinerzeit dem jungen Catull, Dichtung vornehmlich als geistreiches Spiel.

Auf diesen Anfang folgten dann die Gedichte der «Appendix», deren letztes, die «Schnake», nach der Bekundung der

Donatvita in seinem einundzwanzigsten Lebensjahr verfaßt wurde, also im Jahre 49, in dem Jahr, als der Bürgerkrieg zwischen Caesar und dem von Pompeius angeführten Senat ausbrach. Mit diesem Werk endet ein erster Dichtungszyklus. Vergil fängt, wie wir gesehen haben, nicht vor dem Jahre 43 oder sogar erst 42, also etwa sieben Jahre später, wieder an zu schreiben. Sieben Jahre des Schweigens: der Grund wird klar, wenn man sich des schon erwähnten Geständnisses aus dem fünften «Catalepton» erinnert: es ist die Zeit seiner Hinwendung zum Epikureismus, seines Aufenthalts bei Siron, seiner Trennung von den Musen, die ihn nur «selten und zuchtvoll» heimsuchen dürfen. Diese zeitliche Übereinstimmung zwischen der Nachricht aus der Vita und dem, was sonst bekannt ist, bürgt, so darf man annehmen, für ihre Echtheit, und das gilt dann wohl auch für die dort genannten Gedichte.

Die «Schnake» ist ein lächerliches Epos, die Karikatur eines Heldenliedes, eine «Spielerei» wie das Ballista-Epigramm. Es ist die Geschichte eines Hirten, der unter einem Baum eingeschlafen war; eine im Gras verborgene Schlange kriecht gerade auf den Schlafenden zu; sofort erkennt eine Schnake oder vielmehr eine Stechmücke die Gefahr, sie sticht den Schläfer und weckt ihn auf. Der Mann jedoch fühlt den Stich und erschlägt das Insekt mit dem Handrücken, ehe er bemerkt, vor welcher Gefahr es ihn errettet hat. In der Nacht erscheint ihm die Schnakenseele im Schlaf und macht ihm heftige Vorhaltungen, wobei sie ihm berichtet, was sie seit ihrem Tode erlebte. Wir haben hier also einen Gang zur Unterwelt vor uns – Vergil verfaßt später noch zwei andere: im vierten Buch der Georgica und im sechsten Buch der Aeneis, doch jeweils in unterschiedlichem Sinn. Die Partie der «Schnake» gibt dem jungen Dichter Gelegenheit, seine ganz von den Alexandrinern geprägte mythologische Gelehrsamkeit auszubreiten. Der Kontrast zwischen den bedeutsamen Schatten der homerischen Helden, des Hektor, Ajax und andrer mehr, und dem der Schnake soll offensichtlich eine komische Wirkung erzeugen. Die römischen Helden, die das Weltreich schufen, werden wie im sechsten Gesang der Aeneis ebenfalls heraufbeschworen – Grund genug für hyperkritische Geister zu versichern, die «Schnake» sei nach der Aeneis entstanden. Wenn man indes die beiden Gedichte miteinander vergleicht, dann wird man es für erheblich wahrscheinlicher halten, daß Vergil in der Aeneis die Andeutungen seiner Jugenddichtung wiederaufgenommen hat.

Tief bewegt von der traurigen Geschichte der Schnake errichtet der Hirt ihr ein Grab, das er mit vielerlei Blumen bepflanzt: mit Akanthus, Rosensträuchern, Veilchen aller Art – und auch mit Levkojen, Myrthenstöcken, Hyazinthen, Krokussen, Lorbeer- und Oleanderbüschen, Lilien, Rosmarin, Verbenen und noch manchen andren Pflanzen, aufgezählt mit einer jugendlichen Ausführlichkeit, welche den «Georgika» des griechischen Dichters Nikander entlehnt ist – seine Werke befinden sich in Vergils Bibliothek. Und auf dies von Grün überwucherte Grabmal setzt der Hirt die Worte:

Kleine Schnake, der Schafhirt erweist dir, denn du verdienst es,
hier der Bestattung Ehrenpflicht für die Gabe des Lebens
(Cul. 413/14 = Donatvita 68/69).

In diesem halb rührseligen, halb burlesken Gedicht fällt ein Zug besonders auf, die große Anzahl der Lukrezreminiszenzen, und vor allem zu Beginn ein Lob des Landlebens, das die großen epikureischen Themen aufgreift. In seinem übrigen Œuvre, den drei großen Werken, deren Echtheit nie jemand bestritten hat, ahmt Vergil häufig Lukrez nach; Ausdrucksweise, Klang, ja ganze Verse erinnern an den, der Vorbild und Lehrmeister war. Eine ganze Episode, die «Tierpest», mit der das dritte Buch der Georgica endet, entspricht der Pest von Athen, die den Abschluß des lukrezischen Lehrgedichts bildet. Es darf uns also nicht erstaunen, schon in der «Schnake» Anklänge an den Vorgänger zu finden. So malt Vergil zu Beginn seines Epyllion das Glück der Hirten in Zügen aus, die an den Anfang des zweiten Buches von Lukrez gemahnen: Glück, so heißt es bei beiden Dichtern, gewähren nicht der Luxus, der Reichtum, köstlich gefärbte Decken, noch Wohnungen mit vergoldeten Kassettendecken oder kunstvoll silbergetriebene Gefäße: Glück gewährt ein «reines Herz» – das heißt ein sorgenfreies Gemüt –, wenn der Frühling Blumen sprießen läßt und zum süßen Schlummer im zarten Grase lädt. Alle diese Gedanken werden von Vergil in den Georgica wiederaufgenommen, und der Verfasser der «Schnake», so heißt es, habe sie von dort entlehnt. Wenn dem so wäre, weshalb führt dann der Weg über Lukrez? Etwa, um den «frühen Vergil» nachzuahmen? Dann hätten wir also einen Dichter vor uns, der in voller Kenntnis der dichterischen Verfahrensweise des jugendlichen Vergil hiervon ein Bild zu vermitteln suchte. Haben wir es aber mit einem Fälscher zu tun, so gibt er uns Auskunft über das von ihm Nachgeahmte. Doch dieser Umweg ist in Wirklichkeit unnötig, denn Vergil ist's, den man in diesem Werk findet – es wurde zu einer Zeit verfaßt, da in ihm zwei Gedankenwelten in eine verschmolzen: die beruhigende Erinnerung an eine Jugendzeit auf dem Lande und die aus der Dichtung des Lukrez gewonnene epikureische Philosophie, die ihm eine rationale Begründung dieses ländlichen Glücksempfindens an die Hand gab.

Für ein andres Epyllion der «Appendix Vergiliana», die «Ciris» (Reiher), die von der Verwandlung der jungen Skylla in einen Reihervogel berichtet, wurde jüngst der Nachweis erbracht, daß die Beschreibung des Verwandlungsvorganges auf eine Partie des «Corpus Hippocraticum» zurückgeht, in der geschildert wird, wie sich der Vogelembryo im Ei entwickelt[3]. Man wird sich dabei an die medizinischen Interessen des jungen Vergil erinnern, und diese Folgerung ist wohl auch vom Autor des Fundes intendiert, wenn er schreibt: «Ist ein Dichter, etwa aus der augusteischen Zeit, bekannt, der ein guter Kenner der Physiologie und Medizin und zugleich talentiert war?»

Diese poetische Produktion fand, wie gesagt, nach der «Schnake», im Jahre 49, ein Ende. Sie wurde erst wieder aufgenommen, nachdem Asinius Pollio als Statthalter in die Gallia Cisalpina gekommen war, also im Jahre 43. Was waren die Gründe, die Vergil aus seinem neapolitanischen Refugium vertrieben?

Äußerer Anlaß war gewiß die schon erwähnte Bedrohung des Familienbesitzes. Innerster Beweggrund aber war sicherlich seine Liebe zur Dichtkunst, die auch die Philosophie im Herzen des jungen Mannes nicht hatte auslöschen können – eines Mannes, der kurz vor seinem dreißigsten Jahre stand und sich nicht darin schicken mochte, sein Leben tatenlos verstreichen zu sehen. Denn so glücklich es auch, theoretisch, verlaufen mochte, es mußte ihm doch ein Bedauern über versäumte Möglichkeiten einflößen. Wenn er dies bedachte, dann sagte er sich wohl, daß sich Seelenfrieden auch auf andre Weise als nur durch philosophische Meditation gewinnen lassen müsse, zumal deren sich ewig wiederholende Thematik bisweilen recht monoton war. Und da war Lukrez, von dem sich lernen ließ, wie die Dichtkunst kraft ihrer bezaubernden Wirkung erheblich dazu beitragen könne, Seelenfrieden und innere Heiterkeit zu erlangen.

Er mochte auch den Eindruck gewonnen haben, daß die gegenwärtigen Ereignisse, Caesars Ermordung im März 44, der erneute Ausbruch der Bürgerkriege, die Wirren allenthalben in Italien, die Enteignungen und Gewalttaten, seine Anteilnahme heischten. Hier war Raum für engagierte Dichtung; gewiß erinnerte er sich jener Verse, mit denen Lukrez sein Lehrgedicht dem Memmius widmete: Nachdem er Venus angefleht hatte, Frieden für Rom zu erbitten, fügte er hinzu, Memmius könne sich «in den jetzigen Nöten des Staats ... nicht entziehen dem Gemeinwohl» (1, 42/43). Die altrömische Verhaltensweise in Notsituationen obsiegt über die philosophisch begründete Abkehr vom Staate. Auch ein Neubürger, wie es die Bewohner Mantuas waren, steht dem Staat nicht teilnahmslos gegenüber; er betätigt sich für das «gemeine Wohl» auf dem Gebiet, zu dem er sich berufen fühlt. An dieser Stelle der Lebensbeschreibung berichten die antiken Biographen von einem Versuch Vergils, «römische Angelegenheiten» zu besingen; unter dieser etwas rätselhaften Bezeichnung ist möglicherweise ein Epos mit historischem Inhalt, vielleicht eine Geschichtsdichtung über den Bürgerkrieg oder Caesars Siegeszüge zu verstehen. Ein solcher Plan paßt gut zu den Bestrebungen der «modernen Dichter». Aber er hätte einen zu heftigen Bruch mit all dem dargestellt, wovon Vergils Leben und Fühlen bislang erfüllt war. Und dann hätte ihn das politische Engagement, das mit einem Epos über ein Thema aus der römischen Gegenwartsgeschichte unlösbar verbunden war, unweigerlich vor die Wahl zwischen den beiden Parteien, der des Octavian und der des Antonius, gestellt. Beide waren Erben Caesars, und jede Entscheidung hätte ihm einen von beiden zum Feinde gemacht, vielleicht gerade den nachmaligen Sieger: Wenn man zu diesem Zeitpunkt ein derartiges Gedicht ins Auge faßte, dann trug man nicht nur auf keine Weise zur friedlichen Beilegung des Bürgerkriegs bei, sondern vertiefte vielmehr die Gräben. Außerdem wäre es doch ein gar zu weiter Schritt für einen Epikureer gewesen, dem die Schuldoktrin Mißtrauen gegen Dichtung und Politik in die Seele gesenkt hatte, sich auf einmal beidem zugleich zuzuwenden!

Wie dem auch sei, Vergil begab sich im Jahre 43 in die Cisalpina und suchte Asinius Pollio auf, der ebenfalls «moderne Gedichte verfaßte». Sicherlich vertraute er diesem seine Epospläne an: die politischen Führungskräfte könnten, so muß Vergil angenommen haben, gerade jetzt, wo jeglichem Versuch einer republikanischen Restauration und allem Widerstand gegen den «Caesarismus» in der Person seiner beiden Erben ein Ende bereitet werden sollte, ein Preisgedicht auf Caesars Taten fördern. Pollio aber, der mit der politischen Realität und dem damaligen Kräfteverhältnis besser vertraut war – er selbst war ja ein Anhänger des Antonius –, brachte ihn von diesem Vorhaben ab und schlug ihm in Ansehung der «Schnake» und der früheren dichterischen Einfälle vor, doch besser nach dem Vorbilde Theokrits Eklogen zu verfassen. Die antike Überlieferung besteht mit Nachdruck auf dieser Version und wird bekräftigt durch das schon erwähnte Selbstzeugnis Vergils. Aus diesem anfänglichen Rat Pollios sollte sich dann sein ganzes Werk entfalten.

Die zumindest in einigen Punkten einigermaßen gesicherte Chronologie der Eklogen gestattet Einblicke in die Vorgehensweise Vergils. Die zweite Ekloge wird von den modernen Herausgebern fast einhellig für die früheste unter den zehn Gedichten der uns vorliegenden Sammlung gehalten; sie ist noch ganz den «Idyllen» Theokrits und einem Liebesepigramm Meleagers verpflichtet, das die Schönheit eines jungen Viehhirten namens Alexis besingt, der also gleichnamig ist mit dem Gegenstand der Liebe Corydons in Vergils zweiter Ekloge. Wir befinden uns hier am Ausgangspunkt der bukolischen Gedichte; die Nachahmung Theokrits liegt offen zutage, die griechischen «Idyllen» liefern den Aufbau des Stücks. Vergil hält sich bei der langen Klage Corydons, des unglücklichen Liebhabers, an das Lied des in Galathea verliebten Kyklopen. Meleagers Epigramm steuert das Thema der Liebe unter Hirten bei – ein in der neoterischen Dichtung beliebtes Thema, das schon ein halbes Jahrhundert zuvor in brillanter Weise von den ersten Epigrammdichtern lateinischer Zunge abgehandelt worden war. In der zweiten Ekloge geht es Vergil also um eine mit großer Virtuosität gehandhabte Ausführung eines schon alten Motivs. Das neue Moment besteht aus Theokritanleihen, mit deren Hilfe das Hirtenleben naturgetreu nachgezeichnet wird. Aber schon jetzt deutet sich über die griechische Vorlage hinaus das Bild der zukünftigen vergilischen Landschaft mit ihren Buchen und Hügeln an, die der Dichter nicht der unmittelbaren oder weiteren Umgebung Mantuas entnimmt, sondern einem Landschaftsbild, das man als Voralpenland bezeichnen kann. Als Corydon den spröden Alexis geneigt stimmen will, verspricht er ihm als Gabe Kräuter und Blüten in einer Fülle, für die sich bei dem sizilischen Dichter kein Vorbild findet. Die Stelle ist verwandt mit der aus der «Schnake», wo der Hirte seinem Opfer solch reichen Schmuck darreicht, und erstaunlicherweise rückt ein Wort, genauer ein Versende, dieses Gedicht in die Nähe einer der schwermütigsten Stellen aus dem sechsten Gesang der Aeneis:

Komm doch, mein Knabe, mein schöner, hierher. Dir bringen die Nymphen,
sieh nur, Lilien, körbevoll dar; . . .

singt Corydon (2, 45/46), und in der Aeneis bei der Klage des Anchises um Marcellus heißt es dann: «o laßt mich Lilien händevoll streuen» (Aen. 6, 883/84). An beiden Stellen der gleiche Duktus, die gleichen Worte: *lilia plenis.* Man sieht in diesem Gedicht die ersten noch verstreuten Bruchstücke künftiger Dichtungen treiben, wie in der «Ciris» die Gliedmaßen des sich herausbildenden Reihers im Meere trieben.

Ein alter Grammatiker teilt anläßlich der zweiten Ekloge eine etwas zwielichtige Anekdote mit. Sie sei, heißt es dort, verfaßt worden, als Vergil im Hause Pollios verkehrte und sich in einen Sklaven aus der *familia,* dem Gesinde, verliebt hatte. Pollio soll ihm diesen zum Geschenk gemacht, Vergil jenem zum Dank die Ekloge verfaßt haben. Die Geschichte soll nicht besagen, Vergil habe sich dort mit den Zügen des bäurischen Corydon abgebildet, der abstoßend auf den schönen Alexis wirkt, sondern will zu verstehen geben, daß er von nun an Gefühle, die er möglicherweise selbst hegt oder um des literarischen Spiels willen zu haben vorgibt, in die Welt der Hirtendichtung versetzt, wobei er sich in eine Richtung bewegt, die ihm von den Neoterikern und von eigener Erfahrung gleichermaßen vorgegeben war. Die Prägung durch den Epikureismus fehlt in diesem Gedicht nicht. Es findet sich dort ein Lob der Armut und des Landlebens, aber auch die Ablehnung des Liebeswahns, wie ihn die Mißachtung und die Launen der Frauen schüren, und am Ende des Gedichts macht sich Corydon seinen Wahnsinn selbst zum Vorwurf in einer Form, die Vergil in einem berühmten Catullgedicht vorgebildet fand (c. 8):

Findest, wenn dich dieser verschmäht, einen andern Alexis
(Ecl. 2, 73).

Diese Folgerung hätte auch Lukrez gebilligt, der in Übereinstimmung mit den Epikureern in der Liebe nur die Befriedigung eines natürlichen Bedürfnisses sehen möchte, die nahezu unabhängig ist vom Gegenstande, dem man zu diesem Zweck nachjagt.

Dies war der Beginn einer Art von Zwiegespräch zwischen Asinius Pollio und Vergil. Die dritte, nur wenig später als die zweite verfaßte Ekloge läßt die Motive der Epigramme beiseite und behandelt ein aus Theokrits «Idyllen» vertrautes Sujet, den Streit zweier Hirten und ihren Wechselgesang. Vergil schreitet weiter voran auf dem Weg der bukolischen Dichtung. Vom Epigramm bewahrt er nur noch die kurze Form, bei der zwei Hexameter ausreichen, ein Bild zu skizzieren oder einen Gedanken in Worte zu fassen, welche die Hirten einander entgegenschleudern. Das ermöglicht auch, die Hirtenfiktion zu verlassen und zum Beispiel literarische Urteile einzufügen. Eines davon betrifft Pollio:

Pollio liebt unsere Muse, wiewohl sie ein Kind ist vom Lande,

sagt der Hirte Damoetas, und Menalcas antwortet:

Pollio dichtet auch selbst neue Lieder... (Ecl. 3, 84–86).

Und, für diesmal einig im Lobpreis Pollios, geben sich die beiden Streithähne damit zufrieden, einander zu überbieten. Damoetas fordert seine Hörer auf, eine Färse für Pollio aufzuziehen, Menalcas ist der Meinung, ein ausgewachsener Stier zieme sich besser für den Ruhm des dichtenden Statthalters. Färse und Stier sind offensichtlich die Opfertiere, die man darbringen will, wenn Pollio als Sieger im poetischen Wettkampf seinen symbolischen Triumph feiert: hiermit kündigt sich der Prolog zum dritten Buch der Georgica an. Derlei Spiele stammen aus Alexandrien, der Heimat der «neuen Dichtung». Damoetas erklärt abschließend:

Wer dich, Pollio, liebt, der sei, wo auch du dich beglückt fühlst,
Honig ströme ihm zu, der Brombeerbusch bringe ihm Balsam!
(Ecl. 3, 88/89).

Alle Welt ist sich einig darin, daß Vergil hier Theokrits achte «Idylle» im Sinn hat, in der es heißt «wo Milo ist, wachsen die Eichen höher» (v. 41 ff.). Nachahmung, Anklang gewiß, aber auch Umsetzung, der eine große Zukunft beschieden sein sollte. Der recht einfachen Vorstellung, die Natur sei über die Gegenwart irgendeines Menschen erfreut, unterlegt Vergil die einer viel engeren und viel wirkungsvolleren Beziehung: Pollio wird zum Magier des Goldenen Zeitalters! Die vierte Ekloge nimmt diesen Gedanken wieder auf und führt ihn um seiner selbst willen weitschweifig aus. Es steht fest, daß die dritte früher abgefaßt wurde; es kann sich also nur um eine Anspielung auf ein noch ungeschriebenes Gedicht handeln.

Unter diesen Voraussetzungen hat eine von den alten Kommentatoren beigebrachte Nachricht, Asinius Pollio habe Vergil veranlaßt, bukolische Gedichte zu schreiben, vielleicht ein Gran Wahrheit für sich. Als Pollio sich auf dieses Verkleidungsspiel einließ, muß sein Dichten bei Vergil den Eindruck erweckt haben, die Gattung des Hirtengedichts sei von den Römern noch nicht richtig erfaßt. Auf jeden Fall bleibt bemerkenswert, daß Pollio die am stärksten in der Theokritnachfolge stehenden Stücke zugeeignet bekam. So auch die achte Ekloge, die zwei der berühmtesten «Idyllen» aufnimmt und zu einem Gedicht verarbeitet: die dritte, auch das Ständchen genannt, und die zweite, die berühmten Zauberinnen. Das Zeugnis des Dichters selbst bestätigt also die Aussage der Kommentare – es sei denn, man wolle annehmen, die Nachricht sei aus den beiden oben (S. 61) zitierten Versen herausgesponnen. Doch selbst in diesem Falle bleibt bestehen, daß die drei ersten, und zwar die entscheidenden Gedichte: die Eklogen 2, 3 und 5 (wie gleich zu zeigen sein wird), in der Zeit verfaßt wurden, als Pollio Statthalter der Cisalpina war – während auch die vierte und die achte (die zweifellos aufs Jahr 39 zu datieren ist) noch demselben Pollio zugeeignet sind und seine wirklichen und seine vorgestellten Taten preisen. Fünf Gedichte also insgesamt, das heißt die Hälfte der vorliegenden Sammlung, und sogar mehr als die Hälfte, wenn es stimmt, daß die erste Ausgabe nur neun Stücke enthielt.

Ob nun Asinius Pollio als erster den Einfall hatte oder ob, was eher anzunehmen ist, Vergil und er gemeinsam sich dieses bukolische Rollenspiel ausgedacht haben, sicher ist, daß der Dichter für sich sehr schnell die ungeheuren Möglichkeiten erkannte, die sich ihm durch seine Erfindung eröffneten. Er hat in die neunte Ekloge vier «Zitate» eingefügt, die von den beiden Hirten im Verlauf ihres Gesprächs dem Menalcas zuerkannt werden, in welchem man einhellig Vergil selbst sieht. Es sind Gedichtchen, die beiden kürzeren drei, die beiden anderen fünf Verse lang. Das erste ist ein Bruchstück aus einem Hirtengedicht; der Dichter fordert Tityrus auf, kleine Dienste zu verrichten, seine Ziegen zu weiden und zu tränken; doch vor dem Bock müsse er sich in acht nehmen, der stoße mit den Hörnern! Das zweite gilt als Anfang eines an Alfenus Varus gerichteten Gedichts – dieser war nach dem Perusinischen Krieg Pollios Nachfolger in der Verwaltung der Cisalpina; Menalcas verspricht dem Varus unsterblichen Ruhm, wenn nur die Landbeschlagnahmungen Mantua verschonen. Das dritte ist die Umformung einer Bitte, die in Theokrits neunter «Idylle» der Kyklop Polyphem an die Nymphe Galathea richtet. Das vierte schließlich spielt auf das Glück an, das Caesars Gestirn der Erde zu schenken verspricht – jener Komet, der zu dem Zeitpunkt auftauchte, als man nach dem Tod des Diktators Spiele für seinen Sieg feierte, und der in den Augen des römischen Volkes seine Apotheose glaubhaft machte. Es ist klar, daß die Bukolik für Vergil eine Ausdrucksweise ist, ebenso geeignet, den Charme der Hirtenwelt, den Reiz der täglichen Arbeit (nach dem Vorbilde Hesiods und des um einige Jahrhunderte späteren Theokrit) sowie die Schönheit damals beliebter Landschaften mit ihren Felsengrotten, Böcklein, schattenspendenden Pappeln und Weinlauben, kurz mit alledem, was Polyphem Galathea verheißt, um sie zu veranlassen, die Wogen des Meeres zu verlassen, wo sie sich gerne aufhält, zu besingen, als auch vom Kummer über die politischen Ereignisse zu sprechen, von der Bedrohung der Leute von Mantua, und andererseits von den Hoffnungen, die man in den Aufgang eines neuen Gestirns setzen, von dem Schutz, den man vom göttlichen Caesar erhoffen kann.

Diese neunte Ekloge, die den Band in seiner ersten Form beschließen sollte, bot gewissermaßen den Schlüssel zu der Dichtung, die zugleich ländlicher Einfalt und der Besorgnis über das Tagesgeschehen zugewandt war. Das Gedicht kann erst nach dem Frühling des Jahres 40 geschrieben worden sein, wie sich aus der Erwähnung von Alfenus Varus ergibt. Zu dieser Zeit hatte Vergil das Abkommen von Brindisi und den Erfolg Pollios noch nicht mit seinem Preis bedacht. Aber er hatte bereits die fünfte Ekloge verfaßt, worin er die Verklärung des sizilischen Hirtengottes Daphnis besingt und das nach unserer Ansicht als ein Lobpreis auf den göttlichen Caesar angesehen werden muß. Diese Interpretation ist schon in der Antike vorgeschlagen worden; sie scheint uns durch verschiedene Argumente bestätigt, besonders durch die Einzelheiten über den dem Daphnis zugedachten Kult, der den für den vergöttlichten Caesar festgesetzten Ritus widerspiegelt[4]. Es ist gewiß nicht ohne Bedeutung, daß sich Menalcas in der neunten Ekloge an Daphnis wendet, um vor ihm Caesars Stern zu rühmen:

Daphnis, was schaust Du zum Aufgang hin der alten Gestirne?
Siehe, der Stern ging auf des Venussprossen, des Caesar,
dieser Stern, durch den die Saat sich freut ihrer Früchte
und an sonnigem Hang schwillt farbenglühend die Traube.
Pfropf deine Birnen, mein Daphnis! Dein Obst einst ernten die Enkel
(9, 46–50).

Was sollte hier Daphnis, wenn es nicht darum ging, den Symbolgehalt der fünften Ekloge wieder ins Gedächtnis zu rufen? Man kann hier nicht gemäß einer Denkweise argumentieren, die nicht anerkennt, daß die Dinge und Personen über sich hinausverweisen; in der von Vergil konstruierten bukolischen Welt fließen die Symbole allmählich ineinander. Daphnis ist zugleich der sizilische Halbgott, der stellvertretend für alle Hirten der Ekloge steht, er ist ihr Archetyp, ihr Mittler zum Göttlichen und zugleich der Heros, der für den wiedergewonnenen Frieden bürgt. In der fünften Ekloge zeigt Vergil ihn, wie er dem ganzen Weltall Ruhe, Frieden und Glück verschafft.

Jubelnd lassen nun selbst zu den Sternen empor ihre Stimme
brausen die waldigen Berge, selbst Felsen klingen in Liedern,
Sträucher selbst singen: «Ein Gott, nun ist er ein Gott, o Menalcas!»
(5, 61–65).

In dieser friedsamen Schöpfung, wo der Wolf nicht mehr die Lämmer bedroht noch das Fangnetz den Hirsch, ertönt der jubelnde Ruf:

... es liebt ja der gütige Daphnis den Frieden
(amat bonus otia Daphnis, v. 61*).*

Wir bewegen uns hier in Gedankengängen, für die es Vorbilder gibt: Aus der Lehre Epikurs und aus Lukrez ist bekannt, daß die Gottheiten der überkommenen Religion nur «große Menschen» sind, Wohltäter ihrer Mitmenschen, deren Dankbarkeit sie zu Göttern erhob. Diese Lehre war von Euhemeros verbreitet worden, der auf dieses Geheimnis in einer oberägyptischen Inschrift gestoßen zu sein behauptete. In gleicher Weise wie der Menalcas der vergilischen Ekloge rufen die Anhänger Epikurs aus, der Schöpfer des von ihnen verkündeten Glaubens sei seinerseits ein göttlicher Mann. Die Verbindung wird implizit von Vergil selbst hergestellt: *«deus ille, Menalca»*, sagt Vergil und spielt damit auf einen Lukrezvers an: «*deus ille fuit, deus, inclute Memmi*» (4, 8). Das paßt auf Caesar, so wie es auf Epikur paßt. Im Sinne der Epikureer bedeutet das nicht, Epikurs Seele zähle unter die Gottheiten, so wie das Gros der Menschheit sich diese vorstelle; das bedeutet nur, daß seine Gedanken allgegenwärtig sind und für die Menschen eine Quelle von Begeisterung, die, wenn diese nur wollten und sich darin zu versenken und sie in ihrer Tiefe zu erleben bereit wären, geeignet wäre, Glückseligkeit zu garantieren.

Die Epikureer waren keine Atheisten, auch wenn die gegenteilige Meinung weit verbreitet ist. Sie glaubten an die Existenz von Göttern, die in den Intermundien, den leeren Räumen zwischen den verschiedenen Welten, ein sorgenfreies Dasein führten, also die Lebensform genossen, welche die epikureische Philosophie verhieß. Ohne auf den Mechanismus der Dingwelt einzuwirken, der den Gesetzen der Physik unterworfen ist, und ohne in die irdischen Angelegenheiten einzugreifen, verkehren sie doch mit den Menschen mittels der Träume: als körperliche Wesen strahlen sie wie die Gegenstände und Lebewesen auf dieser Erde hauchdünne «Abbilder» aus, Erscheinungen nach ihrem Ebenbild, die unvermerkt während des Schlafs in die Augen der Menschen eindringen. Um ihrer ansichtig zu werden, bedarf es eines vollkommenen Seelenfriedens. So haben sich die Menschen ihre Gottesvorstellungen gebildet; sie gaben ihnen eine menschliche Gestalt von vollkommener Schönheit, die ganz ihr Eigen ist. Der Wirkungszweck dieser Göttererscheinungen besteht darin, den Menschen ein Vorbild für Schönheit und Glückseligkeit vor Augen zu führen; erhebend sind sie durch ihren Modellcharakter. Da auch Epikurs Denken vorbildhaft wirkte und den Weg zum höchsten Gut wies, waren seine Schüler berechtigt, ihn zum Gott zu erheben.

Dieses epikureische Gottesverständnis erlaubt es womöglich, den tieferen Zusammenhang der fünften Ekloge trotz ihrer scheinbaren Widersprüchlichkeit aufzudecken. Als Hirtengott ist Daphnis schon vorgebildet; nach einer Fassung seines Mythos soll auch er ein ob seiner Schönheit und seiner Gaben zum Gott erhobener Mensch gewesen sein. Caesar, der wieder Frieden schuf oder ihn durch die Vollender seines Werkes schaffen wird, ging denselben Weg wie Daphnis. In der Welt der Bukolik *ist* er Daphnis, er verkörpert deren Glück, ja deren Wesen. Denn für Vergil ist Friede, *otium,* nicht nur eine negative Formel, die sich durch das

Fehlen bestimmter Dinge definiert wie: das Ende der Kämpfe, des Gemetzels, der Angst. Er hat eine positive, metaphysische Dimension; er verheißt eine Lösung für das Problem des Bösen. Mit der Daphnis-Figur wird Caesar in eine Hirtenwelt versetzt; aber hinter Daphnis-Caesar steht noch der Mythos von Orpheus, dessen Lied die belebten Gegenstände zum Klingen bringt: die «waldmähnigen» Berge – denn die Laubbüschel sprossen aus der Materie ihrer Körperlichkeit und beweisen das ihnen innewohnende Leben –, die Felsen, die durch den Ruf des Echos reden, das Gesträuch schließlich, worin Pan und die Dryaden hausen. Das ganze Universum belebt sich unter dem Blick von Caesar-Daphnis. Vergil konnte also Caesars Apotheose besingen und im Einklang mit einer seit Juli 44 allgemein verbreiteten Stimmung bejahen, ohne sich in Widerspruch zur epikureischen Philosophie zu setzen, für die das Göttliche ein geistiger Zustand ist.

Es scheint gesichert, daß Vergil die fünfte Ekloge im Laufe des Jahres 42 verfaßte, also während der Amtszeit Pollios. Diese Datierung wird aus Einzelheiten über den für den Halbgott eingerichteten Ritus abgeleitet. Es ist auch der Zeitpunkt, da der Kult des Gottes Caesar von Octavian und Antonius offiziell verkündet wurde. Zur gleichen Datierung gelangt man auch auf Grund eines ausdrücklichen Hinweises am Ende des Gedichts: Menalcas schenkt Mopsus seine kleine Flöte, die:

lehrte mich: «Corydon war entbrannt für den schönen Alexis»
singen und auch: «Wem ist dieses Vieh? Gehört's Meliboeus?»
(5, 86/87).

Zitiert werden hier die Eingangsverse der zweiten und der dritten Ekloge, woraus folgt, daß die fünfte nur ins Jahr 42 datiert werden kann, wie sich das schon aus der Chronologie der beiden frühesten Eklogen und dem Gehalt der fünften ergab.

Im Laufe des Jahres 42 befand sich Vergil also wohl in der Gallia Cisalpina, in der Umgebung Pollios, in seiner «Kohorte», das heißt in seiner ständigen Begleitung – so wie Catull Memmius nach Bithynien gefolgt war oder Philodem, der auch erotische Epigramme verfaßte, zur ständigen Begleitung des Calpurnius Piso gehörte. Es verstand sich von selbst, daß Vergil in dieser procaesarischen Umgebung, wo jeder für Rom eine Zukunft im Geiste Caesars ins Auge faßte, zur Wiederherstellung des Staates beitragen wollte, die damals nötiger war als je. Sein Einfall war, dies in den Ausdrucksformen der Schäferpoesie zu tun, und zwar nicht nur, weil Pollio ihn auf diese Gattung gebracht hatte, sondern weil er spürte, daß sie nicht nur literarischen, sondern auch elementaren politischen Erfordernissen der durch die Bürgerkriegswirren im zeitgenössischen Italien geschaffenen Lage entsprach. Nicht weil er selber in seinem Vermögen und vielleicht wegen eines Streites mit einem Soldaten in seinem Leben bedroht ist, besingt er Caesars Apotheose. Seine Verse sind keine persönlichen Bittgesuche noch Gelegenheitsarbeiten eines Hofdichters im – durchaus eigennützigen – Dienste einer Provinzialverwaltung. Sie bekunden, bisweilen in einem der bukolischen Gattung eigenen Empfindungsüberschwang, die Entwicklung eines zunehmend gemeinnützigen Denkens im Dienste seiner italischen Heimat und durch diese des römischen Vaterlandes. An einem Beispiel läßt sich sehr gut ausführen, welchen Weg der Dichter dabei zurücklegte: Wir sahen, wie er in der dritten Ekloge um Pollio die Vision eines Goldenen Zeitalters entstehen läßt; dabei hat er nur ein symbolisches Bild Theokrits dichterisch ausgeschmückt. In diesem Bild ist die Vorstellung enthalten, die Dichtung könne die Welt verändern, ihr Lust und Freude einflößen; das wird in der fünften Ekloge wieder aufgenommen im Mythos von Daphnis. Die Macht der Dichtung hat für Vergil zweifellos etwas Mythisches: Sie ist, wie nach Epikurs Lehre, die Anschauung der Götter, Mittlerin, bestimmt die geistigen Gehalte anschaulich zu machen und weiterzugeben. Gewiß vertritt er nicht die Meinung, seinem Lied, seinem *carmen,* hafte etwas Magisches an. Doch von den Beziehungen des Menschen zur Natur unterliegen offensichtlich die Eindrücke und Vorstellungen, die er von ihr hat, der Veränderbarkeit: Die Dichtung kann sein Herz und seinen Sinn öffnen, so daß er die Natur mit andren Augen sieht; sie stellt sich ihm anders dar.

Bei dieser Gelegenheit kann man sich einer Regel Epikurs erinnern: um nicht an Armut zu leiden, sollte man nicht Reichtümer aufhäufen, sondern seine Begierden verringern; dann wird Armut ein Vergnügen. Dasselbe gilt für die Lage des Menschen: wenn sich Schmerz und Mühsal schon nicht völlig von ihm fernhalten lassen, so kann ihm doch viel davon erspart bleiben, wenn man ihm zeigt, daß es eine Art sie zu ertragen gibt, die das Übel zu einer unbedeutenden Nebensache schwinden läßt zugunsten der Freuden, die das Leben gewährt. Die Gegenstände sind nichts aus sich selbst; es kommt allein auf unsere Auffassung der Dinge an, auf das, was wir in sie hineinlegen.

Es ist schwierig, eine Zeittafel für die von Vergil zwischen 42 und 39 verfaßten Werke aufzustellen. Die Ereignisse, die dem Beginn des Jahres 40 ihren Stempel aufdrückten, Pollios Provinzialverwaltung beendeten und seine Ablösung durch Alfenus Varus zur Folge hatten, bieten einen Anhaltspunkt für die Unterscheidung zweier Zeitabschnitte: Gedichte mit Anspielungen auf Alfenus Varus gehören offensichtlich der Zeit nach 40 an. So hat der Dichter frühestens im Sommer oder Herbst 40 die sechste Ekloge verfaßt, die vom trunkenen Silen, desgleichen die neunte, worin von dem «noch nicht vollendeten» für Varus bestimmten Liede (*haec quae Varo necdum perfecta canebat*, v. 26) die Rede ist. Zum andren ist bekannt, daß die dem Pollio gewidmete vierte Ekloge kurz vor Oktober 40 geschrieben wurde, nach dem Abschluß des Abkommens von Brindisi. Die achte, die auf Pollios Rückkehr vor seinem am 25. Oktober 39 gefeierten Triumph anspielt, liegt zeitlich ein bis zwei Monate früher.

Somit entsteht eine Lücke zwischen der Abfassung der fünften Ekloge (Juli? 42) und der sechsten. Sollte das Jahr 41 unfruchtbar geblieben sein? Wohl kaum. Sollte Vergil also in diesem Jahr die siebte und die erste Ekloge geschrieben haben, durch die die erste Sammlung vervollständigt wurde, worin die zehnte noch nicht aufgenommen war? Für die siebte könnte man das gelten lassen, die in einer Landschaft um Mantua spielt und sich sehr eng an stoffliche Vorbilder aus Theokrit anschließt, Vergil nennt die beiden in dichterischem Wechselgesang miteinander wettstreitenden Hirten «Arkadier». Muß man darin eine Anspielung auf eine «Dichterrunde» sehen, die in der zehnten Ekloge nochmals erwähnt wird – die «einzig im Singen erprobten Arkadier» (10, 31)? Dann müßte es sich um den Dichterkreis um Asinius Pollio und um diesen selbst handeln. Und dann könnte die siebte Ekloge nicht später als 41 verfaßt sein. Da sie dem Vorbild Theokrits sehr nahesteht, könnte sie unter Pollios Einfluß geschrieben worden sein. Sie muß auch früher datiert werden als die erste Ekloge, worin Meliboeus die Hauptrolle spielt; der Erzähler der Rahmenhandlung in der siebten Ekloge ist noch nicht ein von seiner Scholle verjagter Hirt, der seine Heimat verlassen muß. Wir befinden uns in einer – kurzen – Friedensphase. Caesars Erben haben obsiegt, L. Antonius, der Bruder des Triumvirn, und Fulvia, die

Frau des Antonius, haben noch nicht ihr Ränkespiel begonnen. Es ist Zeit für dichterisches Getändel. Aus diesem Grund sind wir geneigt anzunehmen, dies Gedicht sei im Laufe des Jahres 41 abgefaßt worden. Aber brauchte Vergil dafür ein ganzes Jahr, während er im Jahr 42 drei Eklogen verfaßte und im Jahr 40 ebenfalls drei? Man möchte vermuten, daß er sich damals mit andren Dingen beschäftigt hat.

Nimmt man die ersten Verse der sechsten Ekloge wörtlich, so muß man annehmen, Vergil habe den Plan eines Geschichtsepos wieder aufzugreifen im Sinne gehabt:

Unsere Muse zuerst hielt wert syrakusischen Verses
tändelndes Spiel und errötete nicht, in Wäldern zu hausen.
Als ich von Kämpfen und Königen sang, da zupfte Apollo
fest mich am Ohr und mahnte: «Ein Hirt, mein Tityrus, soll nur
fett seine Schafe sich weiden, soll einfache Lieder nur singen» (1–5).

Nun sind gewiß göttliche Erscheinungen, die Dichtern Ratschläge erteilen, ein Lieblingsmotiv der Alexandriner; die neuerliche Behandlung einer traditionellen Thematik erweist Vergil als einen regelrechten Neoteriker. Trotz alledem könnten sich Apolls Ratschläge auf eine zumindest teilweise reale Gegebenheit bezogen haben. Sein ganzes Leben lang, selbst während der Abfassung der Georgica und auch bevor er die Eklogen schrieb, scheint Vergil davon geträumt zu haben, ein Epos zu dichten, was seit je als die höchste Weihe eines Dichters galt, der ablehnenden Haltung des Kallimachos zum Trotz, der sich dieser Gattung verweigerte. Mit der Aeneis hat Vergil sich diesen Traum erfüllt. Könnte es nicht sein, daß er im Jahre 41 den Entschluß gefaßt hatte, auf den Plan, den Pollio ihm 43 aus den oben dargelegten Gründen ausgeredet hatte, zurückzukommen? In den zwei Jahren hatte sich die Lage geändert; der Bürgerkrieg schien nach der Schlacht von Philippi beendet zu sein; ein optimistisches Gemüt wie Vergil konnte meinen, die beiden Triumvirn würden zusammenarbeiten, um endgültig Frieden herbeizuführen. Der Perusinische Krieg war noch nicht ausgebrochen. War dies keine günstige Gelegenheit, ein Gedicht über die nun offenbar endgültig zurückliegenden Ereignisse zu schreiben? Vergil könnte alles in allem ein Epos im Sinn gehabt haben von der Art, wie es Lukan ein Jahrhundert später verfaßte. Diese Unternehmung hätte dann in diesem Jahr ein Gutteil seiner Zeit beansprucht. Es ist jedoch bekannt, daß das Jahr blutig endete; die wiederum von schlimmem Geist und Terror beherrschte Welt hat das vorgesehene Epos unmöglich gemacht.

Vergil, dergestalt von seinen epischen Plänen eines zeitgeschichtlichen Werkes abgebracht, hätte sich folglich abermals der Schäferpoesie zugewendet, und zwar Asinius Pollio zuliebe, dessen Lage zunehmend ungewisser wurde und der besser als jeder andere wußte, daß der Friede noch in weiter Ferne lag. So verfaßte er denn die siebte Ekloge, worin, wie in der dritten und der zweiten, Theokrits unmittelbarer Einfluß wieder mit Händen zu greifen ist, um noch einmal das «epikureische» Glück der Hirten zu preisen.

Von nun an war Vergil berühmt. Einflußreich durch seine Verbindung zu Pollio, scheint es ihm gelungen zu sein, die Leute von Mantua vor den Beschlagnahmungen zu schützen. Darauf spielt wohl die neunte Ekloge an:

Hörte ich doch für gewiß, von dort, wo die Hügel hinab sich
ziehn und der Bergkamm beginnt sich sanft zu senken, bis hin zum
Wasser und bis zu der Buchen verwittert ragenden Wipfeln
habe euch euer Menalcas durch Lieder alles gerettet (Ecl. 9, 7–10).

Doch nichts hatte die Soldaten davon abhalten können, über die vom Landverteilungskommissar *(triumvir)* gesetzten Grenzen hinauszugehen – ob dieses Amt nun noch von Pollio oder schon von Alfenus Varus zu Beginn seiner Amtszeit verwaltet wurde –, und Mantua verlor so seine Schutzzone. Es ist nicht möglich, in der heutigen Landschaft die vom Dichter angegebenen Charakteristika wiederzufinden. In der Umgebung Mantuas gibt es keine Buchen und auch keine wirklichen Hügel – dazu müßte man höher hinauf nach Norden steigen –, es gibt nur ein paar Bodenwellen, die sich zum Mincio senken. Befand sich Vergils Besitz innerhalb der von den landhungrigen Veteranen beanspruchten Zone? Wir wissen es nicht. Auch die erste Ekloge spielt, wie die neunte, in einer Kunstlandschaft. Wir erwähnten schon, daß sich nirgends in der Umgebung von Mantua bis hin zum Gardasee eine Entsprechung findet zur dort geschilderten Landschaft, worin Tityrus sein Glück genießt. Ein Dichter ist kein Geograph.

Während Vergil unter der Provinzialverwaltung des Alfenus Varus an seinen Hirtengedichten weiter arbeitet, kommt immer deutlicher seine Hinwendung zu Octavian zum Ausdruck. Es hat sicher einige Bedeutung, wenn Caesar Dionaea-Sproß (*Dionaei* …

Caesaris astrum, Ecl. 9, 47), Enkel der Venusmutter Dione, genannt wird: das stellt einen göttlichen Stammbaum her, der gradlinig bei Octavian endet, der ja auch Caesar heißt, mithin ein Erbe der Venus ist. Und ebenso bemerkenswert ist, daß sich nirgendwo in den Eklogen die leiseste Anspielung auf Antonius findet, dessen Statthalter Pollio immerhin war. Dies ist zwar nur eine *argumentatio ex negativo,* immerhin eine überzeugende. Von Caesars Erbe hatte Antonius den Kampfgeist übernommen. Er verfolgte den großen Wunschtraum des ermordeten Diktators: Wiederherstellung des Alexanderreiches, Unterwerfung der Völker des Ostens in gleicher Weise, wie er die des Westens bis zu den Gestaden des Ozeans botmäßig gemacht hatte. Dieser Wunschtraum lockte den Dichter nicht. Ein paar Jahre später singt Vergil im zweiten Buch der Georgica den Lobpreis Italiens, das ihm lieber ist als alle Länder des Ostens, deren Reichtümer und seltsame sagenhafte Erzeugnisse, sagt er, nicht mit den Schätzen des italischen Bodens wetteifern können, weil sich dieser besser als jeder andere für das Dasein und den Unterhalt des Menschen eignet. Es ist nicht ohne Interesse, sich hierbei daran zu erinnern, daß Antonius gerade diese sagenumwobenen Länder hatte erobern wollen.

Unter diesen Voraussetzungen wird klarer, weshalb die Wahl Vergils für den Anfang der Eklogensammlung auf die Gestalt des «jungen» Octavian fiel, dessen militärischer Ehrgeiz nicht übermäßig groß war. Während dieses ganzen Zeitraums hält sich Octavian in Rom auf, wo er darum bemüht ist, die Spuren des Bürgerkriegs zu tilgen. Er ist sich darüber im klaren, daß, wie Cicero gesagt und am eigenen Leib erfahren hatte, die Politik in Italien, ja in Rom zwischen Kurie und Forum gemacht wird. Er gibt sich als Schiedsmann, als Richter, der von der Höhe seines Tribunals herab Streit schlichtet und Recht spricht. In dieser Attitüde stellt ihn die erste Ekloge vor. Er trifft eine doppelte Entscheidung: einerseits läßt er Meliboeus, Vergils Sklaven, frei, und andererseits bestätigt er Vergil in seinen Besitzrechten an seinem Grund und Boden. Das geschieht, wie gesagt, implizit: er gibt Meliboeus die Freiheit und erhält ihm gleichzeitig seine Existenzgrundlage; er bestätigt ihn in seinem Glück.

Natürlich läßt sich die Ekloge nicht genau datieren; sie kann nicht vor der offensichtlich im Laufe des Jahres 40 erfolgten Rückgabe des Guts an Vergil abgefaßt sein, aber nichts deutet daraufhin, daß sie sofort nach diesem Ereignis geschrieben wurde.

Denkbar wäre deshalb, daß sie 39 verfaßt wurde, kurz vor der achten, Asinius Pollio gewidmeten Ekloge. Vielleicht wurde sie unter dem Eindruck des Abkommens von Misenum geschrieben, das die Triumvirn im August dieses Jahres mit Sextus Pompeius, dem Sohn des großen Pompeius, getroffen hatten, der noch immer das Meer beherrschte und Roms Versorgung behinderte. Damals kehrten die Verbannten zurück; die Proskribierten von 42, die nicht zugrunde gegangen waren, wagten sich wieder zu zeigen. Von neuem schien Friede einzukehren – vielleicht für immer. Dem gegenwärtigen «Gott», Octavian, kann und soll man billigerweise eher danken als dem fern weilenden Antonius; gewiß, dieser verbrachte mehrere Monate des Jahres 39 in Italien, aber es war allgemein bekannt, daß seine Gedanken dem Osten zugewandt waren, wo sein Legat Ventidius Bassus in seinem Namen die Verteidigung der Provinzen Asien und Syrien sicherstellte.

So wurde die Eklogensammlung für ihre erste Edition 39 oder vielleicht Anfang 38 abgeschlossen. Das paßt zu den oben erwähnten Angaben der antiken Kommentatoren und Biographen. Bleibt indes eine Unstimmigkeit: dieselben Kommentatoren und Biographen behaupten, die Eklogensammlung sei in einem Zeitraum von *drei Jahren (triennium)* abgeschlossen worden. Nun hat es uns aber geschienen, daß sich die Abfassung des Gedichtbandes über vier Jahre hinzog. Im allgemeinen verkürzt man daher den Abfassungszeitraum auf die Jahre 41 bis 39. Aber diese Lösung widerspricht mißlicherweise einer anderen Nachricht derselben Kommentatoren, die besagt, Vergil habe mit achtundzwanzig Jahren begonnen, Eklogen zu schreiben. Nun hatte er aber zwischen dem 15. Oktober 43 und dem 15. Oktober 42 das achtundzwanzigste Jahr erreicht. Man sieht, die antiken Zeugnisse widersprechen einander: stimmt das Alter von achtundzwanzig Jahren, muß das *triennium* in einem Zeitraum von vier Jahren stattgefunden haben! Man muß also zwischen den beiden Systemen wählen. Die von uns beigebrachten Argumente scheinen uns so geartet zu sein, daß man die Anfänge Vergils in der bukolischen Dichtung lieber ins Jahr 42 legen möchte. Der Widerspruch findet sich nämlich in der Lebensbeschreibung Vergils, die Donat an den Anfang seines «Kommentars» gestellt hat; er erklärt sich wahrscheinlich aus Donats Lieblingsvorstellung, die bukolischen Gedichte verdankten ihre Entstehung dem Wunsche Vergils, sich Pollio anläßlich der Landverteilung an die Veteranen von

Philippi (Oktober 42) geneigt zu machen; diese Landverteilung fand erst 41 statt. Das hieße aber übersehen, daß schon im November 43 die *lex Titia* den Triumvirn Antonius, Octavian und Lepidus das Recht zuerkannt hatte, Land zuzuweisen. Selbst wenn, was uns unwahrscheinlich dünkt, Vergils einziger Anlaß für die Abfassung der Eklogen die Sorge um sein Erbgut war, so bestand dieser Anlaß bereits, als Pollio die Leitung der Cisalpina übernahm, lange vor der Schlacht von Philippi. Im Jahre 41 wäre es reichlich spät gewesen, Caesars Apotheose zu feiern, ein Jahr nach der offiziellen Proklamation, worin er als Gott bezeichnet worden war. Donat oder genauer Sueton in seiner «Lebensbeschreibung berühmter Dichter» müßte also, indem er die Schlacht von Philippi zum Ausgangspunkt nahm, der Ansicht gewesen sein, Vergil habe frühestens ein Jahr danach mit seinen Hirtengedichten beginnen können, und da er das Publikationsdatum kannte (frühestens Ende 39), gelangte er zu dem Schluß, die Arbeit sei in einem *triennium* vollendet worden. Aber er machte sich nicht klar, daß das nicht zusammenpaßte mit einer Größe, die er anderwärts fand und die nur das Ergebnis einer Berechnung sein konnte: mit dem Alter von achtundzwanzig Jahren, das der Dichter zum Zeitpunkt seiner ersten Eklogenversuche erreicht hatte. Aus all diesen Gründen neigen wir zu folgender Chronologie:

42 v. Chr.: zweite, dritte, fünfte Ekloge;
41 v. Chr.: Versuch eines Nationalepos; siebte Ekloge;
40 v. Chr.: sechste, neunte, vierte, erste Ekloge;
39 v. Chr.: achte Ekloge; Veröffentlichung der ersten Ausgabe.

Gewiß, es handelt sich hierbei um eine Hypothese oder vielleicht mehr um ein Zusammenspiel mehrerer Hypothesen, zu denen auch die Deutung des Daphnis der fünften Ekloge, mit der Vergöttlichung Caesars, zu zählen ist. Es wurden auch andre Chronologien vorgeschlagen: keine, auch unsere eigene nicht, kann den Anspruch erheben, mehr bieten zu wollen als eine Rekonstruktion auf schwankendem Grund. Doch man kommt nicht umhin, dem Problem der chronologischen Ordnung dieser kurzen Gedichte nachzugehen, denn entsprechend der Reihenfolge, wie sie nacheinander gelesen wurden und in Abschriften die Runde machten, schälte sich Vergils literarische Persönlichkeit heraus, und seine dichterische Sendung in einer Welt, die auf der

Suche nach sich selbst war, gewann Konturen. Die Eklogen waren niemals vertrauliche, an eine einzige hochgestellte Persönlichkeit adressierte Gedichte. Offenbar sind sie sehr bald im Theater als Mimos dargestellt worden: ein *cantor* rezitierte den Text, wohl in einer Art Sprechgesang – ähnliche *cantica,* musikalisch vorgetragene Sprechtexte, gab es im Theater seit langem – und ein oder mehrere Schauspieler stellten ihn tanzend dar. Derlei Darbietungen waren beim römischen Publikum äußerst beliebt. So wurde die sechste Ekloge, die vom Silen, von einer gewissen Lycoris, der Geliebten des Marcus Antonius und auch des Cornelius Gallus, auf der Bühne getanzt.

Wann man die Eklogen zuerst auf die Bühne brachte, ist nicht bekannt. Wir wissen nur, daß sie in der Zeit, da Vergil bald in Neapel, bald in Rom lebte, also lange nach ihrer Abfassung, häufig vor dem römischen Publikum aufgeführt wurden, und zwar mit so großem Erfolg, daß, wie Tacitus, also ein recht glaubwürdiger Zeuge, im «Dialog über die Redner» berichtet, die Zuschauer sich spontan erhoben, als man bei einer Eklogenaufführung den anwesenden Dichter entdeckte, und ihn ehrten wie sonst nur Augustus. Gewiß, dieser Vorfall ereignete sich nicht vor dem Beginn des Prinzipats, vermutlich erst im Jahre 27, als Octavian der Name Augustus beigelegt wurde, aber man wird nicht von heut auf morgen so stadtbekannt, und wir beobachten nicht nur, wie Vergil allmählich ein berühmter Dichter wird, sondern auch, wie sich sein Denken mit der Zeit entwickelt.

Wenn das römische Publikum von der Schönheit und vom Reiz der Eklogen angerührt wurde, dann kann man sich fragen, was der Grund dafür war. Es ist wenig wahrscheinlich, daß die Zuschauer der Darbietungen ihr Vergnügen aus dem Vergleich mit den «Idyllen» Theokrits und aus dem, was der lateinische Dichter ihrer Meinung nach aus dem griechischen Vorbild gemacht hatte, zogen, kurz, daß sie als sachkundige und kompetente Kritiker darüber urteilten, wie sehr der Text literarisch gewonnen hatte. Ihnen gefiel wohl die zugleich realistische und doch mythische Atmosphäre, wie sie das getanzte und mimisch dargestellte Gedicht bot. Es ist gewiß bezeichnend, daß die einzige Ekloge, von der die alten Kommentatoren ausdrücklich vermerken, daß sie auf die Bühne gebracht worden sei, die sechste ist. Einer der Gründe dafür ist sicherlich, daß sie von Lycoris, deren Name in der zehnten wiederkehrt, getanzt wurde. Ein andrer liegt wohl in der Eigenart des Stücks, das moderne Interpreten leicht in Verlegenheit bringt. Abgesehen von den zur Darstellung ungeeigneten ersten zwölf Widmungsversen an Alfenus Varus besteht das Gedicht aus einer Reihe von Tableaus, die teils rasch aufeinanderfolgen, teils sich zu breiterer Ausmalung und mimischer Darstellung geradezu anbieten. Da gibt es zu Beginn die Grotte, worin der alte Silen, schwer vom am Abend zuvor genossenen Weine, schläft: zwei Schäfer kommen heran und entdecken den Gott. Die Schäfer kennen den Silen schon von früher und wissen, daß er wunderbare Lieder kennt, die er aber, wie andre prophetische Gottheiten, zum Beispiel Proteus, nur singt, wenn man Zwang auf ihn ausübt. In diesem Fall wird das mit den Blumengewinden bewerkstelligt, die beim Gelage des Vorabends die Stirn des Silen umkränzt hatten. Das Ganze atmet heitere Anmut, ist miteinander verknüpft wie diese Blumenbande, wie die Schritte eines Tanzes; auf dem Plan erscheint die junge Wassernymphe Aegle, schnippisch und herausfordernd; sie beschmiert Silens Stirn und Schläfen mit Maulbeersaft, was er gerne geschehen läßt, denn er könnte die Blumenfesseln ohne weiteres mit einer Armbewegung lösen. Er zeigt sich daraufhin bereit zu singen, und die Burschen lassen sich mit der Nymphe zu seinen Füßen nieder. Während er singt, tanzt das Corps de Ballet, als Faune und Waldtiere kostümiert, im Rhythmus der Verse.

Silens Worte erzählen vom Anbeginn des Weltalls, von der Entstehung der vier Elemente, ohne Zweifel, wie bei Lukrez und Epikur, aus den in sich bewegungslosen Atomen, die ihr Leben erst aus der Bewegung der Verbindungen gewinnen, die sie in Schwung bringen. Die Schilderung der Kosmogonie übt stets große Faszination aus. Daran fügen sich anfänglich sehr kurze, nur angedeutete Szenen an, die auf Sagen der überkommenen Mythologie verweisen: Deukalions Sintflut, Saturns Reich und das Goldene Zeitalter, die Bestrafung des Prometheus und wie die Nymphen den jungen Hylas von der Quelle wegraubten, wo er für die Argonauten Wasser schöpfen wollte. Doch von neuem erscheint die Tänzerin, und mit fünfzehn Versen folgt nunmehr das – neben der Schilderung am Anfang der Ekloge – ausführlichste Tableau. Pantomimisch errichtet sie die Kulissen und führt die handelnden Personen ein – dann die fünfzehn Verse, in denen die Tänzerin Pasiphaës seltsame Liebe zu einem Stier in Szene setzen konnte. Beim Publikum waren derlei Triebverirrungen sehr beliebt. Zwei Jahrhunderte später erzählt Apuleius, daß ein Mimos die Liebe zwischen einer Frau und einem Esel dargestellt habe. Oft boten die Mimen auch die mythologischen Szenen, die man häufig auf Reliefs oder Bildern und auch in den «Inszenierungen» der Gärten fand, wo Statuen Geschichten aus der Sagenwelt wiedergaben, Meleagers Jagd, das Urteil des Paris und vieles mehr, was Ovid in seinen «Metamorphosen» zusammengestellt hat. Das Ganze würde man heute als eine «Kultur» bezeichnen, eine Weltsicht, die alles Fühlen und Denken durchdringt, in die man ganz und gar eingebunden ist.

Dann ändert sich die Szene von Vers zu Vers. Die Ekloge läßt kurz Atalantes Wettlauf vor uns erstehen, bei dem sie unterlag, weil sie sich mit dem Aufsammeln der goldenen Äpfel aufhielt, die ihr Freier Hippomenes von Zeit zu Zeit niederfallen ließ. Ein Vers reicht aus für das Bild. Aber die Tänzerin kann die Szene mimisch andeuten, während der Rezitator seine Worte verlangsamt. Das Gleiche gilt für Phaëtons Schwestern, die über ihren von Jupiters Blitzen erschlagenen Bruder trauern; ihr Schmerz ist so groß, daß sie zu Erlen werden – bei Ovid sind es Pappeln. Dann folgt eine neue, zweifellos einem Tänzer anvertraute Szene: die Darstellung von Gallus im Kreise der den Apoll umringenden Musen und berühmten Dichter. Ein neuer Auftritt gilt Skylla, der Tochter des Nisus, die, in ein Meerungeheuer verwandelt, nun in der Meerenge von Messina bellende Laute ausstößt und die Schiffe bedroht, die der Küste zu nahe kommen. Dieser Sagenstoff wurde von einer Tänzerin dargestellt, der man auch das Schlußtableau überließ, Philomela, die ihrem Manne Tereus das Fleisch seines Sohnes zur Speise vorsetzte, bevor sie in eine Schwalbe verwandelt wurde.

So besteht diese Ekloge größtenteils aus Bildern, die den «modernen Dichtern» geläufige Stoffe ausmalen, Gegenstände, die auch Vergil in seinen frühen Gedichten behandelt haben soll. Es sind Liebesgeschichten von der Art, wie sie ein Freund des Gallus, Parthenios aus Nikaia, von dem vermutet wird, er habe die Dichtung des Kallimachos in Rom bekannt gemacht, in einem Band versammelt hatte. Die Auswahl mythologischer Szenen in diesem, dem Gallus gewidmeten Stück entspricht, wenn nicht vielleicht sogar den Gedichten dieses Autors, wie man vermutet hat, so auf jeden Fall der Kunstauffassung dieser Poesie, bei der sich Wunderbares mit Liebesleid paart. Vergil steht hier, könnte man sagen, an der Schwelle einer dichterischen Welt, die mit den Werken des Gallus ihren Anfang nahm und zur Liebeselegie werden sollte. In dieses Reich tritt er erst mit der zehnten Ekloge ein, die er als Anhang zu den neun Eklogen hinzufügte.

Gaius Cornelius Gallus, dessen Dichterkrönung den Mittelpunkt des Gedichtes bildet, ist, in der Reihenfolge des Auftretens in Vergils Leben, der dritte von den Freunden, die durch ihr politisches Gewicht zu seinen Förderern zählten. Die Persönlichkeit des Gallus ist teils völlig durchsichtig, mitunter hingegen schwer durchschaubar[5]. So wissen wir zwar, daß er in einem Städtchen namens Forum Iulii zur Welt kam. Allerdings gibt es mehrere Orte dieses Namens. Die einen verlegen seinen Geburtsort nach Fréjus in der Provence, die andren nach Friaul und wieder andre nach Voghera in der Cisalpina, zwischen Cremona und Mailand, das in der Antike Forum Iulium Iriensium hieß. Er war etwa gleichaltrig mit Vergil und soll sein Mitschüler – in Cremona? in Mailand? – gewesen sein. Wir wissen es nicht. Er war von «niederer Abkunft», wie Vergil selber. Wenn dieser von ihm spricht, geschieht das in einem vertraulichen Tonfall, wie er ihn Asinius Pollio gegenüber nie gebraucht.

Während Vergil dem von uns beschriebenen Wege folgte, ist die Lebensbahn des Gallus nur schwer erkennbar. Während der Jahre, die Vergil bei Siron in Neapel verbrachte, ist Gallus offenbar in Rom geblieben und hat sich Pollio angeschlossen; es gibt auch einigen Grund zur Annahme, daß er in Ciceros Haus verkehrte. Ohne Zweifel debütierte er als Anwalt auf dem Forum und hatte sich bereits einiges Ansehen als Dichter erworben, als ihm, wie erwähnt, Parthenios aus Nikaia seine Sammlung «Liebesleiden» widmete. Gallus war damals zwischen zwanzig und dreißig Jahre alt. In dieser Zeit verfaßte er vier Bücher mit Liebeselegien über Lycoris, die er auch Cytheris nennt und die in Wirklichkeit Volumnia hieß, da sie eine Freigelassene des Volumnius Eutrapelos war, eines reichen, mit Cicero bekannten Römers, bei dem er eines denkwürdigen Abends speiste, als Volumnia mit von der Gesellschaft war.

Volumnia war die Freundin des Antonius, des Caesarmörders Brutus, des Cornelius Gallus und zweifellos vieler anderer, deren Namen nicht überliefert sind. Sie war Schauspielerin im Mimos, der einzigen Gattung, in der Frauen auftreten konnten, und hatte keinerlei Ruf zu verlieren. Die Männer, die sie liebten, durften sich also nicht beklagen, wenn sie den einen verließ, um sich einem andren zuzuwenden. Nach den damaligen Spielregeln der Liebe galt in einem solchen Fall jegliche Eifersucht als Zeichen von Ungebührlichkeit. Volumnias Liaison mit Antonius war stadtbekannt gewesen; sie begleitete ihn auf seinen Reisen und bildete – mit einigen andren zusammen – sein offizielles Gefolge, wie Cicero uns berichtet. Hatte das nun aber schon 49 stattgefunden, während des Bürgerkriegs, oder einige Jahre später, als Antonius zu Caesar nach Spanien ging, oder erst 43, nach der Niederlage des Antonius bei Modena und seiner Flucht nach Gallien? Die Zeitabfolge dieser Liebesbeziehungen nachzeichnen zu wollen, birgt ebensoviel Schwierigkeiten wie die Aufstellung des Zeitplans für die Eklogen. Wir wissen nur, daß Volumnia Gallus eines Tages verließ und mit einem Offizier zu der Truppe ging, die Germaniens Grenze bewachte. Dieser immerhin voraussehbare Verrat bereitete Gallus tiefen Schmerz (Vergil in der zehnten Ekloge ist dafür Kronzeuge), der sich in Gedichten verströmte, den vier Büchern seiner «Amores». So wenigstens kann man die Ereignisse rekonstruieren, von denen das Wichtigste unbekannt bleibt. Wahrscheinlich waren die ersten Elegien des Gallus Gedichte über das Liebesglück, und die verzweifelten Gedichte bildeten nur einen kleinen Teil des Werkes. Gallus war nicht nur Dichter. Er war auch Soldat. Vielleicht begann er seine militärische Laufbahn unter Caesar: das von uns (S. 43) erwähnte Papyrusfragment könnte ein Hinweis darauf sein, daß er ein Preislied auf Caesar verfaßte, als dieser einen Feldzug gegen die Parther vorbereitete, also um 45. Nach den Iden des März befand er sich natürlich auf der Seite der Caesarianer. Vielleicht begleitete er Asinius Pollio bei dessen Statthalterschaft in der Baetica. Jedenfalls gehörte er zu Pollios *cohors praetoria,* seinem Generalstab, als dieser 43 Statthalter der Cisalpina wurde.

Gallus' enge – und in seinem Fall politische – Bindung an die Parteigänger Caesars zeigt ihn Vergil verwandt, und es verwundert dann um so weniger, wenn dieser den ermordeten Diktator in der Person des Daphnis preist. Ein paar Monate lang erschienen sowohl Antonius als auch Octavian als legitime Erben Caesars, und Dichter wie Politiker waren nicht vor eine Wahl gestellt. Wir haben gesehen, daß Pollio sich auf die Seite des Antonius schlug, als es zum Bruch zwischen den beiden Triumvirn kam. Es hat den Anschein, als habe Gallus Octavian den Vorzug gegeben, doch sind Voraussetzungen und Nebenumstände unbekannt. Auch hier ist die Übereinstimmung mit Vergil frappierend. So wie ein Octavian «in seiner Herrlichkeit» die Eklogensammlung eröffnet, so finden wir Gallus im Heere Octavians bei der Schlacht von Actium. Als *praefectus fabrum*, Befehlshaber der Pioniertruppen, in Wirklichkeit Generalstabschef im Heere Octavians, nimmt er bedeutenden Anteil an der Eroberung Ägyptens und wird dessen erster Statthalter. Das bleibt er, bis er in Ungnade fällt und sich im Jahre 27 oder 26 v. Chr. das Leben nimmt.

Wurde Vergil unter dem Einfluß seines Freundes Gallus zum Anhänger Octavians? Möglich wäre es. Doch gibt es wohl noch entscheidendere Gründe. Einen haben wir schon beigebracht: das Gefühl, der junge Octavian sei durch die ihm im Dreimännerbund zugefallene Aufgabe offenbar berufen, den Frieden zu sichern und ihn über das ganze italische Land auszubreiten, dem Vergil sich so tief verbunden fühlte; sein «epikureisches» Empfinden legte ihm diese Einstellung gewiß nahe. Ein andrer, allerdings weniger gut zu beweisender Grund könnte in Vergils dichterischer Auffassung selbst gesucht werden. Octavian war Symbol einer neuen Ära, einer erneuerten Welt. Im Jahre 43 beging man seinen zwanzigsten Geburtstag. Sein jugendliches Alter gemahnte an die allen Königen des Ostens eigne Jugendlichkeit, eine «offizielle» Jugendlichkeit, von der Münzporträts Zeugnis ablegen. Schon Caesar war besessen vom Bild des «jungen Alexander», das wie ein Vorwurf auf ihn wirkte, und in ähnlicher Weise muß es auch bei Octavian und vielen seiner Zeitgenossen gegenwärtig gewesen sein. Man denke nur an Octavians Besuch am Grabe Alexanders, als er in Alexandrien einzog; er wollte mit eigener Hand das mumifizierte Antlitz berühren – wobei er ein Stück der Nase abbrach! Und als man ihm auch noch die Grabstätten der Ptolemäer zeigen wollte, antwortete er: «Ich wollte einen König sehen, keine Leichen.»

Dieses Gefühl der Erneuerung, herbeigeführt von einem jungen Fürsten, steigerte die Erwartung eines «neuen Säkulum», der Vergil schon in der vierten Ekloge Ausdruck verliehen hatte. Was immer man von der in diesem seltsamen Gedicht verborgenen Realität halten mag, wer immer das Kind ist, wenn es überhaupt eines ist, dessen Geburt die nahende Wiederkehr eines Goldenen Zeitalters ankündigt, das Ganze ist mit Gewißheit der Ausbruch der Bewunderung vor dem Morgen einer erneuerten

Zeit. Die alten Befleckungen verschwinden nach und nach. Einige sind noch vorhanden: noch wagen sich Schiffe aufs Meer und noch gibt es weitausgreifende Unternehmungen, ein neuer Achill wird gegen Troja ausgeschickt. Im Jahre 40 mußten diese Weissagungen eindeutig beziehbar sein: es mußte sich um Antonius und seine Feldzugspläne im Osten handeln. Aber diese fernen Abenteuer sind nur Spuren «des Frevels der Urzeit» (5, 31). Das wahre Glück der neuen Zeit besteht darin, daß jeder an seinem Orte bleiben kann und nicht mehr die Meere pflügen muß, um sich alle Reichtümer der Welt anzueignen. Zu diesem Zeitpunkt war Vergil bereit, Octavian den Vorzug zu geben, weil er erst dreiundzwanzig Jahre alt war. Antonius war mehr als zwanzig Jahre älter. Er gehörte entschieden noch dem «Frevel der Urzeit» an.

Man hat oft angemerkt, daß die «modernen Dichter» im allgemeinen Caesaranhänger waren. Zwar hatte Catull anfangs den Diktator angegriffen, doch hatte er sich wieder mit ihm ausgesöhnt, als dieser seine großen militärischen Leistungen, den Rheinübergang und die Landung in Britannien, vollbracht hatte. Ruhm mußte auf die Neoteriker unbedingt anziehend wirken. Das gleiche galt erst recht von der Aussicht auf eine friedensichernde Staatsführung, die ihnen ihre Tändeleien ermöglichen würde. Diese Haltung trifft man bereits bei der ersten Generation der «modernen Dichter» an, sie tritt dann klar zutage bei dem «jungen» Tibull, einem entschiedenen Gegner von Kriegen und Eroberungszügen. Schon Cicero machte dieser Richtung zum Vorwurf, sie breche mit der römischen Dichtungstradition, mit der des Ennius. Ennius war für die Neoteriker identisch mit der alten Republik, die sich ihrer schweiß- und staubbedeckten Heerführer rühmte, und ihnen kamen die Verse seiner Annalen nicht minder rauh und struppig vor. Die moderne Dichtung hatte anderes im Sinne; ihr lag an formaler Schönheit, sie huldigte dem Ideal der Vollkommenheit und begeisterte sich für eine Dichtung, die sich nicht in den Dienst irgendeiner Sache stellte. Den gleichen Zielen hatten die Alexandriner, ihre Vorbilder, nachgestrebt, die unter dem Schutz ihrer Könige lebten; ihre Gedichte dienten nur dem Glanze der Regierungszeit ihres Herrschers. So wie Kallimachos, das Haupt der alexandrinischen Dichterschule, mit Homer und der Tradition «langer Gedichte» gebrochen hatte, so lehnten seine römischen Schüler Epen ab, die Gegenstände aus der Nationalgeschichte behandelten, wie Ennius und Naevius das getan hatten, und in dieser Haltung sollten sie noch lange Zeit beharren. Das läßt den Schluß zu, daß die «modernen Dichter» die heraufziehende Monarchie a priori begrüßt hätten, deren Kommen sie schon ahnten: eine junge Monarchie für eine erneuerte Welt.

Doch sehr rasch entdeckten die Dichter der zweiten Generation, daß es für sie als römische Dichter ganz unmöglich war, keinen Anteil am Geschick des Gemeinwesens zu nehmen. Zur Zeit des Kallimachos war das Königreich Ägypten fest in der Hand von Herrschern, die durch Waffengewalt an die Macht gelangt waren und die das Land mit der Zuchtrute einer allgegenwärtigen Verwaltung in Schach hielten. So herrschte naturgemäß Frieden im Lande. Rom dagegen war auf der Suche nach sich selbst. Das Goldene Zeitalter stellte sich dort nicht wie von selbst ein, seine Herankunft erforderte Anstrengung. Hier liegt wahrscheinlich der tiefere Grund, weshalb Vergil seine Hirtendichtung in den Dienst des Staatswohls stellte und weshalb ihm so harmlose Gegenstände, wie sie sich in der «Appendix» finden, nicht mehr genügen konnten. Dichtkunst und politische Entscheidung sind unlösbar miteinander verbunden. Und im Verlauf jener «großen Zeit», der Jahre vor Actium und der unmittelbar auf den Sieg folgenden Zeit – entscheidender Jahre nicht nur für Rom, sondern auch für Vergil –, schälte sich immer deutlicher heraus, daß einzig Octavian den Wunschvorstellungen des neuen Zeitalters entsprach. Man muß sich vor Augen halten, daß auf Betreiben des jungen Herrschers auf andren Gebieten als der Dichtkunst ein großes Erneuerungswerk anhob: Zahlreiche Neubauten wurden in dem bis dahin recht altertümlichen Rom in Angriff genommen; die Bürgerkriege hatten einer Modernisierung im Weg gestanden. Während Antonius im Osten Krieg führte, betrieb Octavian Roms Umgestaltung. Mit dieser Aufgabe betraute er seinen Freund und Ratgeber Agrippa, der sich ihr unterzog, obwohl er schon das Konsulat bekleidet hatte, wonach man es im allgemeinen niedrigeren Magistraten überließ, sich um die öffentlichen Bauten und die Stadtplanung zu kümmern. Bekanntlich faßte der inzwischen zum Augustus gewordene Octavian das Ergebnis seiner Baupolitik in dem Ausspruch zusammen, er habe eine aus Ziegeln erbaute Stadt vorgefunden und eine Marmorstadt hinterlassen.

Für die Menschen dieser Zeit waren Ruhm und Glanz die treibenden Kräfte: der Glanz einer in Pracht erstandenen Stadt, der Glanz mannigfacher Kunstwerke auf den neuen öffentlichen

Plätzen, in den Säulenhallen, um die Tempel der julischen Schutzgötter – der Venus, des vergöttlichten Caesar und ganz besonders Apolls, den man damals meist als Gott der Leier und der Dichtkunst verehrte und nicht als göttlichen Bogenschützen. Der dichterische Glanz durfte in diesem erneuerten Rom nicht fehlen. Dafür war Apollo, auf den Octavian sich berief, der Bürge. Ein Freund Octavians, Maecenas, selbst ein Dichter und so etwas wie ein Schüler der Neoteriker, würde sich darum kümmern. Doch schon hatten die ersten Strahlen des Dichterruhms zu leuchten begonnen. In der Wertvorstellung von Glanz und Ruhm ähnelte Rom den hellenistischen Großstädten des Ostens, die es anfangs einholen, dann überflügeln wollte. Es hatte im Lauf der Jahrhunderte genügend Kriegsruhm erworben, um kein Bedürfnis nach weiteren Ehren dieser Art zu verspüren. So blieben ihm nur die Ruhmestitel, die man in friedlichen Zeiten erwerben kann: der Glanz jeder Erscheinungsform von Schönheit, weil sie «angemessen» ist *(decet):* die beiden Begriffe sind im Lateinischen unentwirrbar vermischt. Die Schönheit *(decus)* ist angemessen *(decet),* sie gehört zum Menschen, zu dem, was ihn auszeichnet, seine Würde – die *dignitas.* Cicero hatte vor mehr als dreißig Jahren ein ziemlich ähnliches Schlagwort gefunden, einen Leitbegriff für die aristokratische Gesellschaft, in deren Händen die Macht der ausgehenden Republik lag und für die *dignitas* ein Wert par excellence war. Caesar brach den Bürgerkrieg vom Zaune, um seine *dignitas* zu behaupten, und erhielt dabei die Unterstützung seiner Soldaten. Cicero hatte diese Wertvorstellung auf eine Formel gebracht, *cum dignitate otium,* was man etwa so wiedergeben könnte: «Friede in Ehren» oder auch «Freiheit in Verbindung mit Ansehen». «Ansehen» hat hierbei einen doppelten Sinn: einmal bedeutet es das Ansehen, welches der siegreiche Staat nach außen bei den anderen Völkerschaften genießt, und dann auch, nach innen, das Ansehen, das jedem Bürger seiner sozialen Stellung entsprechend zukommt. Für einen Römer ist *dignitas* das, was ihm aufgrund allgemein anerkannter Überlegenheit Respekt verschafft; diese aber beruht auf den *virtutes* (Fähigkeiten), die von Natur aus jedermann, wenn er nicht irgendeinem Zwang unterliegt, besitzt. Von dieser zweifachen Zielvorstellung, in der sich überkommene römische Wertbegriffe mit Gedanken verbinden, die von Philosophen ausgearbeitet worden waren, ließen sich die Menschen der auf Cicero folgenden Generation leiten: Octavian,

Maecenas, Vergil und andre übernehmen sie und bemühen sich, ihr gerecht zu werden. Allen voran behauptet Rom unter allen andren Städten seine hervorragende *dignitas.* Ihm gebührt Vorrang, es ist die *urbs,* die Stadt schlechthin. Schon lange bevor Agrippa das Ädilenamt (das Amt für öffentliches Bauwesen) bekleidete, hatte Vergil bekanntlich bereits in der ersten Ekloge die Vorrangstellung Roms herausgestellt. Allein Roms *dignitas* verlangt Bewunderung und Billigung.

So fühlte sich Vergil von der Monarchie angezogen. Wir haben dargelegt, wie ihn seine Epikureerjahre darauf vorbereiteten. Als Provinzbewohner aus der Cisalpina lebte er nicht im geistigen Klima der Republik, von der man annahm, sie sei mit Cato, Cicero und Pompeius endgültig untergegangen; von den beiden denkbaren Beherrschern der neu entstehenden Welt, von den beiden Caesarerben wählte er Octavian. Auch er fühlte wie jener und seine Ratgeber und Helfer, daß die Zeit keinen Aufschub duldete. Wenn er in der von uns geschilderten Weise seine Eklogen Octavian widmete, so nicht deshalb, weil sich dieser schon – in recht kühnem Vorausgriff – als Sieger darstellte, sondern weil er alle Sehnsüchte und Hoffnungen Vergils verkörperte. Er wollte nicht vom Erfolg profitieren, sondern ihn ermöglichen.

Wir wissen nicht genau, unter welchen Umständen Vergil der Vertraute und Schützling des Maecenas wurde. Es ist nur bekannt, daß Vergil zusammen mit andren Dichtern zur Begleitung des Maecenas gehörte, als dieser im Jahre 37 nach Tarent reiste, um mit Marcus Antonius zu unterhandeln. Horaz, der mit von der Partie war, hat uns in einer Satire einen hübschen Reisebericht hinterlassen (Sat. 1, 5). Gewiß bestanden ihre freundschaftlichen Beziehungen damals schon eine Zeitlang, denn – auch das wissen wir aus Horaz – dieser wurde im Jahre 38 durch Vergil bei Maecenas eingeführt.

Wer also war dieser Maecenas, der eine so bedeutende Rolle im Leben und sicherlich auch im dichterischen Schaffen Vergils[6] spielen sollte? Der Sproß einer reichen Ritterfamilie von etruskischem Ursprung, aus Arretium (Arezzo) am Oberlauf des Tibers, war etwa zehn Jahre älter als Octavian und folglich auch um drei oder vier Jahre älter als Vergil. Seine Mutter entstammte einem Königshause. Seit mindestens zwei Generationen hatten es die männlichen Angehörigen dieser Familie verschmäht, sich in Rom um Magistraturen zu bewerben. Sie zogen ein geruhsames Dasein auf ihren Ländereien vor. Auch Maecenas blieb dieser Tradition treu: er hatte niemals Senator werden wollen; er begnügte sich mit dem Rang eines Ritters. Das hinderte ihn nicht daran, in den Machtkämpfen, die zum Aufstieg Octavians führten, eine bedeutende Rolle zu spielen und sogar ohne offiziellen Titel in Italien die absolute Regierungsgewalt innezuhaben, wenn Octavian fern von Rom war, zum Beispiel während seines Kampfes gegen Antonius.

Die Lebensweise und die Neigungen des Maecenas sind häufig dargestellt worden; oft wurde er mit dem ganz anders gearteten zweiten Ratgeber und «Minister» des Augustus, mit Vipsanius Agrippa, verglichen, einem rauhen soldatischen Mann und Jugendgefährten des Augustus aus der Zeit vor Caesars Tod. Maecenas seinerseits ist hauptsächlich Diplomat, ein eleganter, vornehmer Mann von ausgesuchten Umgangsformen, der die Masse mied und ein epikureisches Dasein erwählt hatte, bei dem es ihm vor allem um den Lebensgenuß zu tun war. Er schrieb selbst Verse in einem eigenartigen bilderüberfrachteten Stil und war in seinem Privatleben ziemlich unglücklich, wo er die abweisende Haltung seiner launischen Gattin Terentia erdulden mußte, die ihn übrigens – vielleicht sogar mit Octavian – betrog; in Luxus und dem Umgang mit Dichtern suchte er flüchtigen Trost. Von Hause aus sehr vermögend, war er durch die Proskriptionen und im Bürgerkrieg gewonnene Vorteile noch reicher geworden: er ließ auf dem Esquilin ein Palais errichten, das von Gärten umgeben war, und zwar auf dem Gelände eines ehemaligen Armenfriedhofs. Maecenas ließ zur Verbesserung der Bodenverhältnisse ungeheure Erdmassen herbeischaffen, und der esquilinische Park mit seinen Bosketten, Wasserspielen und freskengeschmückten Pavillons erlangte rasch Berühmtheit. Dort suchte er gerne Schlaf beim Klang ferner Musik, ausgeführt von Musikern, die in den Bosketten verborgen waren. Maecenas gilt uns als Inbegriff der epikureischen Komponente des damaligen Zeitgeistes. Bei ihm finden sich alle Merkmale, die zur epikureischen Lebensweise gehören: die Gärten, die Abstinenz von jeglichem politischen Engagement, der Wunsch, im Verborgenen zu leben – «Lebe verborgen» lautet eine der Vorschriften der Schule –, der Sinn für Freundschaft, der Genuß des Augenblicks. Bei der Lektüre der wenigen, zumeist lyrischen Bruchstücke, die von seinem literarischen Œuvre erhalten blieben, erinnert man sich der Formulierungen des Horaz, insonderheit des *carpe diem*, dieser Aufforderung, jeden Tag herauszulösen aus dem Zeitablauf, ihn ohne Furcht und Hoffnung zu begehen. Doch in diesem Punkt verhält Maecenas sich nicht wie ein Schüler Epikurs. Seneca überliefert voller Entrüstung Verse von ihm, die eine unbezwingliche Todesfurcht bekunden:

Laß einen Schlag mir lähmen die Hand,
Schlag lahm mir den hinkenden Fuß,
Lad einen Buckel den Schultern mir auf,
Fallen heraus auch die wackligen Zähne:
Leb ich nur, ist es gut! Ach, erhalt es
Mir, und säß ich auf spitzigem Pfahle

(bei Sen. Epist. ad Lucil. 101, 11).

Da wir nicht wissen, in welchem Rahmen dieses Gebet vorgetragen wurde, können wir keine zuverlässigen Schlüsse auf seinen Verfasser ziehen. Immerhin, da Seneca, der doch das ganze Gedicht vor Augen hatte, annimmt, es drücke die aufrichtige Meinung des Maecenas aus, darf man wohl vermuten, dieser habe nicht wahrhaft nach den Maximen der epikureischen Philosophie gelebt, nicht all ihre impliziten Forderungen akzeptiert, indem er, im Gegensatz zu Epikur, der «Lust im Bewegtsein» vor der «Lust als Ruhendem» den Vorzug gab. Vielleicht hatte er die Hoffnung aufgegeben, jemals zur Ataraxie zu gelangen. Er war vielleicht in seiner Zeit der Mann der «Zerstreuungen» und gleicht dem später von Seneca in seinem Dialog «Von der Seelenruhe» entworfenen Bild einer von unerfüllten Begierden gequälten Seele, die weder im tätigen Leben noch in der Zurückgezogenheit Ruhe findet. In Senecas Augen war Maecenas ein vielfältig begabter, brillanter Kopf, der aber vom Übermaß seines Wohlstandes verdorben wurde. Feststeht, daß der Maecenas, den wir in den antiken Zeugnissen fassen können, vor allem der Freund des Augustus war, der Ratgeber, der die Früchte des Erfolges erntet. Um einen bei den Römern beliebten Topos aufzugreifen: er verstand es nicht, beim Gebrauch seines Vermögens Maß zu halten. Es ist aber auch denkbar, daß die Jahre vor dem Sieg bei Actium ihm die Teilnahme an den Bemühungen seiner Freunde abverlangten und er Energien entfalten mußte, für die später keine Verwendung mehr war. Er mußte auch nicht nur zum erfolgreichen Bestehen der tausenderlei Grabenkämpfe beitragen, die damals den wesentlichen

Bestandteil der Politik bildeten, sondern auch darüber nachsinnen, welche Regierungsform man annehmen sollte, wenn Octavian einmal zum alleinigen Herrscher geworden sei.

Ein berühmtes Kapitel bei Dio Cassius im zweiundfünfzigsten Buch seiner «Römischen Geschichte» führt uns eine von Augustus nach Actium angeordnete Beratung mit Maecenas und Agrippa vor; letzterer rät ihm, die Macht in die Hände von Senat und Volk zurückzugeben. Maecenas hingegen erweist sich als Anhänger der Alleinherrschaft. Und eigenartigerweise finden wir in seinen Worten einen Nachhall der Abhandlung Philodems über den «Guten König». Wie diese verweist er mit Nachdruck auf die wesentliche Bedeutung, die den «Ratgebern des Herrschers» zukomme. Im übrigen kündigt das von ihm skizzierte Regierungsprogramm mit merkwürdiger Genauigkeit die politische und administrative Organisation des Prinzipats an, und es ist offensichtlich, daß Dio unter die von Maecenas erteilten Ratschläge auch Maßnahmen aufgenommen hat, die erst viel später ergriffen wurden, und daß es sich auf weiten Strecken um eine vom Ausgang her gesehene Vorwegnahme handelt. Dennoch ist es recht wahrscheinlich, daß man in dieser langen Rede auch Gedanken findet, die auf Maecenas persönlich zurückgehen und auf politische Vorstellungen im Sinne der epikureischen Philosophie, vor allem bei den Vorsichtsmaßnahmen gegen inneren Zwist und Versuche von Aufruhr. Maecenas richtet sein Augenmerk speziell auf die Auswirkungen des Neides, der *invidia,* der durch Unterschiede in der sozialen Stellung oder in der Vermögenslage und ähnlichem hervorgerufen wird. Darin erweist er sich als Schüler Epikurs. Ein anderer bemerkenswerter Zug ist die Rolle, die er der Erziehung und Bildung zuerkennt: «Die Unwissenden und Zügellosen mußt du beargwöhnen; denn solche Leute lassen sich leicht dazu bringen, einfach alles und jedes zu tun, selbst das Schimpflichste und Schrecklichste, zunächst gegen sich selbst, dann aber auch gegen die anderen, während diejenigen, die gut erzogen und ausgebildet sind, keinem anderen willentlich Unrecht antun wollen und am allerwenigsten jenem, der sich ihrer Erziehung und Ausbildung angenommen hat», sagt er bei Dio Cassius (52, 26, 6).

Diese Vorstellung entsprang sicherlich dem griechischen Optimismus, der die Meinung vertritt, «niemand sei willentlich böse» und daß man nur das Gute klar erfassen müsse, um sich danach zu richten. Diese Aussage aber geht weiter als der gewöhnliche Optimismus, der sich auch bei anderen philosophischen Richtungen findet. Die dergestalt ausgebildeten jungen Leute werden instand gesetzt, ein der *dignitas* entsprechendes Leben zu führen – gemäß ihrer Vermögenslage, dem Adel ihrer Herkunft und ihrer persönlichen Begabung –, jener *dignitas,* von der wir sahen, daß sie einer der wesentlichsten Werte der römischen Gesellschaft war.

Solchermaßen waren also die politischen Vorstellungen des Maecenas, oder so konnten sie wenigstens ausgesehen haben bei diesem Aristokraten, den der mit ihm befreundete Horaz ohne Bedenken im Widmungsgedicht seiner Odensammlung so begrüßte:

Uralt edeln Geschlechts fürstlicher Sproß, Maecen . . .
Maecenas atavis edite regibus . . . (Hor. Oden 1, 1, 1).

Hätte Horaz das getan, wenn er nicht gewußt hätte, daß Maecenas empfänglich war für den Nimbus der Königswürde? Doch in der aktiven Politik war Maecenas sich darüber im klaren, daß die Monarchie, die er im Dienste des Augustus einzurichten gedachte, in keiner Weise der von Agrippa in derselben Beratung angeprangerten Tyrannei gleichen dürfe, wenn Dio Cassius Glauben verdient. Es würde vielmehr unumgänglich sein, sie mit Mäßigung auszuüben, die traditionellen Klassenunterschiede zu beachten und jeder Schicht die ihr aus der Vergangenheit überkommene Aufgabe anzuvertrauen oder eine solche, die sie erfolgreich übernehmen kann. Es bedurfte einer verkappten Monarchie – genau dessen, was Octavian auch anstrebte, dieser König ohne Titel, der sich, vielleicht unter Mithilfe der Einfälle des Maecenas, eine neue Regierungsform ausdachte, von der die Philosophen bisweilen geträumt hatten, die aber bislang noch nie jemand hatte verwirklichen können.

Soweit wir uns ein Bild von Vergils damaligen politischen Vorstellungen machen können, dürfen wir annehmen, daß er die Grundsätze des Maecenas und nicht die des Agrippa teilte. Wir haben schon die tieferen Gründe dargelegt, die ihn seit langem in diese Richtung lenkten. Der Einfluß des Maecenas gab ihnen noch stärkeres Gewicht. Wir haben an die berühmte Szene aus den Georgica erinnert, worin der Bienenstaat als das Vorbild einer Monarchie dient, von dem der Dichter sagt, es könne ein Gedanke von Jupiter selbst sein. Nun ist es bemerkenswert, daß dieses Stück kurz vor der Zeit abgefaßt wurde, in die Dio Cassius die Beratung mit Maecenas und Agrippa verlegt, das heißt in den Monaten nach der Schlacht von Actium. Es ist sicher, daß Vergil damals auf seiten des Maecenas stand. Der tiefe Grund, der nach seiner Aussage das Tun der Bienen veranlaßt, ist «der Ruhm, Honig zu schaffen» – *generandi gloria mellis* (Georg. 4, 205); das erinnert an die Empfänglichkeit für *dignitas*, die nach des Maecenas Meinung die Hauptantriebskraft des politischen Lebens ist. Weder die Biene noch ein Bürger, der unter einer Monarchie lebt, wie Maecenas sie skizziert, erwartet eine andre Belohnung als diese *gloria*, aber sie genügt ihm auch. In gleicher Weise beharrt Philodem im «Guten König» auf der Notwendigkeit, daß der Herrscher diejenigen unter seinen Untertanen, die sich hervorgetan haben, ehren und auszeichnen müsse. Montesquieu mußte nicht auf die Feudalmonarchien zurückgreifen, um zu entdecken, welche Rolle der Ruhm in der Alleinherrschaft spielt; seine Hauptthese war schon in Vergils Versen zu finden. Aber bereits die römische Republik glich, wie Montesquieu nur zu gut wußte, mit der Bedeutung, die sie der Institution Triumph beimaß, einer Monarchie insofern, als man mit der *dignitas* rechnete. Und die augusteische Monarchie wußte sich, vielleicht auf den Rat des Maecenas hin, die Mittel vorzubehalten, den verschiedenen Ständen und Personen die Auszeichnungen zu verleihen, die ihnen einen sehr hohen Grad von Ansehen einbrachten. Augustus behielt die alten republikanischen Ämter bei – das Konsulat, die Prätur usw. –, obwohl er sie nach und nach ihrer ganzen politischen Bedeutung entkleidete; so konnte zum Beispiel, indem er die Anzahl der Konsuln vermehrte, jeder von ihnen die Amtsgewalt nur während eines Teils des Jahres ausüben. So nahm die Zahl der gewesenen Konsuln, der sogenannten Konsularen, zu; die Ehre verteilte sich ohne Schaden für den Princeps auf eine größere Anzahl. Gleichzeitig mit der Aufhebung des Anspruchs seiner Feldherren auf einen Triumphzug gestattete er all denjenigen, die bemerkenswerte Siege erfochten hatten, die Triumphzeichen zu tragen, also die goldbestickte Toga, den Lorbeerkranz und andre Insignien der den Triumphatoren eigenen Würde. Das Kaiserreich sollte diese prunkvollen Feierlichkeiten noch vermehren, die sich in der Erinnerung lange erhielten und im Lauf der Jahrhunderte zum Inbegriff «römischer Größe» wurden. Das Zeremoniell und die kostbare Gewandung der Kaiser und der Würdenträger der späten Kaiserzeit sind nur die ins äußerste gesteigerte Fortsetzung des von Maecenas ersehnten Gepränges.

Wir finden diese Prachtentfaltung in dem Bild, das die Aeneis uns vom «König Aeneas» vor Augen stellt, der aus den reichen Schätzen Trojas seinen Gastgebern, allen voran der Königin Dido, ihrer würdige Geschenke bringt. Dido, zum Beispiel, erhält köstliche golddurchwirkte Stoffe, ein Perlenhalsband, ein Golddiadem mit eingelassenen Gemmen. All das entspricht natürlich der homerischen Überlieferung, aber Vergil trägt Sorge, dem Nachdruck zu verleihen, indem er darlegt, dieser Überfluß an Schätzen erkläre sich aus Aeneas' phrygischer Herkunft. Man weiß ja, daß der Orient stets schon mit derlei Dingen verschwenderisch ausgestattet war. Aber das widersprach gänzlich der römischen Tradition, den Sitten der Ahnen – dem *mos maiorum* –, die, jedem Luxus feind, Schmucklosigkeit als Tugend lehrten. Augustus begnügte sich seiner Lebtage mit einer bescheidenen, ein wenig veralteten Wohnung und machte es sich zur Ehre, nur von seiner Frau oder seiner Tochter gewebte Tuniken zu tragen. Aber er konnte die Prachtentfaltung nicht verhindern. Ja er hat sie, wie wir sahen, sogar angeregt. Und um ihn herum fanden seine Freunde, allen voran Maecenas, aber auch andre wie Vedius Pollio, Gefallen daran, umgeben von aufwendigem Pomp zu leben, der orientalischer Könige würdig gewesen wäre. Rom befand sich damals in einer schwierigen Lage: alle Güter kamen dort zusammen, und man wollte gleichzeitig, daß die Römer so wenig wie möglich Gebrauch davon machten. Das änderte nichts daran, daß nach allgemeinem Gefühl um der *dignitas* Roms und um seines Ansehens bei den Verbündeten willen die Notwendigkeit bestand, den Volkssouverän und in erster Linie seine Anführer prächtig auszustatten.

Das Bild, welches Vergil von Aeneas zeichnet, trägt diesen komplexen Gefühlen Rechnung: wenn er seinen Helden in Karthago bei der Ausübung der ihm von Dido übertragenen königlichen Aufgaben darstellt, wie er den Vorsitz bei den großen Bauvorhaben führt, die Karthago zu einer Großstadt umgestalten sollen – einer Aufgabe, der, wie wir sahen, Agrippa sich einige Jahre zuvor auf den Wunsch des Augustus hin unterzogen hatte –, da umgibt er ihn wie einen König aus der Heldensage mit einem golddurchwirkten bis zu den Füßen reichenden Purpurmantel und gürtet ihn mit einem Jaspisschwert. Aber er fügt hinzu, dies alles seien Geschenke der «reichen Dido», die selbst den Mantel gewebt habe – wie Livia die Tuniken des Augustus: die Erinnerungen an die Zeiten Homers vermengen sich hier mit dem altrömischen Ideal familiärer Einfachheit und gleichzeitig mit dem vom Stande eines Königs nicht zu trennenden Pomp. So lebte, nach dem Bericht Suetons, Augustus in seinem bescheidenen Haus auf dem Palatin, doch wenn es galt, irgendeinem orientalischen Gesandten einen Begriff von seiner wahren *dignitas* zu geben, dann lieh er sich den Palast eines seiner Freunde oder gar eines seiner Freigelassenen, die sich nicht nach den gleichen Grundsätzen wie er eingerichtet hatten. Bei all diesen Widersprüchlichkeiten scheint es so, als hätten die drei führenden Persönlichkeiten des Staates die Rollen untereinander verteilt: Octavian übernahm, zumindest nach Actium, den Part des *pater familias* – der dann zum *pater patriae,* dem Vater des Vaterlandes, wurde –, Agrippa den des Heerführers, dessen ganze Befriedigung darin besteht, seine Legionen zum Siege zu führen und ihnen einzureden, daß alle Kunstschätze im Besitz von Privatpersonen beschlagnahmt und dem Volk zur Verfügung gestellt werden müßten! Den Part des Maecenas haben wir schon dargestellt: er kümmerte sich um die Zierden des Daseins – und darunter vor allem um die Dichtkunst.

Die traditionelle Vorstellung, die Maecenas zu einer Art «Kulturminister» macht, der die Talente von Männern wie Vergil, Horaz, Varius und andren im Dienste der Regierung fördert, ihnen zu behandelnde Themen vorschlägt und sie belohnt, indem er sie zu seinen Freunden macht und ihnen Geld gibt – diese Vorstellung ist ziemlich naiv. Annehmbar ist vielmehr nur, daß die Männer, die sich um Maecenas scharen, dies tun, weil sie bei ihm eine Lebensanschauung und ein Kunstverständnis vorfinden, das seit langem schon dem ihren entspricht. Und wenn sie dazu beitrugen, die «neue Regierungsform» zwar nicht einzuführen, aber doch wenigstens annehmbar zu machen, so geschah das, weil sie ihren eigenen Sehnsüchten entsprach und weil gleichzeitig Rom einer Bestätigung seiner *dignitas* auch auf diesem Gebiet bedurfte. Der römische Patriotismus befand sich damals im Umbruch: der Verfinsterung der Bürgerkriegszeit entronnen, bedurfte er eines hellen Lichtes.

Vergils Beziehungen zu Maecenas scheinen im Jahre 39 v. Chr. begonnen zu haben, also zu einem Zeitpunkt, als die Eklogen in ihrer ersten Fassung veröffentlicht waren. Man darf annehmen, daß Vergil es seinen Gedichten zu verdanken hat, ein Freund des Gefährten von Octavian zu werden. Vielleicht hat Gallus dabei seine Hand im Spiele gehabt. Vielleicht hatte Maecenas eine Zeitlang befürchtet, der Poet neige im Fahrwasser Pollios der Seite des Antonius zu, eine ziemlich unnötige Befürchtung, wie die erste Ekloge beweist. Wahrscheinlicher ist, daß er spürte, wie Vergil mit diesen Hirtengedichten, bei denen die alexandrinische Tändelei mit ihrer Anmut und ihren Konventionen allmählich zu einem ernsthafteren Genre geworden war, dazu beitrug, den tiefsten Wünschen nicht nur der Römer Ausdruck zu verleihen, sondern auch denen aller Italiker, auf die Octavian sich stützen wollte. Diese Politik, die den Beistand des Dichters fand, trug erst sechs oder sieben Jahre später Früchte, als, wie Augustus sich auf jener Überschau ausdrückt, die er von seinen Taten entwirft, «ganz Italien mir freiwillig den Eid leistete und mich zum Führer in dem Krieg erwählte, bei dem ich in Actium den Sieg davontrug», aber sie war sicherlich schon früher ersonnen worden, zu einer Zeit, als deutlich wurde, daß sich die Macht nicht unter die beiden Triumvirn aufteilen lasse. Italien war, das stellte sich immer deutlicher heraus, ein Ganzes geworden, mit den gleichen menschlichen Problemen und den gleichen Hoffnungen. Da war es nicht gleichgültig, daß ein Dichter, dessen Verse man im Theater unter dem Beifall des ganzen Publikums aufnahm, ein halb realistisches, halb phantastisches Bild eines arkadischen Italien entwarf, über das die schützende Hand des «Wohltäters Daphnis» bukolischen Frieden ausbreitete.

Im Jahre 39 erschienen die Eklogen in ihrem ersten Gewande. Noch waren die Kämpfe von Modena und der Perusinische Krieg frisch im Gedächtnis; doch die euphorische Stimmung hielt noch an, die durch das Abkommen von Brindisi geschaffen war sowie durch die Übereinkunft, die, wie wir sagten, kurz darauf im August desselben Jahres mit Sextus Pompeius in Misenum getroffen wurde. Der Augenblick war günstig für die Publikation einer Gedichtsammlung, die mit dem Bild einer «Verherrlichung» Octavians begann. Doch nur während der letzten Monate des Jahres 39 herrschte Frieden. Ab Anfang 38 entbrannte der Kampf aufs neue. Sextus Pompeius mißachtete den Wortlaut des Vertrags, und die Truppen des Octavian, die ihm entgegentraten, erlitten schwere Rückschläge. Von neuem mußte das stadtrömische Volk Hungersnöte befürchten. Dann brachen trotz der von den Heerführern des Antonius im Osten erfochtenen Erfolge neuerliche Unruhen in dem von den Parthern bedrohten Syrien aus. Die Ereignisse straften Vergils Optimismus Lügen. Dies muß der Zeitpunkt gewesen sein (es gibt darüber andre Meinungen, die auf einem andren Zeitplan beruhen, und unsere Rekonstruktion basiert zum Teil auf Hypothesen, die aber unserer Meinung nach die stärkeren Argumente für sich haben) – zu jener Zeit also stieß ein andrer Dichter, Horatius Flaccus, unser Horaz, mit seiner sechzehnten Epode einen Notschrei aus: der Brudermord will kein Ende nehmen; die Römer büßen das Verbrechen des Romulus, der seinen Bruder Remus bei der Gründung der Stadt erschlug; diese ist verflucht, man muß sie verlassen; wilde Tiere werden wieder in den Ruinen hausen. Ein einziger Ausweg steht noch offen: aufs Meer hinaus ziehen, gen Sonnenuntergang. Dort liegen die Inseln der Seligen, wo wirklich ein Goldenes Zeitalter herrscht, nicht jener illusorische Traum aus der vierten Ekloge, der im Rom der Triumvirn niemals Wirklichkeit werden kann. Das hieß eine Gegenposition zu den Hirtengedichten einnehmen und sollte, wenn nicht Polemik, so zumindest einen Dialog auslösen.

Die Behauptung, das Gedicht des Horaz sei früher abgefaßt, wirkt nicht sehr glaubhaft. Das würde bedeuten, daß die Eklogen in ihrer Gesamtheit Vergils Antwort auf die Epode wären, eine höchst unwahrscheinliche Annahme. Denn in der Epode finden sich zuviel Anklänge und Reminiszenzen an die ganze Sammlung, als daß man nicht zu dem Schluß genötigt würde, Horaz habe Vergil herausfordern wollen, indem er ihn ein wenig parodierte. Über Vergil hinaus aber sind die Triumvirn angegriffen, jene Triumvirn, gegen die Horaz auf dem Schlachtfeld von Philippi im republikanischen Heer gekämpft hatte und deren Opfer er gewissermaßen wurde. So erhob sich eine Stimme aus den Reihen der Unterlegenen. Horaz hatte nichts zu verlieren, als er diesen Angstschrei vernehmen ließ. Octavian kümmerte sich nur in Ausnahmefällen um gegen ihn gerichtete Schriften, und Horaz griff ihn nicht einmal direkt an. Und dann war diese Epode zu schön, zu vollkommen in ihrer Form, als daß sie nicht hätte Bewunderung hervorrufen müssen. Es ist wahrscheinlich, daß

Maecenas das klar erkannte. Es fiel leicht, in diesem Sohn eines Freigelassenen aus Apulien seine auffallende dichterische Begabung zu entdecken. Warum ihn nicht an sich binden, vielleicht durch ein Geschenk, aber vielleicht auch, dauerhafter und edler, wenn Horaz dies verdiente, indem man ihn seiner aufrichtigen Freundschaft würdigte, die ihn zum Teilhaber an dieser geistigen Gemeinschaft machte, der bereits Vergil, Varius und einige andre angehörten? Nun ergab es sich so, daß Vergil und Varius den Horaz kannten. Sie konnten sich für seine intellektuelle Redlichkeit verbürgen. Und das taten sie auch, wenn man Horazens eigenem Zeugnis folgt, in der Satire, in der er den Beginn seiner Beziehungen zu Maecenas schildert (1, 6, 55).

Wir wissen nicht, unter welchen Umständen Horaz mit Vergil und Varius bekannt geworden war. Es wurde häufig vermutet, daß sie in Sirons Kreis zusammengetroffen seien, möglicherweise vor Horazens Aufenthalt in Athen oder auch nach seiner Rückkehr nach Italien. Die zweite Hypothese hat mehr für sich: Horaz, so viel ist sicher, ist mit der epikureischen Philosophie vertraut, aber während seiner Zeit in Athen – in den Jahren vor der Schlacht bei Philippi – gab er eher der Akademie den Vorzug. Dann hätte die epikureische Periode erst später begonnen. Doch all dies ist bloße Vermutung.

Wie dem auch sei, ob nun Maecenas Horaz an sich binden wollte oder ob Vergil die Initiative ergriff, sie miteinander bekanntzumachen, ihre erste Begegnung fand im Jahre 38 statt. Maecenas ließ ein Jahr verstreichen, ehe er Horaz unter die Gefährten seines täglichen Umgangs aufnahm, unter seine *convictores.* Vielleicht diente diese Probezeit ihm dazu, sich ein besseres Bild von der Begabung des Horaz zu machen und zu erkennen, in welche Richtung sein dichterischer Genius ihn führe. Offensichtlich verlief die Prüfung befriedigend, denn im Frühjahr 37 gehörte Horaz zu der kleinen Gesellschaft, die Maecenas zu seinem Treffen mit Antonius begleitete. Er hat uns einen Bericht dieser Reise in einer berühmten Satire (1, 5) hinterlassen, aus dem wir erfahren, daß sich Vergil, Varius und Plotius Tucca, ein andrer Dichter oder, genauer, ein geschätzter Kritiker, unter den Begleitern des Maecenas befanden. Weshalb nun aber bei einer rein politischen Mission sich derart mit Dichtern zu belasten? Vielleicht schlicht deshalb, weil es so üblich war, weil eine bedeutende Persönlichkeit, wenn sie in offiziellem Auftrag unterwegs war, nur mit einer *cohors* reiste, mit einem möglichst glänzenden Hofstaat. Das würde bedeuten, daß Vergil, Varius, Tucca und Horaz genügend Ansehen hatten, um Antonius zu beeindrucken: dadurch wurde dargetan, daß die Musen auf der Seite des Octavian waren.

Schon seit langem gab es in Rom einen Tempel, der dem *Hercules Musarum,* dem «Herkules der Musen», geweiht war; auch der siegreiche Heros par excellence, dem die Triumphatoren ein Opfer darbrachten, bevor sie an der Spitze ihres Triumphzugs in den *Circus Maximus* einzogen, wurde also von einem Hofstaat der neun Musen begleitet. Denn nur sie, als Töchter der *Memoria,* des Erinnerungsvermögens, können Ruhm verbreiten, der ein Menschenleben überdauert. Im Frühjahr 37 verfolgte Maecenas eine Politik, die der von ihm vorbereiteten Monarchie durch die Dichtkunst Ansehen verschaffen sollte. Und Vergil gehörte zu denen, die zur Mithilfe an diesem Vorhaben ausersehen waren.

ZWEITER TEIL

Die Jahre der Reife

Kapitel 3: Die Zeit des Maecenas

Bei der Abreise aus Rom ist das Gefolge noch nicht beisammen, das Maecenas nach Brindisi geleitete – das Treffen fand dann übrigens in Tarent statt und erhielt seine Bedeutung durch ein neuerliches Abkommen zwischen den beiden Triumvirn. Horaz stößt auf dem Weg über den Kanal durch die Pontinischen Sümpfe dazu, Vergil schloß sich den Freunden in Kampanien an. Er hat vermutlich gewohnheitsgemäß den Winter in Neapel verbracht, wo er häufig wohnt, wenn er nicht in Rom ist, wo Maecenas ihm ein bescheidenes Haus unweit der damals entstehenden esquilinischen Gärten geschenkt hat. Die Biographen sprechen auch von einem «Zufluchtsort» *(secessus)* in Sizilien, doch worum es sich da handelt, ist nicht bekannt. Wir wissen auch, daß ihm Augustus – wohl nach der Schlacht von Actium – das Hab und Gut eines Verbannten anbot, Vergil lehnte ab. Ihm genügte das Haus auf dem Esquilin, wohin er übrigens selten kam. Er haßte das Gewühl; wenn man ihn auf der Straße erkannte und ihm zujubelte, flüchtete er sich ins nächste Haus. Sein bevorzugter Aufenthaltsort war Neapel. In dieser griechischen Stadt fühlte er sich in Sicherheit. Die Neapolitaner kannten ihn gut; sie nannten ihn «die Jungfrau» – wohl ein Wortspiel mit dem Namen Vergil, der ähnlich klang wie das lateinische Wort für Jungfrau, *virgo* –, weil er zurückgezogen lebte, offenbar schüchtern war und wie ein Mädchen aus gutem Hause das Auftreten in der Öffentlichkeit scheute.

Seit der Publikation der Eklogen, vielleicht schon etwas eher, lebt Vergil im Schutze des Maecenas. Seine gesamte Zeit, seine ganze Arbeitskraft ist der Ausarbeitung der beiden großen Gedichte gewidmet, die ihn schließlich berühmt machten, den vier Büchern über den Landbau, den Georgica, und den zwölf der Aeneis, die ganz fertigzustellen ihm nicht vergönnt war, die aber von seinen Freunden auf Anweisung des Augustus herausgegeben wurde. Es handelt sich um zwanzig Jahre seines Lebens, von denen wir kaum etwas wissen – schon gar nicht über die näheren

Umstände des Alltagsgeschehens –, in denen aber allmählich, wie die dichterische Eingebung es wollte, die zwei schönsten Werke der lateinischen Dichtung entstanden.

Merkwürdigerweise bewegt sich der Fortgang der Arbeit an beiden Dichtungen im selben Rhythmus wie die politischen Ereignisse. Die Arbeit an den Georgica erstreckt sich, wenn man den antiken Vergilbiographen folgt, über die Zeit von 37 bis 30, die an der Aeneis von 30 oder 29 bis 19, dem Todesjahr Vergils. Nun steht bekanntlich am Ende des erstgenannten Zeitraums Octavians endgültiger Sieg über Antonius mit der Schlacht von Actium (2. September 31) und der Einnahme von Alexandrien, die dem Bürgerkrieg ein Ende machte (1. August 30), und im Jahre 27 erhält Octavian den Namen Augustus. Natürlich sind derlei Entsprechungen leicht etwas gewaltsam, und die alten Kommentatoren haben sie noch deutlicher herausgearbeitet, als es der Wirklichkeit entsprach. Außerdem, kann man wirklich aufs Jahr genau festlegen, wann der Gedanke zu einer Dichtung Gestalt annimmt? Aber selbst wenn man diese Datierungen als bloße Anhaltspunkte betrachtet, so haben sie eine gewisse Aussagekraft. Die erste Periode umfaßt den Zeitraum, in dem der Dichter sich auf Maecenas beruft und sich an Octavian, den er mit seinem Herrschertitel Caesar anredet, nur in ehrerbietigen Ausdrücken wendet, die keinerlei persönliche Färbung erkennen lassen. Maecenas ist in den Georgica überall gegenwärtig, ihm ist die Dichtung gewidmet, ihn bezeichnet Vergil als «seine Zier» *(decus),* dem seines «Ruhmes vorzüglichster Anteil gebührt» (Georg. 2, 40), und zu Beginn des dritten Buches, das der Aufzucht von Pferden, Stieren, Schafen und Ziegen gewidmet ist, erklärt er, daß er bei der Abfassung «dem heftigen Drängen» *(haud mollia iussa)* seines Freundes folge.

In der Aeneis wird Maecenas weder direkt noch indirekt erwähnt. Verbot sich das wegen des Gegenstandes? Es konnte doch nicht unmöglich sein, hie und da eine Anspielung an die Könige von Arretium einzuschmuggeln, zum Beispiel bei der Aufzählung der Völkerschaften, die in den Kampf verwickelt sind, den die Trojaner gegen Turnus und seine Verbündeten bestehen müssen. Oder es hätte sich auch ein Vorfahre des Maecenas unter den Siegern bei den Leichenspielen befinden können, die Aeneas am Grab des Anchises abhielt, oder er selbst unter den Seelen der Helden, die einmal geboren werden sollten. Vergil hat es nicht gewollt. So gehört also wohl der erste Zeitabschnitt dieser zwanzig Jahre dem Maecenas und der zweite Augustus.

Die Entstehung der Georgica

Seit der Antike stellt man sich die Frage, welche Rolle Maecenas bei der Abfassung der Georgica gespielt habe. Stammte der Grundeinfall vom Gönner oder vom Dichter? Und weshalb dies seltsame Unterfangen, ein Werk über den Landbau in ein langes Gedicht zu gießen?

Die antiken Biographen behaupten nicht, Vergil habe mit der Abfassung einem Wunsche des Maecenas entsprochen; sie beschränken sich auf den Hinweis, das Gedicht sei «zu Ehren des Maecenas», *in honorem Maecenatis* (Vita Donatiana 76), geschrieben. Donat versichert in seiner Lebensbeschreibung des Vergil weiterhin, die Widmung sei dem Maecenas als Dank für die Hilfe zuteil geworden, die er dem Dichter anläßlich des Übergriffs eines Veteranen auf das Landgut von Andes geleistet haben soll, wobei dem sich widersetzenden Vergil beinahe übel mitgespielt worden wäre. Maecenas soll sich bei dieser Gelegenheit Octavian gegenüber für Vergil eingesetzt und erreicht haben, daß ihm sein Besitztum diesmal endgültig zuerkannt wurde. Das ist, wie schon dargelegt, eine reichlich dunkle Geschichte, und man muß sich fragen – vorausgesetzt, Maecenas habe jemals als Mittelsmann zwischen dem Dichter und dem Triumvirn fungiert –, weshalb der Dank nicht eher in den Eklogen Platz fand als in einem Lehrgedicht, das erst zehn Jahre später herauskam. Es scheint so, als habe Donat eine Entsprechung zu den Eklogen herstellen wollen, von denen er berichtet, sie seien ein Loblied auf drei Persönlichkeiten gewesen, die dem Dichter nacheinander in dieser langen, düsteren Angelegenheit Unterstützung gewährten: Asinius Pollio, Alfenus Varus und Cornelius Gallus. Die Landverteilung in der Cisalpina war offensichtlich schon für die alten Interpreten eine gern gebrauchte und bisweilen auch mißbrauchte Erklärungsmöglichkeit.

Der Serviuskommentar hat diese wohlfeile Erklärung nicht übernommen. Er beschränkt sich darauf anzumerken, als Lehrgedicht bedürften die Georgica notwendigerweise eines Adressaten, der belehrt werden solle. Vergil sei der Lehrmeister, Maecenas der Belehrte, so wie gleicherweise schon Hesiods «Werke und Tage» dem Perseus und das Lehrgedicht des Lukrez dem Memmius zugedacht worden seien. Diese pädagogische Absicht erklärt offensichtlich gar nichts. Wenn es in der von Servius stammenden Lebensbeschreibung heißt, «Asinius Pollio schlug ihm vor, er möge bukolische Dichtungen schreiben ... Maecenas die Georgica ... und Augustus die Aeneis» (Vita Servii 26–29), dann muß man sich fragen, wo da die dichterische Freiheit bleibt, wenn sie sich auf die eines Handwerkers beschränkt, der «nach Entwurf» arbeitet. Selbst wenn der eine oder andre Vergil in diese oder jene Richtung lenkte, so bleibt doch bestehen, daß der Dichter den guten Rat – denn um etwas andres als einen guten Rat kann es sich nicht gehandelt haben – angenommen und sich zu eigen gemacht hat, nicht weil er dazu genötigt worden wäre, sondern weil der Rat seinen eigenen Vorstellungen entsprach. Wir werden im weiteren sehen, wie sehr sein Werk geleitet wird von der Liebe, die er dafür empfindet, von dieser inneren Bewegung, die ihn fortreißt, beflügelt, alle Schwierigkeiten überwinden läßt. Kein Mensch kann sich für einen Dichter dessen zukünftiges Gedicht ausdenken.

Dennoch, vielleicht war Vergil einem Wink nachgekommen; das wenigstens scheint er zu sagen, und wir erwähnten schon, daß er sich selbst mehrfach auf Maecenas beruft. Hat man aber der Art, wie dies geschieht, genügend Aufmerksamkeit geschenkt, hat man daraus nicht vorschnell geschlossen, der Verfasser der Georgica habe genaue und bindende Vorschriften seines Gönners befolgt? Das hat dann immer wieder zu vielerlei Wortgeklingel über den Zusammenhang geführt, in dem die Dichterfreunde des Maecenas zu den «der Staatsmacht» zugeschriebenen Absichten standen.

Die belangreiche Äußerung, die wir hier wiederholen wollen, steht zu Beginn des dritten Buches und lautet *haud mollia iussa*. Die Kommentatoren streiten sich darüber, welches der Sinn dieser Worte ist. Die einen meinen, es sei «eine Aufforderung zu einem schwierigen Unterfangen», andere, und zwar die Mehrzahl, wollen, daß es sich um eine «bindende Anordnung» handle; ein Mittelweg, dem wir folgten, schwächt die zweite Interpretation ab und schlägt als Übersetzung «heftiges Drängen» vor. Doch im Grunde ist die genaue Bedeutung nicht so wichtig, denn die Interpretation von *haud mollia iussa* betrifft nur die Art der Beziehungen zwischen Vergil und Maecenas. Ob es sich nun um eine

Anordnung, einen guten Rat oder eine Aufforderung handelt, sicher ist, daß Vergil sich als gehorsam oder entgegenkommend erweist. Aber worin? Wenn man die Worte in ihren Kontext zurückversetzt, anstatt sie isoliert zu betrachten, dann tritt ihre wahre Bedeutung klar zutage: «Wir indes», schreibt Vergil nach einem ziemlich langen, dem Ruhme des Octavian gewidmeten Prolog (der nach Actium eingefügt worden war, wie darin enthaltene Anspielungen bezeugen), «wir indes dringen ins Waldreich der Dryaden vor, in ihre jungfräulichen Gebirgsweiden» (3, 40/41). Jungfräulich sind das Waldreich und die Gebirgsweiden nicht, weil die Menschen noch nicht bis dorthin vorgedrungen sind, denn es ist ja das Gebiet des Hirten, sondern weil es vor Vergil noch kein Dichter unternommen hat, sie zu besingen. Und daraus muß man schließen, daß der ausdrückliche Befehl (oder das Drängen) des Maecenas nur die Gegenstände betrifft, die im dritten Buch und vielleicht auch, aber das ist nicht sicher, im vierten Buch behandelt werden. Denn hier ist wirklich zum ersten und einzigen Male die Rede von einem «Befehl» oder einem guten Rat des Maecenas. Im ersten Buch wird Maecenas nur als Adressat der Dichtung genannt. Im zweiten bittet Vergil ihn schlicht, ihm bei seinem gegenwärtigen Unterfangen beizustehen:

Du aber hilf und vollende mit mir die begonnene Arbeit,
du meine Zier! Dir gebührt meines Ruhms vorzüglichster Anteil,
Maecenas! Dem offenen Meer laß fliegend die Segel!
Nimmer begehre ich, alles im Lied umfassend zu singen;
hätt' ich auch hundert Zungen und hundert Münder und eine
Stimme von Erz. Komm, streife entlang an des nächsten Gestades
Rand! Schon greifbar ist Land. Ich will nicht in bloßer Erdichtung
dich hinhalten auf schweifendem Pfad durch endloses Vorwort
(2, 39–46).

Maecenas spielt hier noch ausschließlich die Rolle einer Schutzgottheit, die dem Dichter günstige Winde verschafft. Durch ihn nimmt der Einfall Gestalt an, weil er, so entspricht es den Spielregeln, über einen kraftvolleren Geist und eine größere Schöpferkraft verfügt. Alle die Widmungen von Musikern, Dichtern, ja sogar von einfachen Prosaschriftstellern haben immer wieder versichert, daß ihr Adressat, ob König, Fürst, Bischof oder Generalsteuerpächter, tausendmal talentierter sei als der Unglückliche, der da vorgibt, in seinem Schutz niederzukauern, oder erklärt: sich einen Strahl von der Sonne seines Ruhmes erborgt zu haben.

Vielleicht geht es im Falle des Maecenas noch um ein bißchen mehr als um die übliche Höflichkeit. Es stimmt, daß Vergil ihm einen Teil seines Ruhmes verdankt: die bloße Tatsache, daß er unter seine Freunde zählt, erhöht sein Ansehen, indem sie in den Augen der Stadtrömer dafür bürgt, daß die bedeutendsten Geister ihn zu schätzen wissen. Horaz berichtet in einer bekannten Satire (1, 9) davon, daß man allerlei Schliche anwendete, um zu dieser Runde zu gehören, die nach dem Willen des Maecenas dem neu gestalteten Rom zur Zier und Ehre gereichen sollte und dies auch wirklich tat. Bei dieser Sachlage gibt es für uns absolut keinen Anlaß zu der Annahme, die Georgica seien als Ganzes eine «Auftragsarbeit» für Maecenas. Die Kommentatoren, die das behaupten, haben mehr aus den Texten herausgelesen, als sie aussagen. Wenn man sich an Vergils eigene Worte hält, war Maecenas nur der Wind, der das Schiff antreibt, er ist weder der Steuermann noch der Schiffsherr.

Die einfachste Erklärung für die Worte des Dichters im dritten Buch, die *haud mollia iussa*, ergibt sich aus der Annahme, daß Vergil, als er es unternommen hatte, ein Gedicht über das Landleben zu verfassen, worin er die für das Leben der Menschen bedeutendsten Kulturen behandeln wollte: den Anbau von Getreide, Ölbäumen und Reben, von Maecenas den Rat bekam, doch auch noch alle Arten von Tierzucht anzufügen einschließlich der Bienenhaltung, die in einer Zeit, die kein andres Süßmittel als Honig kannte, von größter Bedeutung war. Dann müßte es also, wie bereits vermutet wurde, zwei Fassungen der Georgica gegeben haben: eine erste Ausarbeitung, die nur die beiden ersten Gesänge umfaßte, und die Georgica, wie sie uns heute vorliegen, in vier Büchern. Wenn das stimmt, dann stammt der Grundgedanke zu dem Gedicht von Vergil und nicht von Maecenas, und es ist der Gedanke eines Dichters, nicht der eines Politikers.

Es versteht sich von selbst, daß Vergil seine erste Fassung der Georgica nicht in völliger Weltabgeschiedenheit zu Papier brachte. Er unterhielt sich mit seinen Freunden darüber, insonderheit mit Maecenas, doch ist anzunehmen, daß diese Gespräche mehr die Dichtung an sich betrafen, als deren wirtschaftliche und soziale Implikationen. Eine glaubwürdige antike Überlieferung berichtet, wie der Dichter bei der Ausführung seiner Arbeit vorging: früh morgens habe er eine Menge Verse im Versmaß diktiert; dann habe er sie den ganzen Tag hindurch überarbeitet, daran herumgebessert, zusammengestrichen, so daß abends nur noch eine kleine Anzahl übrig blieb. Er habe scherzhaft von sich selbst gesagt, er verhalte sich wie die Bärin, die unförmige Kinder gebäre und sie hernach so lange durch Lecken forme, bis sie ihre endgültige Gestalt hätten.

So also lebte der Dichter in seinem neapolitanischen Refugium – vielleicht Sirons Garten, vielleicht auch eine *villa*, die er in der Nähe von Nola besaß – während der Zeit, in der er die vier Gesänge der Georgica schrieb. Es war gewissermaßen ein epikureisches Dasein, ohne Unruhe, frei von Begierden, aber reich an täglichem Schaffensglück – ein wahrhaft epikureisches Leben, wenn es nicht den Musen geweiht gewesen wäre.

Die Georgica sind Vergils vollkommenste Schöpfung und zeugen gewiß von langer Arbeit. Die Gesamtanlage ist ausgewogen – die vier Gesänge sind nahezu gleich lang; die Sprache ist ausgefeilt, doch immer klangvoll und klar; die Einzelheiten stimmen, alle Arten von Landbearbeitungstechniken werden genau beschrieben und durch die Verbindung mit unvergeßlichen Bildern eindrücklich vor Augen gestellt: All das ist kein Geschenk des Himmels. Noch heute können wir zumindest an einigen Stellen die Überarbeitungen nachweisen, die Vergil seinem Werke während der Ausführung angedeihen ließ.

Wir haben schon angedeutet, daß das Proömium des dritten Buches erst nach dem Sieg von Actium in der Zeit verfaßt worden sein kann, als Octavian damit beschäftigt war, im Osten Ordnung zu schaffen (im Jahre 30). Ebenso bezieht sich das Proömium des ersten Gesangs, das Octavian schon unter die Götter aufgenommen zeigt oder kurz vor diesem Ereignis, wie er dazu ausersehen ist, seinen Platz unter den Gestirnen einzunehmen, offensichtlich auf den gleichen Zeitraum, nachdem Antonius ausgeschaltet war und der Sieg Octavian legitimiert hatte. Diese Verse aus dem Proömium können nicht zur gleichen Zeit geschrieben sein wie das Gebet, mit dem das erste Buch endet und das sich an einen Octavian wendet, der der Welt noch nicht den Frieden geschenkt hat und dessen Darstellung derjenigen gleicht, die wir in den Eklogen angetroffen haben. Dort liegt der Sieg noch in weiter Ferne. Die Parther drohen an der syrischen Grenze, am Rhein muß man die Germanen in Schach halten – was Agrippa 38 ins Werk setzt. In diese Zeit versetzt uns ein Vers dieses Gebets, in dem Vergil ausruft:

... wir büßten doch wahrlich
übergenug den lastenden Fluch trojanischen Meineids
(1, 501/02).

Vergil bezeichnet Troja in diesem Vers als *Laomedontea Troia* und bezieht sich dabei auf eine uralte Legende: Laomedon, König von Troja, hatte beim Bau der Stadtmauer die Hilfe von Gottheiten (Poseidon, Apollon) erbeten. Die Götter waren einverstanden, und man hatte einen Preis festgesetzt; aber als die Mauer fertig war, wollte der König den Lohn nicht auszahlen. Dies zog ihm und seiner Dynastie einen Erbfluch zu. Nun gehört Aeneas, der Vorfahre der Römer, indirekt zur Familie des Laomedon. Die Anspielung auf diese Sage soll gewiß eine Replik auf die sechzehnte Epode des Horaz sein, worin dieser Romulus, den Brudermörder, für den Bürgerkrieg verantwortlich gemacht hatte.

Warum, heißt Vergils Replik, nicht noch weiter zurückgehen? Aber diese Erwiderung ist offensichtlich ironisch gemeint, weil sie sich auf eine Sage bezieht, die niemand ernst nimmt. Vergil lehnt den Gedanken an ein geheimes Schicksal ab, das auf Rom laste: ein junger Held wurde geboren, in dessen Macht es steht, wenn die Götter es zulassen, den Frieden wiederherzustellen. Dieser ganze Abschnitt gehört offensichtlich zu einem im Jahre 38 abgefaßten Teil der Dichtung, einem sehr frühen Stück also. Er bildet den Abschluß einer «Episode», der Erinnerung an die unheilverkündenden Vorzeichen bei Caesars Tod an den Iden des März 44, die über den Mord hinaus die Schlacht von Philippi ankündigten, wo zum zweiten Male (seit Pharsalos) in der Hämusebene zwei römische Bürgerheere aufeinander trafen. Bei Philippi hatten sich Antonius und Octavian in den Sieg geteilt; doch nur an Octavian wendet sich der Dichter als an den langersehnten Retter. Eine eindeutigere politische Stellungnahme läßt sich nicht denken. Unter diesen Voraussetzungen dienen die von uns angeführten Verse des Proömiums als Bestätigung, daß die in dem bangen Abschlußgebet erflehte Rettung eingetreten ist. Das ist ein altes, schon von Homer geübtes Verfahren der Umkehrung der Zeitfolge – die Gelehrten nennen es *Hysteron-proteron*, das heißt auf griechisch, das Spätere zuerst bringen. Vergil nutzt die Umarbeitung dazu, die Struktur dessen, was als epischer Bericht erscheinen soll, einem erprobten Schema anzupassen: die Wiederkehr des Friedens, der sich in den italischen Landen immer weiter ausbreitet, je mehr Octavians segensreiches Handeln wirksam wird. Als das Gedicht begonnen wurde, war die Lage noch ganz unsicher, der Krieg stand bevor. Als das Gedicht abgeschlossen wurde, war die Hoffnung neu erblüht: die Krisensituation erscheint schon in dämmriger Ferne, und die Erinnerung daran, am Ende des Buchs, widerspricht nicht dem in den Eingangsversen geäußerten Optimismus, den das Gedicht seinen Lesern mitteilen möchte.

Die gleichen Gründe hatten Vergil veranlaßt, an den Beginn seiner Hirtengedichte die Ekloge vom wiedererlangten Glück zu setzen und erst an das Ende des Buchs, mit der neunten Ekloge, ein Gedicht über das Unheil. Die wirkliche Abfassungszeit ist nebensächlich und spielt im Verhältnis zur poetischen Anordnung keine Rolle. Jahre später ruft Horaz das in seiner «*Ars poetica*» wieder ins Gedächtnis, wenn er vom *lucidus ordo* spricht (Epist. 2, 3, 41), von «der lichtvollen Anordnung».

Wenn es stimmt, daß das Proömium des ersten Buchs wenn nicht gar als der allerletzte Teil der Georgica, so zumindest in der Abschlußphase abgefaßt wurde, so versteht man, weshalb der Dichter darin den Gesamtplan der vier Bücher, sowohl Landbau als auch Weidenutzung, vorführt, auch wenn ihm, wie wir vermutet haben, der Gedanke erst später kam, an den Getreideanbau und die Baumpflege noch die Tierhaltung anzufügen. Im Laufe jener sieben oder acht Jahre hat der Dichter sein Werk verändert und an die politischen Ereignisse sowie an seine eigene Entwicklung angepaßt. Aber er war dabei stets darauf bedacht, sein Gedicht wie ein Gebäude zu errichten, dessen Symmetrie und endgültige Harmonie langsam gewachsen sind.

Man kann zum Beispiel zeigen, daß das Lob Italiens, einer der herrlichsten Abschnitte des zweiten Gesangs, aus der Zeit stammt, als Antonius auf einem Zug gegen das Land der Meder begriffen war. Denn Vergil berichtet, daß das Hauptprodukt dieses Landes, der Pomeranzenbaum, Früchte hervorbringt, die unter anderem die Eigenschaft haben, ein Gegengift gegen das Gebräu zu erzeugen, das «grausame Stiefmütter» den Kindern aus erster Ehe verabreichen (2, 129/30). Das war nicht einfach so hingesagt, denn in Rom ging das Gerücht um, Kleopatra, deren Liaison mit Antonius stadtbekannt war, habe versucht, seine Kinder zu vergiften. Die eben angeführten Verse können auf diese Weise datiert werden: sie gehen ungefähr aufs Jahr 36 zurück, und ihre politische Absicht, die von den Kommentatoren allerdings im allgemeinen nicht erkannt wurde, muß für die Zeitgenossen augenfällig gewesen sein. Die Datierung zeigt auch, daß das Lob Italiens der Politik Octavians vorausging und nicht folgte, jener Politik, die bekanntlich zu dem berühmten Gefolgschaftseid führte, den die Städte der Halbinsel drei Jahre später leisteten. Es ist durchaus möglich, daß Vergil diese Verse auf Betreiben des Maecenas verfaßt hat, um Maßnahmen gegen Antonius vorzubereiten und zu unterstützen und um das friedvolle Glück der italischen Erde den verderbenbringenden Wundern des Orients entgegenzustellen: hier hätte somit politische Zweckmäßigkeit Vergil eine Erörterung abgenötigt, die er dann gut in den poetischen Gesamtplan des zweiten Buchs einzufügen verstand. Dieses Lob Italiens gehört zu den glänzendsten und poetischsten Stellen des ganzen Buches, das noch zwei andere «Ausweitungen» enthält, einen «Hymnus an den Frühling» und ein Lob des Landlebens: es unterbricht die Darlegung eines im Grunde genommen ziemlich selbstverständlichen Grundgedankens der Bodenbearbeitungstechnik, nämlich der Notwendigkeit, die Kulturen in Übereinstimmung mit der Bodenbeschaffenheit anzulegen. So bringt der Dichter nicht nur Abwechslung, sondern auch, was wichtiger ist, Töne, ein Musiker würde sagen kontrastreiche Stimmungen, die das Gemüt auf unterschiedliche Weise berühren. Vergil, der schon in den Eklogen begonnen hatte, sich auf diese Art Rhythmen, Parallelismen und Kontraste zunutze zu machen, entsinnt sich dieser Anfänge, für die er einst in den «Idyllen» Theokrits das Vorbild fand, um seinem Buch eine vielfältigere Gestalt zu geben.

So bricht, nach recht technischen Anweisungen über die Vorbereitung der Gruben, in welche man dann die Reben einpflanzt, über die Ausrichtung der Pflanzreiser, den Abstand der Reben voneinander, über die Bodenbeschaffenheit und das Gelände, je nachdem es sich um Flachland oder Abhänge handelt, und derlei Ratschläge mehr, der Hymnus an den Frühling hervor, recht ungeschickt nur mit dem Vorausgehenden verbunden:

Weinberge lohnen am schönsten die Saat, wenn im rosigen Lenzlicht
silbernen Fittichs segelt der Storch, der Schrecken der Schlangen,
oder beim ersten Frost im Herbst, wenn der sengende Sol noch
nicht mit den Rossen am Winterkreis ist, schon scheidet der Sommer
(2, 319–322).

Dann folgt eine Beschreibung des Frühlings, die gänzlich außer acht läßt, daß hier von den Reben die Rede ist; es geht nunmehr um die ganze Natur, um alles Lebendige, und man hat den Eindruck, das Leben der Pflanzen werde nicht mehr von außen betrachtet, es werde vielmehr subjektiv mitempfunden, durch eine jener bei Lukrez so beliebten «Seelenprojektionen», einen jener Fälle, wo das Mitfühlen die Grenzen der objektiven Erkenntnis überschreitet, wie sie zur epikureischen Methodologie gehören. Schon der hohe Ton der Schilderung führt den Geist auf das Schöpfungsgeheimnis, auf die *arcana naturae,* auf das Mysterium des Seienden – mit Hilfe eines Schrittes, in dem die Dichtung zur Wissenschaft wird. Wir haben zu Beginn dieses Buches dargelegt, wie diese Weltsicht in Vergils Geist bei den Unterweisungen von Siron und wahrscheinlich auch von Asklepiades entstehen konnte. Hier sehen wir, wie sie Konturen gewinnt und das Gedicht formt. Diese Seelenprojektion findet sich erst in diesem Buch, weil sie beim Korn oder beim Hafer schwerer vorstellbar ist als bei den Reben oder Bäumen, die langlebiger sind und dem Menschen vergleichbar mit ihrer Kindheit, der Kraft ihrer Reifezeit und dem Niedergang im Alter. So müssen die Rebschößlinge in einem ihrem künftigen Pflanzorte ähnlichen Boden verschult werden, damit sie sich nicht fremd fühlen und ihre Mutter wiederzuerkennen vermögen – das heißt die Erde, die für ihr Wachstum sorgt.

... es liegt ja so viel an zarter Jugend Gewöhnung (2, 272),

sagt Vergil. Handelt es sich da um Pflanzen, um Tiere oder gar um Kinder? Leben ist ein Ganzes in verschiedenen Gestalten und gehorcht den gleichen Grundgesetzen.

Man sieht, wie Erörterungen verschiedenen Ursprungs vom Dichter zusammengefügt werden, um eine umfassende Meditation zu bilden, bei der alles im Hinblick auf eine poetische Weltanschauung gedacht ist; man kann sie lyrisch nennen, wenn man damit ausdrücken will, daß Vergils Seele erfüllt davon ist, oder episch, wenn man eher geneigt ist zu bedenken, daß hier die Entstehung alles Seienden beschrieben wird.

Das bringt uns auf einige Überlegungen über die Anordnung bei der Abfolge der vier Gesänge. Der Dichter geht aus von einer Gesamtvorstellung der Bedingungen, unter denen Leben bei den Pflanzen entsteht. Diese sind zunächst nur das Produkt der jährlichen Saaten: Flachs und Mohn, dessen Körner man sehr schätzte, Bohnen und Luzerne, Hirse und schließlich Getreide und Dinkel,

Wicken, Erbsen und Linsen. Bescheidene Pflanzen sind das, kurzlebige, den Jahreszeiten und Witterungslaunen ausgesetzt. Dann folgen im zweiten Gesang die Vorschriften für Bäume, schon freiere Geschöpfe; jede Art hat ihre besonderen Eigenschaften, auf die der Bauer Rücksicht nehmen muß, wenn er sie ziehen und ihren Wildwuchs verändern will, so wie man ein Tier zähmt.

Im dritten Gesang erscheinen dann die Tiere selbst, eine neue Stufe der Schöpfung: die Analogien zur menschlichen Natur werden zahlreicher und deutlicher insofern das Leben der Tiere als Gefährten der Menschen, gleich dem unseren, in der Zeit abläuft mit denselben Freuden und denselben Kümmernissen. Wenn Vergil von den Färsen spricht und der Zeit, wo sie Kälber gebären können, fordert er den Züchter auf, diese Jahre der Fruchtbarkeit nicht zu vergeuden, denn

Flieht doch die köstliche Zeit den armen sterblichen Wesen
immer zuerst... (3, 66/67).

Diesen Gedanken nimmt Seneca später wieder auf, wenn er über den «guten Gebrauch» der uns von der Natur gewährten Zeit nachsinnt. Die Tiere sind den gleichen Leidenschaften unterworfen wie die Menschen: das Pferd ist kriegerisch, es zittert beim Klang der Kriegstrompete, es dürstet danach, den Sieg davonzutragen; es fühlt die Schmach der Niederlage und den Ruhm der Überlegenheit. Hengste und Stiere werden von Liebesglut gepackt, und hier erinnert Vergil sich sehr genau an Lukrez, nicht nur in der Wortwahl oder in einzelnen Versen, sondern in der Gedankenführung: es ist der gleiche Ton wie in dem berühmten Proömium zum dritten Buch von Lukrezens Lehrgedicht «Über die Natur», worin dieser die Macht der Liebe in der ganzen Schöpfung besingt. Vergil zeigt wie sein Vorgänger, daß hier die Antriebskraft allen Lebens liegt, für Menschen wie für wilde Tiere, für die Fische so gut wie für die Herden oder die Vögel: «*amor omnibus idem*» – «für alle ist die Liebe die gleiche» (3, 244). Die Übereinstimmung mit der Dichtung des Lukrez, die diesen dritten Gesang zu einer Art Abriß von «*De rerum natura*» macht, tritt schließlich ganz zweifelsfrei im Finale zutage, in der Viehseuche, der Pest, welche die Herden auf den Almen heimsucht. Dieses Bild entspricht der «Pest von Athen», die das Gedicht des Lukrez beschließt.

Man hat sich oft gefragt, welche Gründe sowohl Lukrez als auch Vergil zu diesen furchtbaren Schilderungen bewogen haben mögen. War es tiefster Pessimismus? Aber Vergil ist kein Pessimist, und auf Lukrez trifft das ebenfalls kaum zu. Es mag wohl eher die hellsichtige Erkenntnis sein, daß bisweilen, scheinbar grundlos, die Mächte des Todes entfesselt werden und durch nichts in Zaum zu halten sind. Der epikureischen Philosophie war dies Problem durchaus vertraut, hängt es doch eng mit dem des Bösen in der Welt zusammen; aus Sirons Lehre hatte Vergil sicherlich die gleichen Argumente gewonnen, die auch Lukrez im dritten Buch seines Lehrgedichts vorbringt: der Tod ist, für sich betrachtet, kein Übel, er ist ein natürliches Geschehnis, und die Gewißheit, daß er eintritt, sollte uns nicht berühren noch unsere Lebensfreude vergiften. Indes, wenn Vergil vom Sterben der Tiere spricht, die keine Jenseitsängste kennen und daher ihren Tod ohne die Seelenqualen erleiden, denen Menschen ausgesetzt sind, dann geschieht das in mitleidsvollem Ton; er weiß, daß die Pferde qualvoll verenden, daß ihr Geist sich verwirrt und sie mit ihren Zähnen sich selbst zerfleischen und daß der ins Joch gespannte Jungstier dem Tod seines Gefährten nachtrauert. Dies alles, meint der Dichter, sei eine schreiende Ungerechtigkeit: die Tiere hätten nur Mühe und Arbeit für die Menschen gekannt; niemals hätten sie den Lastern gefrönt, für die der Tod ein gerechter Lohn wäre. Sie haben so einfach gelebt, wie es die epikureische Lehre empfiehlt:

... Bei alledem hat weder Bacchus'
Gabe des Massikerweins noch schwelgendes Mahl sie verdorben.
Laub dient ihnen zur Kost und einfache Kräuter zur Weide.
Trank ist ihnen der silberne Quell, sind rastloser Ströme
Fluten. Es stört den Schlaf kein nagendes Sorgen

(3, 526–530).

Man spürt hinter diesen Worten eine Empörung, die den Dichter bald auf ein anderes geistiges Betätigungsfeld, als es die derzeitige Thematik darstellt, lenken wird.

Der vierte Gesang führt uns noch etwas höher in der Hierarchie der Lebewesen; mit den Bienen sind wir nicht mehr weit entfernt von den Menschen. Denn die übrigen Tiere schließen sich nicht in Gemeinwesen zusammen. Die Bienen hingegen geben ein Beispiel von diszipliniertem und einträchtigem Verhalten, das den Zeitgenossen des Dichters als Vorbild – und auch zur Lehre – dienen könnte. Sie verfügen über all die inneren Antriebskräfte, die den Menschen lenken sollten: Arbeitseifer, Kampfgeist bei der

Verteidigung ihres Königs und, wie schon gesagt, ein Empfinden für den Wert des Ruhms! Wenn es stimmt, daß der Mensch so ist, wie ihn die Philosophen einhellig definieren, nämlich ein «geselliges Wesen», befähigt, sich staatlich zu organisieren, dann sind die Bienen wahrhaft «Menschenwesen», und Vergil muß sich die Frage stellen, ob das wundervolle Verhalten dieser Insekten nicht notwendigerweise das Vorhandensein einer Intelligenz voraussetzt. Er gibt darauf folgende Antwort: Indem sie sich das gleichsam menschliche Betragen der Bienen vor Augen hielten und

Zeichen und Beispielen solcher Natur nachsinnend, erklärten
manche, die Bienen durchwalte ein Teil vom göttlichen Weltgeist,
feurigen Äthers Gewalt, denn Gott durchflute das Weltall:
Länder und Meere, unendlich gedehnt, und die Tiefen des Himmels;
hieraus schöpfe sich Schaf und Rind und Mensch und der wilden
Tierwelt ganzes Geschlecht das zartentspringende Leben;
hierhin ströme gelöst dann alles am Ende auch wieder
heim ins All, nichts sinke in Tod, nein, lodere lebend
auf zu Gestirnen und folge dem Schwung des erhabenen Himmels

(Georg. 4, 219–227).

Gewiß, Vergil macht sich diese Lehre nicht zu eigen; sie stammt wohl ursprünglich von den Pythagoreern und wurde dann vom Platonismus und von der Stoa verbreitet. Aber er ist doch nahe daran, und man bekommt schon eine Vorahnung von der Lehre, die Anchises dann im sechsten Buch der Aeneis seinem Sohne mit den gleichen Worten, und nun als Gewißheit, verkündet:

Himmel und Erde zunächst, des Meeres Wogengefilde
und die leuchtende Kugel des Monds und die riesige Sonne
nährt von innen der Geist und gliederdurchflutend bewegt sein
Walten den Weltenbau, vermählt sich dem mächtigen Leibe

(724–727).

Um diese Zeit – der sechste Gesang der Aeneis wurde um das Jahr 23 v. Chr. abgefaßt – ist das, was, zumindest für den Dichter, zehn Jahre zuvor noch eine metaphysische Hypothese war, zur geoffenbarten Wahrheit geworden. Wir müssen also annehmen, daß Vergil zwischen den «Jahren des Maecenas» und den «Jahren des Augustus» zu einem noch zu bestimmenden Zeitpunkt eine Erleuchtung hatte, die sein Denken zutiefst verändert hat: er nimmt Abschied vom epikureischen Dogma eines rein mechanistischen Weltbildes, wo die Materieteilchen im unendlichen Spiel des Zufalls aufeinandertreffen und sich in zusammengesetzten Körpern nach einem je eigenen Rhythmus bewegen, ohne daß irgendeine Intelligenz daran teilhätte, irgendein Bewußtsein, irgendein göttlicher Wille, der auch nur den geringsten Endzweck hinzufüge; er ist bereit, das Eingreifen transzendenter Mächte in den Weltlauf zu akzeptieren. Anfänglich hat sich sein Denken nicht von Grund auf geändert, immerhin zeigt sich hier der Beginn eines Wandels, der erst mit der Aeneis wirklich sichtbar wird; doch schon die Empörung, die den Dichter im dritten, vermutlich um 33 v. Chr. verfaßten Buch der Georgica angesichts des grausamen und so zutiefst ungerechten Sterbens der unschuldigen Tiere ergreift, und dann das im vierten, wohl um 31 v. Chr. geschriebenen Buch dargestellte Verhalten der Bienen, das alles läßt in ihm den Gedanken an eine Theodizee keimen, an eine Vorstellung, die völlig unvereinbar ist mit dem orthodoxen Epikureismus. Dies, zusammen mit anderen schwererwiegenden Ereignissen, auf die wir am Angelpunkt zwischen den beiden Zeitabschnitten zu sprechen kommen, wirkt auf ihn ein und bringt ihn zu einer anderen Weltsicht.

Die soeben von uns erwähnten Indizien zeigen uns Vergils Verhältnis zum Geheimnis des Lebens, insoweit als er nach dem Sinn des Daseins fragt, dessen Vielgestaltigkeit sich ihm im Verlauf der Arbeit in seiner Dichtung auftut und sich zu den vier Gesängen der Georgica fügt. Hier ist ein Einwand am Platze: Sollte es wirklich so gewesen sein, daß Maecenas durch einen Ratschlag oder, wenn man lieber will, durch einen Befehl – obwohl doch unter Freunden jeder Wunsch des einen dem anderen zum Befehl wird – Vergil dazu veranlaßt hat, in abgeschlossenen Gesängen die Tierhaltung und vielleicht auch die Bienenzucht zu behandeln, unterschiebt man da nicht dem Dichter nie von ihm gehegte Absichten? Aber es ist ratsam, die gemutmaßte Einflußnahme von der Art zu trennen, wie Vergil sich der Aufgabe entledigte. Der Dichter ist der Aufforderung des Maecenas zu weiterem Bemühen nachgekommen, weil ihm während der Abfassung klar geworden war, daß das Gedicht eine größere Geschlossenheit erhalte, wenn er das Thema erweitere. Es würde eingebunden werden in das Lied vom Leben und ermöglichte dann das von uns erwähnte stufenweise Voranschreiten bei der Beschreibung der verschiedenen Aspekte des Lebens. An sich ist diese Vorstellung von der Existenz verschiedener, hierarchisch gegliederter Lebensformen, dem Pflanzen-, dem Tierreich und dem menschlichen Dasein, und der Gedanke, daß die Geschöpfe immer differenzierter werden, je weiter man auf der Stufenleiter des Seienden voranschreitet, mit den Naturvorstellungen der Epikureer durchaus zu vereinbaren. Diese behaupten nicht nur, der Grundmechanismus des Lebens sei bei allen Organismen von den einfachsten Erscheinungsformen bis zum Menschen völlig gleich, sondern sie nehmen auch an, daß diese Organismen in steigendem Maße komplexer werden, weil sie eine größere Anzahl von differenzierteren Atomen in verschiedenartigen Kombinationen enthalten. Doch Vergil scheint sich gefragt zu haben, ob sich nicht, da ja bei allen Lebewesen derselbe Mechanismus oder ähnliche Mechanismen vorhanden sind, auch das Denken als Resultante dieser Mechanismen auf allen Stufen des Lebens finden lasse. Die Stoiker hatten eine unüberwindliche Barriere zwischen dem Menschen und den Tieren errichtet, weil sie nur diesen Verstand zubilligten und ihn jenen absprachen; das lief darauf hinaus, daß dem Menschen ein besonderer Platz in der Schöpfung gebühre. Die epikureische Lehre hingegen war geeignet, die Idee aufkommen zu lassen, daß es zwischen allen Lebewesen eine Wechselbeziehung gibt, eine vergleichbare Affektivität, ein bei allen wenn nicht identisches, so doch analoges Gefühl von Lust und Schmerz. Das ermöglichte jene «Seelenprojektionen» die, wie dargelegt, charakteristisch sind für Vergils Sensibilität. Daraus ergab sich ein schwerwiegendes Problem: Wenn Epikurs Behauptung richtig ist, daß Lust das höchste Gut sei und daß ein philosophisches Dasein darin besteht, diesen Zustand in seiner bestmöglichen Form zu erlangen, gilt das dann nicht auch für die Tiere? Ist dann nicht eine Art von Vernunft bei den Tieren denkbar, eine Präfiguration menschlicher Vernunft? Nicht ohne Absicht vereint Vergil bei der Beschreibung ländlicher Glückseligkeit in einem Bild:

mugitusque boum mollesque sub arbore somni
Kuhgemuhe und Schlummers Genuß im Schatten der Bäume
(Georg. 2, 470),

ein Bild, das im Lauf der Jahrhunderte zahlreiche Dichter gereizt hat.

Epikur hatte schon im voraus eine Antwort auf den Einwurf gegeben, den man natürlich gemacht hat und den Seneca später in seiner Abhandlung «Über das glückliche Leben» formulierte: das wahre Glück könne nur in der Erinnerung, die ein geistiges Vermögen sei, erreicht werden. Das Privileg der menschlichen Vernunft besteht in einem Vermögen, das nur die Menschen besitzen, sich von der Zeit zu lösen und den Augenblick in Ewigkeit zu verwandeln.

Vergil hat das Problem durchaus erkannt: er weiß natürlich, daß ein Glück denkbar ist, das dem Menschen – wie den Tieren – als ein Geschenk der Weltordnung ohne eigene Anstrengung zuteil wird. So etwas soll es im Goldenen Zeitalter gegeben haben:

Einst, vor Jupiters Zeit, unterwarf kein Bauer die Fluren
(Georg. 1, 125),

nämlich dem Pflug. Aber Jupiters Reich begann und zugleich mit ihm tausenderlei für einen guten Wuchs der Nutzpflanzen unabdingbare Arbeiten, denn Jupiter

... duldete nicht, daß starr sein Reich ihm verdumpfe
(Georg. 1, 124),

er schärfte den menschlichen Geist am Wetzstein der Sorge. Aus dieser Tatsache ergibt sich eine zwiefache Bewegung: die den Menschen bislang unbekannten Schwierigkeiten, die ihnen bei der Bearbeitung der Felder widerfuhren, bezogen sie in das Werden ein, das ihnen nunmehr bewußt wurde. Sie erwarteten bald angstvoll, bald hoffnungsfroh das Ergebnis ihrer Arbeit. Wenn dies erreicht war, fanden sie in bevorzugten Augenblicken jene «Ewigkeitsmomente», deren Entdeckung eine der Glückseligkeiten Epikurs ist. Diese zweite Bewegung, diese Rückkehr ins Paradies, das sich die Menschen jetzt errungen haben, wird von Vergil im zweiten Gesang des Gedichts geschildert: er ist die Krönung dieser «Erstfassung der Georgica» und dient als Pendant zu dem Bild von den Mühen, die Jupiter dem Landleben auferlegt hat.

Jetzt erkennt man erst die Bedeutung dieser zunächst verwunderlichen Zurückweisung des Goldenen Zeitalters. Sie entspricht dem strengen Epikureismus; der Akzent wird auf die Sorge, *cura,* gelegt, die der Antrieb menschlichen Handelns ist, auf die Notwendigkeit, die die technischen Erfindungen hervorbringt, und in diesem Sinne heißt es zum Abschluß dieses Tableaus:

tum variae venere artes. labor omnia vicit
improbus et duris urgens in rebus egestas.

Mancherlei Künste entstanden; in allem bewährte sich siegreich
arge Mühsal und, drängend in hartem Dasein, das Darben

(Georg 1, 145/46).

Die Dinge sich untertan machen, um die Freiheit des Geistes zu gewinnen, so lautet die Vorstellung, die sich Vergil, gemeinsam mit den Epikureern, von den Fortschritten macht, welche die Menschen in einem mühseligen Prozeß von einem beinahe tierischen Urzustand zur wahrhaft menschlichen Glückseligkeit führten.

So gesehen verendeten die Tiere kläglich, da sie keine Möglichkeit hatten, ihren Tod zu transzendieren, und das Ende des dritten Gesangs konnte als Pendant zur Pest von Athen aufgefaßt werden, die Lukrez an den Schluß seines Lehrgedichts gestellt hatte. Darin hätte der Sinn dieser düsteren Schilderung bestehen können: uns die Wechselbeziehung zwischen Leben und Tod vor Augen zu stellen, wobei dieser notwendig ist, auf daß immer wieder neues Leben entstehen kann. Das wäre denkbar, doch es scheint, als hätten Vergil bei der Abfassung dieser Schlußschilderung die Vernunftargumente nicht mehr befriedigt. Sein Empfinden führt ihn weiter. Als er im ersten Gesang die tausend Schwierigkeiten aufgezählt hatte, die Jupiter den Bauern in den Weg gelegt hat, da brachte er im gleichen Atemzug die Rechtfertigung. Andererseits aber, wenn er am Ende des dritten Gesangs schreibt:

Wirbelwind, sturmaufpeitschender, tobt so oft übers Meer nicht,
wie durch Herden Seuchen und Pest . . .

(470/71),

und durch die Seuche in Noricum diese Behauptung sogleich illustriert, dann findet er diesmal keine Rechtfertigung, keine Entschuldigung. Die Tiere haben keine Möglichkeit, durch ihren Geist ihre Lage zu überwinden, und für ihr Leiden gibt es keine Hilfe. Das Denken des Dichters geht bei dieser Lage der Dinge über den Epikureismus hinaus und empfindet Mitleid. Deshalb hat es den Anschein, als sei der dritte Gesang nicht auf der gleichen Ebene angesiedelt wie die beiden ersten, als habe hier nicht die gleiche Vorstellung die Feder geführt. Maecenas hatte Vergil, wahrscheinlich ohne sich dessen bewußt zu sein und aus ganz anderer Veranlassung, die Möglichkeit gegeben, sein Denken weiter voran zu treiben, als er ihn aufforderte, über das Glück der Herdentiere zu schreiben.

Die Entstehungsgeschichte der Georgica ist für uns jetzt deutlicher faßbar: von der ersten Konzeption des Themas bis zum Jahre 29, als Vergil das ganze Gedicht Octavian vorlas, während dieser sich nach seiner siegreichen Rückkehr aus dem Osten einige Zeit in Kampanien aufhielt, um eine hartnäckige Halsentzündung auszuheilen. Die Lesung habe, so berichten die Quellen, vier Tage gedauert, und wenn Vergils Stimme versagt habe, sei der ebenfalls anwesende Maecenas für ihn eingesprungen.

Als erstes gilt es mit einer falschen Vorstellung aufzuräumen: Es verhielt sich nicht so, daß Maecenas aus Gründen der hohen Politik den Entschluß gefaßt hätte, sein Freund müsse ein Gedicht zum Lob der Landwirtschaft schreiben, und daß der Dichter, der das Landleben in dem etwas gekünstelten Rahmen der Eklogen bereits so herrlich zu schildern gewußt hatte, sich auf diese Weise «für den Staat nützlich» hätte machen können, indem er ein Preislied von Ackerbau und Viehzucht sang. Eine derartige Auffassung entspricht Vorstellungen, die man der französischen Aufklärung entnahm; sie setzt einen Herrscher voraus, der sich um das Wohl seiner Untertanen kümmert und der eine Gesellschaft leitet, in der Reichtum alleine oder hauptsächlich der Landwirtschaft entspringt. Sie versetzt Vergil, Augustus und Maecenas ins Frankreich Colberts und was nach ihm kam, ein gewiß anachronistischer Gedanke. Roms Reichtum bestand nicht in seiner Landwirtschaft. Die ganze Stadt und die Aristokratie profitierten von den Eroberungen. Das Geld kam von den tributpflichtigen Provinzen; die Gesellschaften der Steuerpächter leiteten die Einkünfte nach Rom, die früher den hellenistischen Königen zugeflossen waren. Zwar nahm die Landwirtschaft im ökonomischen System des Orients eine bedeutende Stelle ein und war von daher für die Eroberer eine wichtige Quelle des Reichtums, aber es läßt sich kaum überzeugend dartun, Maecenas habe mit seiner Bitte an Vergil, ein Gedicht über das Landleben zu schreiben, die Bauern in Syrien oder Pergamon ermutigen wollen. Italien in römischer Zeit ist nicht vergleichbar mit Frankreich oder England im 18. Jahrhundert. Vorerst handelt es sich dort noch um ein loses System von Landstädten, die natürlich untereinander und vor allem mit der Hauptstadt Rom durch politische Bande verknüpft, die aber wirtschaftlich weitgehend voneinander unabhängig waren. Die

Landwirtschaft lieferte alles Erforderliche für den täglichen Bedarf. Was darüber hinausging, wurde von den Mitgliedern der Gemeinde herbeigeschafft, die einen Posten im Rahmen der Aufgaben der Hauptstadt innehatten, in ihren Institutionen, in ihrer Armee. Die Inschriften lassen erkennen, daß diese in ihren Städten sehr angesehenen Persönlichkeiten auch die Wohltäter ihrer Gemeinde waren; wenn ihre Mitbürger ihnen eine Ehrung erweisen, dann danken sie damit für besondere Freigebigkeit, für die Errichtung öffentlicher Bauwerke, für das Pflaster eines Platzes oder einer Straße, für eine Wasserleitung, für öffentliche Bewirtungen mit anschließender Verteilung von Geld. Diese Gepflogenheiten, die in der Kaiserzeit lediglich einen noch größeren Rahmen einnahmen, existierten schon im republikanischen Italien. Sie bewirkten, daß – wenn auch in sehr unterschiedlichem Ausmaß – die nach Rom fließenden Geldströme weiterverteilt wurden.

Man hat zu Recht darauf hingewiesen, daß die endlosen Bürgerkriege das Land entvölkert hatten und daß die durch die unsicheren Zeitläufte und den Wehrdienst der Männer verursachte allgemeine Verarmung der italischen Landstädte das bislang bestehende ökonomische Gleichgewicht gestört hatte. Dazu kommt, daß die Städte im Landesinneren große Bevölkerungsteile an Rom verlieren, und dieses nun eine wachsende Zahl von Einwohnern beherbergt, die oft über nur sehr spärliche Einkünfte verfügen und unproduktiv sind. Es steht fest, daß die Versorgung der Hauptstadt seit dem Beginn des ersten nachchristlichen Jahrhunderts den dafür verantwortlichen Magistraten eine stete Sorge war. Man hatte sich zum Beispiel zu außerordentlichen Vollmachten für Pompeius verstehen müssen, um das Meer von den Seeräubern zu befreien, da diese die Schiffahrtswege unsicher machten und den Getreidetransport nach Rom stark behinderten. Denn Getreide, das Grundnahrungsmittel der Römer – was es übrigens heute noch in Italien ist –, wurde von den Bauern der Halbinsel nicht in ausreichender Menge produziert, ausreichend zur Versorgung der hauptstädtischen Massen; nirgends nämlich sehen wir, daß je das von Rom importierte Getreide an die Landstädte oder Kolonien verteilt worden wäre. Es handelt sich um ein im wesentlichen römisches Problem, es betrifft die Stadtrömer. Es ist bekannt, daß die Zufuhr von Lebensmitteln aus Gebieten jenseits des Mittelmeers erfolgte: aus der Provinz Afrika, dem heutigen Tunesien, aus Asien, von wo der Getreidehandel über Delos lief; Getreide wurde auch aus Sardinien und Sizilien verschifft, von dort seit dem 3. Jahrhundert v. Chr. und dem Bündnis mit König Hieron II. von Syrakus. Die italische Landwirtschaft konzentrierte sich auf Viehzucht, Weinbau, Ölproduktion; Getreide dient im wesentlichen dem örtlichen Verbrauch. Die Stadt Rom muß in großem Stil importieren.

Nun sind jedoch zu der Zeit, als Vergil seine Georgica verfaßte, die Seehandelswege unsicherer denn je. Wir sahen, wie Sextus Pompeius, der jüngere Sohn des großen Pompeius, überall auf dem Meer den Kampf gegen die Triumvirn führte. Zeiten der Waffenruhe wie die nach der Vereinbarung von Misenum im August 39 waren nicht von langer Dauer; bisweilen ist Sextus Pompeius so erfolgreich, daß eine totale Blockade der italischen Häfen zu befürchten steht, und es bedurfte aller Anstrengung und der Befähigung eines Agrippa, um der Leute, die man «Seeräuber» nannte, endgültig Herr zu werden. Sizilien, das fast schon verloren schien, wurde zurückgewonnen, und nunmehr konnten die Transporte wieder ungehindert nach Rom gelangen. Darin bestand das Ergebnis der Feldzüge des Jahres 36. Vergil hatte die Georgica noch keineswegs abgeschlossen. «Werbung» für Getreideanbau war unnötig geworden – wenn man so etwas überhaupt je gebraucht hatte. Doch an der Dichtung wird weitergearbeitet; ihr Anliegen besteht wohl kaum darin, «von Nutzen» zu sein, vor allem nicht in bekanntermaßen vorübergehenden Krisensituationen. Niemand konnte sich vorstellen, daß Italien eines Tages zum Selbstversorger werden und seine Häfen dem Überseehandel verschließen würde. Der bloße Gedanke hätte so viel geheißen, wie sich selbst aufzugeben, Roms Göttern nicht mehr zu vertrauen. Der «junge Held» dagegen verhieß Sieg, und Vergil teilte diese Hoffnung.

In der Realität war die italische Landwirtschaft – soweit sie nicht den Städten, Munizipien und Kolonien zur eigenen Ernährungsfürsorge überlassen worden war – in Abhängigkeit von römischen Großgrundbesitzern geraten, von Senatoren, die von altersher Staatsland auf italischem Boden in Besitz hatten. Die Behauptung, ihre «ausgedehnten Besitzungen», auf lateinisch ihre *latifundia,* hätten den größten Teil der Halbinsel bedeckt, mag zwar übertrieben sein, und es trifft auch nicht ganz zu, daß, wie eine berühmte Formulierung besagt, diese Latifundien die Ursache von Roms Zerfall waren. Doch muß man zugeben, daß die ständig wachsende Größe dieser von Lohnarbeitern geleiteten Betriebe, die einträglich werden durch den Einsatz von Sklavenkolonnen, kaum mehr eine persönliche Bindung des Eigentümers, der den Ertrag erntete, an seinem Grund und Boden bestehen ließ. Eine im römischen Selbstverständnis tief verankerte Vorstellung wollte, daß die führende Klasse ihr Einkommen aus der Landwirtschaft und nicht aus dem Handel, noch aus Geldverleih bezog. Selbst nach all den Veränderungen, die im Lauf der Jahrhunderte die römische Gesellschaft tiefgreifend gewandelt hatten, blieb dieses Verhaltensmuster hartnäckig am Leben: wie wenn nur Männer von bäuerlicher Lebensart, mit ihren Wertvorstellungen, ihrer «Askese», dazu befähigt gewesen wären, die Angelegenheiten der Stadt zu lenken. Cato stimmt zu Beginn seines Buches «Über die Landwirtschaft» das Lob dieser Tätigkeit an, und zwar auf zweierlei Weise: er setzt sie dem Wagnis des Seehandels entgegen und bezeichnet sie von daher als sicherer; außerdem fügt er aber noch einen positiven Grund an: die Landleute seien kräftiger als andre, sie seien zur Verteidigung des Vaterlandes besonders befähigt und durch ihre täglichen Lebensgewohnheiten abgehärtet für das rauhe Lagerleben. Und Vergil nimmt am Ende des zweiten Buchs der Georgica, das heißt, wenn man der von uns vorgetragenen Hypothese zustimmt, am Schluß der ersten Georgicafassung, jener Fassung, die auf ihn selbst zurückgeht – Vergil also nimmt dort das von Cato anderthalb Jahrhunderte früher geäußerte Urteil wieder auf, wenn er vom Landleben sagt:

Solch ein Leben führten dereinst die alten Sabiner
so wuchsen Remus und Romulus auf und die starken Etrusker,
so wuchs auf voll Macht in der Welt die strahlende Roma,
sieben Burgen umfaßte geeint der Ring ihrer Mauer

(532–535).

Ein Gesetz aus der Zeit kurz vor dem Zweiten Punischen Krieg verbot den Senatoren den Besitz von Schiffen über ein bestimmtes Ladegewicht, nämlich über die Größe hinaus, die für den Abtransport eigener Produkte auf dem Seeweg aus den eigenen Besitzungen in Etrurien, Kampanien oder Apulien benötigt wurde – alles andre war ihnen untersagt. Sie sollten keine Kaufleute sein, die Handel trieben mit den Ländern des Orients oder mit den an der gallischen und spanischen Küste verstreuten griechischen Kolonien. Man hat in diesen Vorschriften Maßnahmen erkennen wollen, die ein Gegner der Senatsaristokratie ergriffen habe in der

Absicht, eine andre Klasse, nämlich den Ritterstand, zu fördern, dessen Reichtum auf dem Handel basierte, um den Einfluß des landbesitzenden Adels zu schmälern – eine recht unwahrscheinliche, ja anachronistische Auffassung, die nur dem Hirn von modernen Historikern entsprungen sein kann, die in viel späteren, aus der Mitte des 19. Jahrhunderts stammenden Vorstellungen befangen waren. Es hat durchaus den Anschein, als hätten die Römer ganz anders auf die um sie herum erwachenden Kräfte reagiert, als das römische Gemeinwesen sich gegen Ende des dritten vorchristlichen Jahrhunderts veranlaßt sah, in die Angelegenheiten der griechischen Welt einzugreifen, und dadurch mit Gesellschaften in Berührung kam, für die der Erwerb von Reichtum hauptsächlich durch Handel das Hauptgeschäft war.

Die in den großen Städten, allen voran in Athen, im letzten Viertel des 4. Jahrhunderts v. Chr. nach den Eroberungszügen Alexanders blühende neue griechische Komödie unterrichtet uns über die gesellschaftlichen Entwicklungen Griechenlands: da wird zum Beispiel eine Familie vorgeführt, deren Großvater noch ein Fleckchen Erde in Attika angebaut hatte und die nur kärglich dahinlebte. Bei seinem Tod veräußert der Sohn das Gütchen und erwirbt mit dem Erlös eine Schiffsladung, die er auf den Inseln verkauft, woraufhin sich sein Handel vergrößert und er zu großem Reichtum gelangt. In der dritten Generation begnügt sich der Enkel, der Held des Stücks, größtenteils damit, das Vermögen seines Vaters zu verschwenden durch ein Leben «à la grecque», in Luxus und Vergnügen.

Als die römischen Politiker gegen Ende des 3. Jahrhunderts diese Entwicklungen in den griechischen Städten kennengelernt hatten, erweckte das bei ihnen einige Befürchtungen für ihr eigenes Land: sie waren sich gewiß darüber im klaren, daß die Entwurzelung, die Abwanderung vom Lande mit seiner Bauernarbeit, mit zu den tieferliegenden Ursachen des offensichtlichen Niedergangs der griechischen Welt gehörte. Sie waren längst zu der Überzeugung gelangt, daß Reichtum ebenso einzelne wie ganze Gesellschaften zu verderben vermag. Ein dreiviertel Jahrhundert später erklärt Polybios in einem berühmten Exkurs mit Nachdruck dasselbe und erweist sich dabei nicht nur als Schüler griechischer Staatsphilosophen, sondern weit mehr noch als Zögling seiner Freunde, der römischen Staatsmänner im Kreise um Scipio Aemilianus und Aemilius Paulus. Reichtum, worunter er bewegliche

Werte und nicht Grundbesitz versteht, ist die Ursache für Ungleichheit unter den Bürgern, also für Neid, und das politische Leben steuert von diesem Moment an auf einen Bürgerkrieg zu. Zwietracht nistet sich im Gemeinwesen ein; dann folgt die Revolution, und die Verfassungen lösen einander ab: Tyrannis eines Einzigen, Diktatur der Aristokratie, Volksaufstand, der binnen kurzem in einen Zustand von Anarchie ausmündet, aus dem sich wiederum ein Tyrann erhebt, so daß der Zyklus von neuem beginnen kann. Nun kann aber ein Gemeinwesen, das in diese «Dialektik» hereingezogen wurde, gewiß nicht äußeren Feinden trotzen. Man muß nicht lange warten, um es unter fremdem Joch zu sehen. Angesichts derartiger Zukunftsaussichten versteht es sich gut, daß Maßnahmen ergriffen wurden, um rechtzeitig zu verhindern, daß der zerstörerische Mechanismus in Gang kommt. Deshalb sind wir geneigt anzunehmen, daß der berühmte claudianische Volksentscheid – das Gesetz, welches das Ladegewicht der Schiffe im Besitz von Senatoren beschränkte – dem Bestreben entsprang, im Gemeinwesen eine Gruppe von Leuten, die wohl oder übel dazu berufen waren, die Sitten der Vorväter aufrechtzuerhalten, davor zu bewahren, dem Reiz des durch Handel leicht zu erringenden Reichtums zu erliegen. In derlei Zukunftsüberlegungen sollte man auch die Maßnahme des Zensors Flaminius wieder einordnen, der die Freigelassenen in die vier städtischen Tribus, und nur in sie, eingeschrieben hatte; das lief darauf hinaus, die ehemaligen Sklaven, unter denen sich viele Orientalen befanden, in Minderheitswahlbezirke umzugruppieren und dort zusammenzuschließen, um den Einfluß der Landbevölkerung auf die Gesetzgebung wenn nicht zu stärken, so doch zu erhalten. Denn in dieser Bevölkerungsgruppe findet man die kleinen und mittleren Grundbesitzer, also die Leute, deren Lob Cato um die Zeit seiner Zensur im Jahre 184 v. Chr. singt. Er war selbst aus der Bürgerschicht hervorgegangen, der die Maßnahme des Flaminius Vorteile brachte.

Die Haltung der Römer dem Reichtum gegenüber war immer schwankend gewesen. Da sie von seiner zerstörerischen Macht überzeugt waren, versuchten sie, seinen Besitz zu reglementieren. Man denke nur an die Maßregeln der Zensoren gegen die Bürger, die im Besitz von Silbergerät waren – mit Ausnahme von Salzfäßchen, weil diese als Kultgegenstände galten, da man ihnen die paar Salzkörnchen entnahm, die man als Opfer für die Götter ins Herdfeuer warf. Und natürlich gab es auch eine ganze

Reihe von Gesetzen gegen Luxus, wobei jeweils ein neues erlassen werden mußte, sobald sich bei der Bekämpfung aufwendiger Ausgaben der Bürger die Wirkungslosigkeit des vorigen herausgestellt hatte. Dieser Aufwand betraf vor allem die Tafelfreuden, deren Luxus Einkäufe notwendig machte; die dafür erforderlichen disponiblen Barmittel wurden für beträchtlich gehalten. Und schließlich weiß man auch, daß die Römer in Italien zu den letzten gehörten, die sich mit einem eigenen Münzwesen versahen. Lange Zeit behalfen sie sich mit unpraktischen und geringwertigen Kupferbarren. Es schien ihnen unumgänglich, Besitz und Gebrauch von allem zu beschränken, was wie bewegliches Gut aussah und nicht Grundbesitz war.

Dieser wiederum, zur Zeit des Romulus theoretisch auf ein paar Hektar pro Feuerstelle beschränkt, kannte in der Republik keinerlei Vorschriften über die Ausdehnung mehr, so daß er um die Zeit des Punischen Kriegs den wahren Reichtum darstellte. Ein berühmter Satz Catos faßt diese römische Haltung zusammen: ein Hausvater solle stets verkaufen und niemals einkaufen. Denn das Besitztum wird als autarke Zelle aufgefaßt; was man anbaut, muß für die Landarbeiter und den Gutsherrn mit seiner Familie ausreichend sein, man muß auch selbst alles Material wachsen lassen, das zur Herstellung von Gerätschaften erforderlich ist: Weiden für Korbflechterei, Salweiden für Gehege, Werkholz für Bauten, Bäume für Pflugholz; gibt es Lehmgruben auf dem Gut, so stellt man die auf einem Hof stets benötigten Ziegel und Backsteine an Ort und Stelle her. Erwirtschaftet man einen Überschuß, verkauft man ihn, und das ermöglicht den Ankauf von Gegenständen, die man in der *villa* nicht selbst herstellen kann und die man folglich bei Spezialhandwerkern erwerben muß. Doch derlei Ausgaben werden auf das unbedingt Notwendige beschränkt. Zwischen benachbarten Gütern findet auch in geringem Umfang Tauschhandel statt. Diese Art von Reichtum, dieser ländliche Überfluß ist erlaubt, ja erwünscht. Es ist der Reichtum jener gleichsam legendären Symbolgestalten, jener Diktatoren, die vom Pflug weggeholt wurden, der «alten Sabiner» Vergils.

Solange Rom eine kleine, in kriegerische Auseinandersetzungen mit dem näheren Umland verwickelte Stadt blieb, war diese Wirtschaftsform möglich. Nachdem aber der Zweite Punische Krieg seinen Horizont und das Betätigungsfeld seiner Legionen ins Ungemessene erweitert hatte, konnten die Senatoren unmöglich umsichtige, für das Gedeihen des Guts besorgte Familienoberhäupter und gleichzeitig Feldherren oder auch hohe Verwaltungsbeamte im römischen Senat oder in den Provinzen sein. Die Senatssitzungen verlangten immer häufiger ihre Anwesenheit in der Kurie. Eine Wohnung in Rom wurde unvermeidlich, und das war teuer. Das Landgut mußte diese Ausgaben bestreiten. Es mußte also, wie wir heute sagen würden, immer «rentabler» werden. Schließlich gaben die Senatoren eine schlechte Figur ab im Verhältnis zu ihren mit Handel oder gemeinschaftlich betriebener Steuerpacht befaßten Mitbürgern; es leuchtet daher ein, daß die Versuchung groß war, den Grundbesitz, der eine Art Verlustgeschäft geworden war, zugunsten lukrativerer Unternehmungen an den Nagel zu hängen. Diese Entwicklung setzte kurz vor dem Zweiten Punischen Krieg ein, ihre Wurzeln reichen aber bis zu den Folgen des Ersten Punischen Kriegs. Damit war ein Prozeß in Gang gesetzt, der, wie das Beispiel Athens bewies, dazu führen konnte, daß ein Volk seine Identität verlor.

So beschaffen war die Lage der Landwirtschaft im römischen Italien zu Beginn des zweiten vorchristlichen Jahrhunderts. Sie stellte auch eine politische und soziale, nicht nur eine wirtschaftliche Notwendigkeit dar, sie war die einzige den mit der Lenkung des Imperiums betrauten Männern gestattete Einkommensquelle. In diesem Stadium verfaßte Cato seine berühmte Abhandlung «Über die Landwirtschaft». Er schrieb sie für die Patrizier, die grundbesitzender Adel bleiben mußten und daher erfahren sollten, auf welche Weise sie ihre Stellung in einem Gemeinwesen beibehalten konnten, in dem ihre Lebensweise beinahe schon überholt wirkte. Das konnte nur ein Mittelweg zwischen den Zwängen althergebrachter Maximen und den Anforderungen einer unaufhaltsamen Entwicklung sein, durch die Rom zwar zu Reichtum gelangte, ihre Führungskräfte aber vergleichsweise verarmten. Cato löst sich nicht von der traditionellen Leitvorstellung des autarken Gutshofes; ihm geht es darum, diesen so produktiv wie möglich zu gestalten, damit dessen oben erwähnter Überschuß auch wirklich einträglich sei. Dieser Überschuß, vor allem an Öl, kann in Rom verkauft werden – Cato spricht vornehmlich von Landgütern im Umland von Rom –; auf diese Weise kehrt ein kleiner Teil der in Rom jetzt so reichlich vorhandenen flüssigen Mittel zu den Landbesitzern zurück. Das von Cato beschriebene Idealgut darf nicht zu ausgedehnt sein; das

Augenmerk gelte nicht nur einer sorgfältigen Bewirtschaftung, die unter Ausnutzung der geographischen Lage und der unterschiedlichen Bodenbeschaffenheit auf möglichst verschiedene Kulturen bedacht sein wird, sondern auch dem Ziel, alles so anzulegen, daß eine kleine Anzahl von Arbeitern der Aufgabe gewachsen sein kann. Man benötigt natürlich Sklaven, aber nicht ganze Heerscharen; jeder einzelne sollte dem als Gebieter fungierenden Gutsaufseher persönlich bekannt sein, die Sklaven sollten nicht in Ketten arbeiten, da sonst ein lächerlicher Ertrag herausspränge. Sie sollten vielmehr das Gefühl haben, einer kleinen Gemeinschaft anzugehören; es könnten dann auch – zwar ungesetzliche, aber kraft der Zustimmung des Herrn dennoch dauerhafte – «Verehelichungen» zwischen Sklaven geben, und ihre Kinder, die der Theorie nach zum Ertrag des Gutes und ins Eigentum des Gutsherrn gehörten, könnten auf dem Gehöft bleiben, wo sie dann ihrerseits lebten und, sobald sie alt genug seien, Arbeit fänden. Neben den Sklaven gebe es auch freie Arbeiter, sei es als Lohnarbeiter auf Dauer, sei es als Saisonarbeiter.

Es ist wiederholt bemerkt worden, daß sich Cato bei der Abfassung seines Traktates von Werken griechischer Schriftsteller und der Arbeit des Karthagers Mago anregen ließ. Darüber besteht kein Zweifel. Es wurde auch angemerkt, daß die von Cato beschriebene Landwirtschaft eine «kapitalistische» Wirtschaftsform sei; dieser Begriff war vor fünfzig Jahren sehr im Schwange, paßt aber absolut nicht auf die Zeitumstände des zweiten und ersten vorchristlichen Jahrhunderts. Auch Vergil rät seinen Lesern: «Drum lobe die riesigen Felder, / aber pflege dein kleines!» (Georg. 2, 412/13): ein landwirtschaftliches Anwesen ist kein Gewerbebetrieb, da es damit seiner politischen und gesellschaftlichen Bedeutung verlustig ginge. Für den Gutsherrn muß es eine persönliche Verpflichtung darstellen, muß Gegenstand täglicher Sorgewaltung sein, gerade als ob er die anfallenden Arbeiten eigenhändig auszuführen hätte. Und hier zeigt sich eine Schwierigkeit, die an die Bedeutung der Georgica rührt. Während, wie gesagt, Catos Landgut mit einer teils aus Sklaven bestehenden, teils freien Arbeiterschaft bewirtschaftet wird, spricht Vergil vom «Bauern» und niemals von seinem Gehilfen. Bezieht sich der Dichter auf eine Phantasiewelt? Steht das von ihm geschilderte Landleben in irgendeiner Beziehung zur Realität? Anders ausgedrückt, ist die Welt der Georgica mehr als eine Utopie?

Es sollte uns nicht so sehr in Erstaunen setzen, daß Vergil die Hilfskräfte des Bauern nicht einbezieht. Denn ihm geht es nicht um das alltägliche, ökonomische Verhältnis, sondern um die Beziehungen des Menschen zu seinem Land. Auf Catos Landgut ist der Gutsaufseher, der *vilicus*, der «Platzhalter» des Gutsherrn, sein Amtswalter, und die Arbeiter sind sein «Arm», seine *manus*. Tatsächlich gab es in den Dörfern und Landstädtchen Italiens viele Landbesitzer, bisweilen weit im Lande herum angesiedelt, meist jedoch in kleinen «Flecken» wohnhaft, deren Häuser oben auf einem Hügel standen und aus Gründen der Sicherheit, aber auch der Annehmlichkeiten geselligen Umgangs wegen dicht aneinander gebaut waren. Horaz hat uns das Porträt dieser «ehrbaren Familienoberhäupter» übermittelt, die in Mandela selbst das Land bearbeiteten und an Festtagen gerne beim Tanze die Erde stampften, die sie so viel Mühe kostete. Das Zeugnis des Horaz führt uns genau in die Zeit, wo Vergil seine Dichtung verfaßte. Wenn wir zum Beispiel in den Georgica die Vorschriften für den Weinbau lesen:

Grabe als erster den Boden, als erster verbrenne des Abfalls
Reiser und bringe als erster die Pfähle unter die Dächer!

(Georg. 2, 408/09),

so ist dies als abstrakte Formulierung der Idee des Landbaus zu betrachten, deren Verwirklichung ganz offensichtlich von mancherlei Umständen abhängig war. Natürlich bemüht sich das Gedicht immer in erster Linie darum, konkret zu sein: alle geschilderten Verfahren gibt es wirklich, und sie werden wirklichkeitsgetreu dargestellt, das ist ein integrierender Bestandteil der vergilischen Dichtung, deren Ziel es ja ist, dem Leser, ob er nun Bauer sei oder nicht, den Ablauf ländlicher Tätigkeiten nahezubringen, aber das soll nicht heißen, daß dieser Leser, nachdem er Vergils Beschreibungen vernommen hat, sein Buch zuklappen und selbst zu Pflug und Hacke greifen müßte.

Unter diesem Aspekt scheint uns, Vergil habe eine Tradition fortgesetzt, die in Roms Frühzeit zurückreicht und sich dem politischen Bewußtsein seit etwa zwei Jahrhunderten eingeprägt hatte. Das von ihm übermittelte Bild des Landlebens ist nicht «idealisiert», dazu liegt der Ton zu häufig auf der Arbeit und ihrer Mühsal – der *labor improbus*, die Überwindung aller der von Jupiter in die Natur eingebrachten Anlässe von Schwierigkeiten birgt in sich auch mancherlei Leiden –; doch kommt darin sein Wesen in klaren und auf das Eigentliche sich beschränkenden Strichen zum Ausdruck, die Vergils Dichtung in die Nachbarschaft jeglichen klassizistischen Denkens rückt. Dies ist allerdings nur möglich, wenn die Dingwelt in gewissem Maße zum Symbol wird – wie in Platons Reich der Ideen, wo das Wesen der Dinge von ihren Verkörperungen verschieden ist.

Was sich Cato zum Ziel gesetzt hatte, nämlich die landwirtschaftliche Produktion wieder ertragreich zu machen, um den Senatoren und, allgemeiner gesprochen, den Grundbesitzern im Staatswesen ihren gesellschaftlichen Rang zurückzugeben, war den Zeitgenossen Vergils stets gegenwärtig. Es gab zwei Möglichkeiten, dies zu verwirklichen: die Vergrößerung der Besitztümer – da man so einen proportionalen Anstieg des Ertrags erwarten durfte – und die Einrichtung besonders ertragreicher Kulturen. Von der ersten Maßregel, der Vermehrung der Anbaufläche in einer Hand, wurde bekanntlich reichlich Gebrauch gemacht; die *nobiles* hatten das Land kleiner Grundbesitzer aufgekauft, die als Folge verschiedener Wirtschaftskrisen, von denen die Zeit der sozialen Auseinandersetzungen zu Beginn des ersten vorchristlichen Jahrhunderts und dann die Bürgerkriegsjahre geprägt waren, hatten aufgeben müssen. Diese Landverödung war nach Plutarchs Darstellung schon um 130 v. Chr. spürbar, als Tiberius Gracchus durch Etrurien reiste und das Elend der Bauern sah. War Zukauf nicht möglich, so zögerten die Großgrundbesitzer nicht, sich Staatsland anzueignen, den *ager publicus*, das Eigentum des Volkes, und dort Herden hinzubringen und für ihr Weiderecht nur einen lächerlichen Pachtzins zu zahlen. Die Rückgewinnung dieses «Volkslandes», das einige an «Siedler» verteilen wollten, daß heißt an arme Bürger, die sich dort niederlassen und Erträge daraus ziehen sollten, stieß stets auf größte Schwierigkeiten und die hartnäckige Ablehnung der widerrechtlichen Besitznehmer. Besonders heftig tobte der Kampf um den *ager publicus* in Kampanien, einem ausnehmend fruchtbaren Landstrich. Wir haben gesehen, welche Betroffenheit bei den Bewohnern der Gebiete ausgelöst werden konnte, in denen die Triumvirn diese Siedlungspolitik zugunsten ihrer Veteranen anwandten. Aber es gab noch Bedenklicheres. Die Ausweitung des Grundbesitzes brachte häufig eine Veränderung der Anbauformen mit sich. Über eine bestimmte Flächenausdehnung hinaus überließen die Ackerbauern das Land den Hirten, was Cato und Vergil genau wußten; die für Ackerböden erforderliche sorgfältige und gewissenhafte Pflege wurde unmöglich; die Hirten ihrerseits mußten nicht so zahlreich sein, ihre Arbeit erforderte meist keine so genauen technischen Detailkenntnisse. Die Entwicklung wurde bereits in einem Buche festgestellt und bedauert, das genau im Jahre 37 v. Chr. erschien, als Vergil mit seinen Georgica begann: «In diesem Lande, wo die Hirten, die die Stadt gründeten, ihre Söhne lehrten, das Feld zu bebauen, dort haben nun ihre Nachfahren aus Habsucht und unter Mißachtung der Gesetze die Ackerböden in Weidegründe umgewandelt in Unkenntnis der Tatsache, daß Ackerbau und Viehzucht nicht dasselbe sind» (Varro, Res rusticae 1, 4).

Die Gesetze, auf die Varro anspielt, betreffen den *ager publicus;* sie beschränkten dessen Abtretung an Privatleute. Aber die Gesetze waren nicht stärker als die Gewohnheiten, und Octavian, der damals gerade die Unterstützung der *nobiles* brauchte, fand kaum eine Möglichkeit, ihrem Vordringen Einhalt zu gebieten. Die Güter der bei den Proskriptionen Zugrundegegangenen waren nicht eingezogen, sondern einfach an neue Eigentümer, meist Freunde der Triumvirn, weitergegeben worden. Die landwirtschaftlich genutzte Fläche zur Zeit Vergils umschloß also neben kleinen und mittleren Betrieben, die in traditioneller Weise das Land bewirtschafteten, große, den Hirten überlassene Räume. In diesem Zustand befand sich die Angelegenheit schon seit mehreren Generationen, und wenn es zutrifft, daß Maecenas den Dichter aufgefordert hat, die Viehzucht zu behandeln, so hat das wahrscheinlich seinen Grund auch darin, daß dieses Thema seinen Platz in den *res rusticae,* den «Angelegenheiten des Landes», hatte und weil diese in ihrer Gesamtheit besungen werden mußten, wenn man etwas Neues schaffen und die ausgetretenen, schon von Hesiod begangenen Pfade verlassen wollte. Weder Maecenas noch Vergil kehren sich ab von den Maximen der hellenistischen Dichterschule und der römischen «modernen Dichter»: Wie Kallimachos verachtet Vergil die breite Straße, auf der die Karren ihre Gleise eingegraben haben. Und genau im dritten Gesang der Georgica, dem Gesang von den Hirten, findet sich auch die Stelle, wo er sich glücklich preist, zu den verlassenen Hängen des Parnaß fortgerissen worden zu sein. Die Aufgabe ist beschwerlich, zumal wenn es darum geht, die bescheidene Mühewaltung zu rühmen, die man Lämmern und Ziegen angedeihen läßt:

Aber mich reißt durch des steilen Parnassus einsame Gipfel
süße Gewalt. Gern wandl' ich auf Höhn, von denen kein Pfad noch
früherer Dichter in sanftem Hang nach Kastalia abfällt
(Georg. 3, 291–293).

Vergils und auch Maecenas' Absicht tritt hier klar zutage: immer lassen sie sich leiten vom Bestreben nach Ruhm, nach Preis, ja sogar nach heiligmäßiger Verehrung ländlicher Tätigkeiten, der *ganzen* Landwirtschaft, auch wenn man aus politischen oder philosophischen Gründen Vorbehalte gegen eine übertriebene Ausweitung des Weidelandes anmelden kann. Ihre Absicht zielt nicht auf die Politik, sie ist poetischer Natur. Vollständige Georgica, die keinen Hauptaspekt des Landlebens vernachlässigen, sind geeignet, das italische Bauerntum mit Glanz und Gold zu überziehen. Auf diese Weise wird ein Stück des von Maecenas und Octavian aufgestellten Programms verwirklicht: die Wiedergewinnung der römischen *dignitas* und ihr Lobpreis.

Man hat jüngst den Inhalt der Georgica mit einem Satz Ciceros in Verbindung gebracht, den dieser dem alten Cato in den Mund legt, als er eine Lobrede auf den Ackerbau hält: «Nicht nur die Saaten, die Wiesen, die Weinberge und Gehölze machen das Landleben zum Vergnügen, sondern auch Gemüse- und Obstgärten und dann die weidenden Herden, die Bienenschwärme, die Vielfalt der Blumenpracht» (Cato Maior 54)[7]. Es ist zwar höchst fraglich, ob Vergil in diesem Satz den Plan für sein Gedicht vorgefunden hat; immerhin muß man die offensichtliche Verwandtschaft zwischen dem Cato zugeschriebenen Ausspruch und der Empfindung festhalten, die die Georgica beseelt – mit einem Unterschied allerdings. Was für Cicero eine Quelle des Vergnügens ist, eines Vergnügens, das aus der Fülle entsteht, ist hier ein Gegenstand des Ruhms, der, dank der Dichtkunst, mit einem Gepränge umgeben wird, wie es sonst nur Gegenständen zukam, die durch die griechische Dichtung geheiligt waren.

Natürlich hatte schon Theokrit dargetan, daß Schaf- und Ziegenhirten in der Welt der Dichtung keine Fremdlinge waren, und Vergil wußte dies besser als jeder andre, weil er einst auf denselben Pfaden gewandelt war. Aber die bukolische Dichtung ist eine niedere Gattung, die dem Dichter nur mittelmäßigen Ruhm einbringen kann. Hier aber obwaltet auf Anraten des Maecenas eine ganz andre Absicht: das hier vorgelegte Gedicht soll zur epischen Gattung gehören, der einzigen, die wahrhaft Unsterblichkeit verleiht. Und damit keiner sich von Anfang an falschen Vorstellungen hingibt, paraphrasiert er im Proömium des dritten Buchs in Anwendung auf sich selbst eine der selbstbewußtesten und berühmtesten Aussagen des Ennius, des «Vaters» der römischen Epik:

... Drum muß ich auf neue *Bahnen mich wagen,*
daß ich empor mich schwinge als Sieger im Munde der Menschheit
(Georg. 3, 8/9).

Ennius hatte in seiner Grabinschrift in bezug auf seinen eigenen Ruhm gesagt: «Ich fliege, lebendig, von Mund zu Mund bei den Männern.» Hierein setzt auch Vergil sein persönliches Streben und seinen Ehrgeiz: in diesem umgestalteten Italien, in diesem neuerwachenden Rom, die da im Kommen sind, wird nichts mehr den erhabensten Schöpfungen der Griechen nachstehen: Pales, der Hirtengott (oder ist's eine Göttin) vom Palatin, wird Apoll zur Seite gestellt, die italischen Waldgebirge kommen dem vielgerühmten Lykaios gleich.

Bemerkenswert ist, daß Vergil im ganzen dritten Gesang der Georgica fast völlig darauf verzichtet, italische Landschaften zu erwähnen und statt dessen griechische Örtlichkeiten nennt: Kithairon, Taygetos, Epidauros oder die Ebene von Argos, wo es eine berühmte Pferdezucht gibt. So wächst den Pferden, die von italischen Bauern oder besser Großgrundbesitzern gezüchtet werden, die Ehre zu, für die Olympischen Spiele bestimmt zu sein. Es fällt nicht schwer, an den Ruhm der in Griechenland geborenen und aufgezogenen Rennpferde zu erinnern. Von Homer bis Pindar wurden sie in der Sage ebenso wie in der Wirklichkeit der Großen Spiele mit Ehren überhäuft.

Wenn es sich um Herden von Stieren oder Färsen handelt, versetzt Vergil sie in die entferntesten Landstriche Italiens: in den Wald von Sila tief in Bruttium, dem heutigen Kalabrien, oder in die wilden Gebirge, die das Hinterland von Lukanien bilden, beinahe verlassene Gebiete, wo Ackerbau unmöglich ist. Und bald gleitet der Blick in noch weitere Fernen: die liebestollen Stuten streifen durch Bithyniens Ebenen, am Rand des Weltreichs; man findet sie auch in Böotien, wohin die Sage sie längst schon versetzt hatte. Doch niemals haben sie als Umwelt die Berghänge Italiens. Die Ziegen weiden in den Wäldern des Lykaios, auf der Peloponnes, in jenem Arkadien, wo Gallus und die Dichter der Ekloge, ja

Vergil selbst ihr Lied ertönen lassen. Diese Hirtenwelt dehnt sich ins Grenzenlose, erstreckt sich weit über Italiens Grenzen bis ans äußerste Ende der Welt. Daraus erklärt sich vielleicht, weshalb Vergil in die Mitte dieses Gesangs zwei einander entsprechende Schilderungen gestellt hat: das Leben der Hirten in Libyen, das heißt der nomadisierenden Hirten Afrikas, der Cyrenaika und des südlichen Tunis, und das der Hirten Skythiens, in den Ebenen, die sich nördlich des Schwarzen Meers in endloser Weite bis zum Pol erstrecken. In diesen beiden Weltgegenden, wo das Leben der Menschen sich nicht so harmonisch und glücklich entfalten konnte wie unter dem italischen Klima, stellt Viehzucht die einzig mögliche Form der Landwirtschaft dar. Libyen ist das Land sengender Hitze, Skythien das von Schnee und Eis. Die Tierhaltung erscheint hier also als eine primitive Lebensform, nicht weit entfernt von ursprünglichem Barbarentum: *gens effrena* sagt Vergil, «ein undiszipliniertes Volk». Auf diese Weise wird die Unterlegenheit der Tierhaltung gegenüber dem Ackerbau deutlich gemacht, und man kann nur die Übereinstimmung zwischen Vergil und den eben angeführten Worten Varros festhalten. Der Gegensatz wird unterstrichen durch das Bild der italischen Bauern, wie es uns in den beiden ersten Gesängen der Dichtung gezeichnet wurde. Nichts in Libyen oder Skythien läßt sich mit den mittelitalischen Städtchen vergleichen, außer rudimentären Lebensweisen. Natürlich ist das Hirtenleben Teil des Gesamtbildes der Landwirtschaft, in den Georgica so gut wie in der realen Welt der «Angelegenheiten des Landes», den *res rusticae,* aber Vergil fügt seine Schilderung nicht wirklich in das Gesamtbild ein, das er von den landwirtschaftlichen Tätigkeiten zeichnet; das Hirtenleben hat nicht denselben Wert, dieselbe kulturelle Funktion wie die übrigen Anbauformen. Es ist in ein fernes unscharfes Dämmerlicht getaucht, sei es daß der Dichter es jenseits der Meere ansiedelt oder in der Sagenwelt, sei es daß er es, wenn er es nach Italien versetzt, fern der Dörfer in die nebligen Höhen des Apennin oder in die wilden Landstriche des Südens verbannt, von denen man zwei Jahrtausende später sagen wird, daß Christus bis dort und nicht weiter gelangte.

Es ist offensichtlich, daß Vergil den Hirten gegenüber nicht die gleichen Gefühle hegt wie gegenüber den Ackerbauern. Die Lebensweise der einen ist von der der andren zu verschieden. Während die sorgfältige Bewirtschaftung der Felder sich in einen

Entwicklungsprozeß einfügt, der den menschlichen Geist durch die ihm abverlangte Selbstverleugnung zur Weisheit führt und zuvor ein klares Bewußtsein seiner Bedingtheit hervorruft, stellt die Tierhaltung mit dem Nomadendasein, das sie ermöglicht, eine Art Rückschritt in der Menschheitsgeschichte und ihrem Aufstieg zu geselligem Dasein dar.

Aus all diesen Gründen muß der dritte Gesang, der von den Hirten handelt, auf den Nimbus der Sage und des Exotischen zurückgreifen, um einen Gegenstand zu verherrlichen, der bis dahin noch nie im epischen Versmaß besungen worden war. Und auch Vergil kann sich der Vorstellung nicht entziehen, daß das Leben der Hirten an den Rändern der Zivilisation angesiedelt ist. Es erstaunt daher nicht, daß die Tiere einen breiteren Raum einnehmen als die Menschen. Der Dichter interessiert sich vor allem für die Empfindungen, die er bei den ersteren entdeckt, und für das tiefe Mitgefühl, das sie mit ihm verbindet. Der Ratschlag des Maecenas, der darauf abzielte, aus den Georgica ein getreues Abbild der zeitgenössischen Landwirtschaft zu machen, um dieser so ganz italischen und römischen Tätigkeit eine bislang unbekannte Ehrung angedeihen zu lassen, wurde von Vergil in unvorhergesehener Weise befolgt: die Vorschriften, die er den Tierzüchtern erteilt, sind für ihn zweitrangig; das, was ihn interessiert und was er ganz ins Bewußtsein rücken möchte, ist das Auftreten des Geistes in der von Menschen für ihre Zwecke dienstbar gemachten Natur.

Ein Lehrgedicht schreiben

Je mehr sich dieses Epos der Schöpfung entfaltet, desto weiter entfernt sich Vergil von den gebahnten Pfaden, und die Schwierigkeiten steigern sich und nehmen mit jedem Schritte zu. Die Vorschriften des ersten Gesanges reihen sich noch leicht aneinander nach dem Vorbild Hesiods in seinen «Werken und Tagen», Weinstock und Ölbaum genießen noch ein gewisses dichterisches Ansehen, das ihnen die Ursprungslegenden und ihre Schutzgottheiten verschaffen: Dionysos-Bacchus dem Weinstock, Minerva-Pallas dem Ölbaum – der Viehzucht aber fehlt es an solcher Auszeichnung. Sie wird in der griechischen Mythologie kaum erwähnt. Zwar hat Apoll die Herden des Admetos gehütet, doch war das eine ihm von Zeus auferlegte Strafe für den Mord an

Asklepios, und diese Episode aus dem Leben des Gottes galt als ein nicht sehr rühmlicher Zwischenfall. Herkules hat die Rinder des Geryones von den Hesperiden mitgebracht und nach Griechenland getrieben, wobei sein Weg ihn durch Italien und über Rom führte. Vergil erwähnt diese Tat im achten Buch der Aeneis, aus einem ganz besonderen Anlaß allerdings, der zur Zeit der Arbeit an den Georgica noch nicht existierte. Hermes hat sich als Hirtengott kaum durch mehr betätigt, als daß er ein verirrtes Schaf auf seinen Schultern trug. Damit ist das «poetische Register» der Viehzucht aber schon so ziemlich erschöpft; man bleibt dem engen und bescheidenen Kreis der Eklogendichtung verhaftet. Vergil mußte also, wollte er der Bitte des Maecenas nachkommen, etwas ersinnen und, wie er selbst es wiederholt ausdrückt, dem Reich der Poesie neue Provinzen hinzuerobern. Die Aussicht auf solche Eroberungen war gewiß verlockend, doch die dafür erforderlichen Mittel lagen nicht plan zutage. Der Präzedenzfall Varro war verpflichtend; wie er, so mußte man den Viehzüchtern genaue Anweisungen geben, doch gleichzeitig sollte ein Epos entstehen, es sollte also das Aussehen einer guten Milchkuh oder eines Zuchtrindes dargestellt werden, aber das Ganze in Versen des erhabenen Stils. Zahlreiche Vorschriften und Anweisungen im dritten Gesang entstammen Varros Schrift, die jüngst erschienen war. Möglicherweise hat übrigens gerade die Tatsache, daß dieses Buch im Jahre 37 v. Chr. ein aktuelles Thema war, weil es eine Übersicht über alle Zweige der italischen Landwirtschaft bot, Maecenas zu dem Ratschlag an Vergil veranlaßt. Aber nichts ist vom epischen Tonfall weiter entfernt als ein Lehrbuch, bei dem Ackerbaukunde einhergeht mit Veterinärkunst. Wie hat Vergil dieses Problem gelöst?

Wir haben dargetan, was für Gründe den Dichter bewogen haben, alles, was die Viehzucht betrifft, in eine von selbst poetische graue Vorzeit zu verlegen. Des weiteren wird die Reihe der Vorschriften durch episodenhafte Szenen und bildhafte Schilderungen aufgelockert. Die ersteren sind in den Gesang verwobene Erzählungen, die weite Aussichten eröffnen. Wir erwähnten schon die beiden einander entsprechenden Berichte vom Dasein der Hirten in Libyen und Skythien sowie das Schlußbild des dritten Gesangs, die Pest in Noricum: mehr als 100 Verse von den 566 des dritten Buchs sind dieser, mehr als 40 in der Mitte des Gesanges dem Leben in Libyen und Skythien gewidmet. Im vierten

Buch, so werden wir gleich zeigen, ist der Anteil der Episoden noch größer.

Die nach der alexandrinischen Dichtungslehre vom Epos untrennbare Mythologie wird meist nur durch sehr kurze Wiedergaben von allgemeinbekannten Erzählungen zur Illustration der Beschreibung heraufbeschworen. So begnügt sich Vergil zum Beispiel, als er von der Liebe als der die ganze Natur beherrschenden Macht spricht, damit, kurz und ohne Namensnennung die heldenhafte Unternehmung Leanders zu erwähnen, der jede Nacht, auch wenn es stürmte, ans andre Ufer des Hellespont zu seiner Geliebten, Hero, schwamm. Seine Liebe trieb ihn zu diesem Tun; schließlich ging er zugrunde, und Hero entleibte sich in ihrem Schmerz. An andrer Stelle tauchen schattenhaft die Reitpferde von Kastor und Pollux auf oder jene Pferde vor dem Wagen des Achill, die bekanntlich die Gabe der Weissagung besaßen, oder das in der Ilias erwähnte Doppelgespann des Ares oder das göttliche Roß, das niemand anders als Saturn ist, der sich in ein Pferd verwandelte, um den Nachstellungen seiner eifersüchtigen Gattin Rhea zu entgehen, als seine Liebeshändel mit Philyra ruchbar zu werden drohten; deshalb brachte diese dann die Zentauren zur Welt, halb Menschenwesen, halb Tiergestalt.

Bei den Pferden war es noch ein leichtes, sie vor einen mythischen und epischen Hintergrund zu stellen. Denn bei ihnen handelt es sich um edle Tiere, sei es, daß sie sich als Streitroß im Kriege hervortun, sei es, daß sie als Rennpferde im Wettlauf um die Siegespalme kämpfen. Aber was macht man mit den Kühen? Im griechischen Mythos tritt nur eine auf, die Tochter des Inachos – von den Proteustöchtern, die sich im Wahne selbst für Kühe hielten, und von Pasiphaës Liebe zu einem Stier war schon in der sechsten Ekloge die Rede, und Vergil wollte das hier nicht wiederholen. Io, die Tochter des Inachos, wurde von Zeus geliebt und in eine Kuh verwandelt, um sie der rachsüchtigen Hera (Juno) zu entziehen. Es ist bekannt wie sie, erst vom hundertäugigen Argos bewacht, dann von einer sie ständig mit Stichen peinigenden Bremse getrieben, den ganzen Orient durchirrt hatte, bis sie nach Ägypten gelangte und mit dem Namen Isis unter die Götter aufgenommen wurde – wenn sie nicht gar am Ende noch in ein Gestirn verwandelt wurde. Diese Sage war allen Lesern Vergils geläufig, sogar im Hause des Augustus auf dem Palatin gab es ein heute noch zu besichtigendes Bild von ihr – im sogenannten «Haus der

Livia». Der Dichter bedient sich ihrer auf höchst unerwartete Weise, indem er den Viehzüchtern einschärft, die trächtigen Kühe vor Bremsen zu schützen und sie so vor Ios Qualen zu bewahren.

Neben diesen Anspielungen auf den «Mythenadel», der auf die bescheidenen Gegenstände des Buches einen Abglanz der großen Heldendichtung wirft, hat Vergil auch auf ein andres bei den Alexandrinern und ihren Schülern, den «modernen Dichtern», beliebtes Verfahren zurückgegriffen, nämlich auf die realistische Erzählung und auf Genreszenen. Bisweilen handelt es sich nur um die Ausmalung von Angaben, die er aus technischen Abhandlungen oder von andren Dichtern bezieht, wie bei der furchterregenden Beschreibung der kalabrischen Schlange. Wüßte man nicht, daß das Wesentliche dieser Darstellung einem griechischen Gedicht Nikanders, der anderthalb Jahrhunderte vor Vergil lebte, entstammt, dann wäre man geneigt anzunehmen, daß er das Untier mit eigenen Augen gesehen habe. Doch in die Schilderung des Frühlings, der dem Groß- und Kleinvieh die Bahn freimacht zum Zug auf die Bergweiden, mischen sich unverkennbar persönliche Erinnerungen:

... dann mit des Lichtbringers frühem Gestirn durch kühle Gefilde
wollen wir weiden, wenn jung noch der Morgen, silbern das Gras und
– köstlich dem Vieh! – der Tau noch perlt auf zartgrünen Halmen.
Wenn dann mählich den Durst die vierte Stunde geweckt hat,
und schrill klagenden Lieds im Buschwerk zirpen die Grillen,
sollen am Brunnen oder an tiefen Weihern die Herden
trinken aus Eichenholzröhren die silbern rinnende Welle.
Glüht aber siedend der Mittag, dann suche ein schattiges Tal dir,
wo die gewaltige Eiche des Jupiter, uralten Stammes,
weithin wölbt ihr Dach, wo Steineichen dicht und dunkel
ragen im dämmrigen Hain, von heiligem Schatten umschauert;
dann gib frisches Wasser aufs neu und weide sie wieder
bis zum Sinken der Sonne, wenn kühl durch die Lüfte der Abend
atmet, der tauige Mond die Wälder erquickt, vom Gestade
hallt des Eisvogels Schrei, der Stieglitz ruft aus dem Dornstrauch
(Georg. 3, 324–338).

Die Darstellung heiliger – oder von der Dichtkunst geheiligter – Haine ist ein Thema, das seit den «Argonautika» des Apollonios von Rhodos von keinem Epos übergangen wird. Die «modernen Dichter» haben diesen Topos aufgegriffen, und Horaz spottet in seiner *«Ars poetica»* über diejenigen, die ihn bedenkenlos einsetzen, indem sie bald hier, bald da die Beschreibung eines Regenbogens oder des Rheins einfügen, und er zieht daraus den Schluß:

Hier gehört es nicht hin. Auch magst du trefflich Zypressen
abkonterfein; doch zahlt Honorar der Besteller des Bildes,
um sich dem Wrack eines Schiffes entsteigen zu sehen ...

(Epist. 2, 3, 19–21).

Den Zeitgenossen gefiel derlei «Schmuckwerk». So kann man im Hause des Augustus, unweit des Bildes mit der von Argos bewachten Io, ein andres Wandbild besichtigen, das eine dieser «Kunstlandschaften» zum Gegenstand hat: ein Steg über einem Bächlein, in dem Enten schwimmen, das Ganze in einem Hain, den irgendein dort befindlicher ländlicher Altar in ein Allerweltsheiligtum verwandelt. Der «Tageslauf eines Hirten im Gebirge», den wir vorhin zitiert haben, lebt noch aus andren Quellen als aus der abwechslungsreichen Schilderung und der stilistischen Raffinesse, die eine Übersetzung nur schwer wiederzugeben vermag. Er zeugt von persönlicher Betroffenheit, von einer für Vergil charakteristischen Natursicht, auf die wir schon in der einen oder andren Ekloge gestoßen waren. Hier fügt sich das Bild aber nicht mehr in den Rahmen einer Idylle, sondern in eine breitangelegte Darstellung, die die ganze Natur umfaßt.

Hier haben wir eines der Wesensmerkmale des vergilischen Epos, das seine eigene Form sucht; ein Modell dafür gibt das lukrezische Lehrgedicht «Über die Natur» ab, das Vergil, wie gesagt, genau bekannt war. Abschweifungen, episodenhafte Szenen, bildhafte Schilderungen, kurze nur der Ausschmückung dienende Anspielungen auf die Mythenwelt und der Natur entnommene Motive: das hatte es in der lateinischen und griechischen Dichtung immer schon gegeben. Diese Dinge überlagerten das epische Gewebe, aber sie bildeten es nicht erst. Lukrez nun schuf ein episches Universum, das die von uns genannten Topoi nicht ausschließt, dessen Grundgefüge aber nicht wie in den traditionellen narrativen Epen auf einem Geschehensablauf und den Taten eines Helden – Achills, des Odysseus, Alexanders des Großen oder Caesars – beruht, sondern auf einer Gesamtschau der Schöpfung, und Vergil wurde sich allmählich dessen bewußt, daß ihn angesichts des Landlebens ein ähnliches Bestreben beseelte. Das Gedicht des Lukrez hatte einen gangbaren Weg zu den höchsten Gipfeln der Dichtkunst gewiesen. Eben deshalb ahmt Vergil in den Georgica Lukrez nach oder, genauer, er ist sein Fortsetzer, der über das von diesem Erreichte hinausgelangt.

Von Lukrez also bezog er die Grundstrukturen der Georgica,

die Korresponsion der aufeinander bezogenen Prologe und Epiloge, den Lobpreis eines Helden, von dessen Tun und Denken das Glück der Menschen abhängt – bei Lukrez ist es Epikur, bei Vergil Octavian; aus Lukrez stammen die großen Gemälde, von denen wir die Pest von Athen und die Viehseuche in Noricum erwähnt haben, und auch der Gebrauch gängiger Symbole bei der Darstellung von Naturereignissen, wenn sie über eine bloße Feststellung von Fakten hinausgehen soll. So hatte Lukrez im ersten Buch geschrieben:

Endlich die Regenergüsse verschwinden zwar, wenn sie der Vater
Äther zum Mutterschoße der Erde befruchtend hinabschickt ...
(250/51),

was dann bei Vergil im Anklang daran lautet:

Jetzt in fruchtbaren Schauern steigt allmählich der Vater
Äther hinab in den Schoß der jubelnden Gattin ...
(Georg. 2, 326/27)

– was wahrhaft ein Bild des Frühlings ist. Von Lukrez wird Vergil der Weg gewiesen, wie man über bloße Beschreibungen und Genrebilder hinaus zu Schilderungen gelangt, bei denen die Gemälde als Vermittler philosophischer Absichten dienen. Daß Lukrez das Denken Vergils und seine Weltsicht beeinflußt habe, ist bekannt und von uns auch bereits erwähnt worden; wichtig in diesem Zusammenhang ist, daß er ihm eine für eine Lehrdichtung geeignete Sprache darbot, die, wie man dargetan hat[8], ebenso didaktisch wie episch ist. Von frühester Zeit an stand für die Antike fest, daß jeder literarischen Gattung auch eine ganz bestimmte Sprechweise, ein bestimmter Stil, zukomme, der ihre «Tonlage» ausmache. Lukrez weiß, daß er ein Wegbereiter ist. Das Proömium des vierten Buchs spricht davon, und wie Vergil ruft er aus:

Unwegsame, von niemand betretne Musengefilde
will ich durchwandern ... (1–2).

Lukrez hatte seine Sprechweise am Vokabular, an der Syntax, bisweilen an den Metaphern des Ennius geformt, an einem ganzen Arsenal der Dichtkunst, das er durch den griechischen Wortschatz der epikureischen Philosophie und, an einigen Stellen, durch die Sprache hellenistischer Kosmogoniedichtungen, insonderheit der des Empedokles, erweiterte. Vergil, der sich in seinen

Lehrjahren am epikureischen Denken geschult hatte und gewiß ein begeisterter Lukrezleser war, fand in dem Lehrgedicht «Über die Natur» ein Vorbild, das ihm dazu verhalf, den «niederen» Stil der Eklogen zu überwinden und sich rasch hinaufzuschwingen bis zu einem Epos über das Landleben.

Wir können hier nicht alle Stellen ausbreiten, an denen Vergil Lukrez sprachlich oder gedanklich gefolgt ist. Ein einziges Beispiel möge genügen. Im dritten Buch der Georgica beschreibt Vergil die mächtige Wirkung der Liebe:

Jedes Geschlecht auf Erden, die Menschen, die Tiere der Wildnis,
Meerbewohner und Hausvieh und buntgefiederte Vögel,
alle rasen vor Glut. Gleich stark packt alle die Liebe
(242–244).

Das klingt wie eine Zusammenfassung der ersten Verse des Proömiums zum ersten Buch der Dichtung des Lukrez:

Mutter der Äneaden, die Wonne der Menschen und Götter,
lebenspendende Venus: du waltest im Sternengeflimmer
über das fruchtbare Land und die schiffedurchwimmelte Meerflut
(1–4).

Was bei Vergil wie ein zur Belebung des Hirtenbuchs eingeschobenes Zierstück klingt, ist eine bewußte, wohlerwogene Anspielung auf Lukrez; der epische Tonfall wird bei beiden durch ein ähnliches Vokabular und eine vergleichbare Versmelodie, aber auch durch die ihnen beiden gemeinsame Überzeugung erreicht, daß die gleichen Grundkräfte auf alle Lebewesen einwirken. Diese Überzeugung, der wir anderwärts schon begegnet sind, erweist sich als das eigentliche Triebwerk dieser Dichtung, deren Werden in den acht bis neun Jahren der Abgeschiedenheit wir zu fassen suchen, als Vergil sich im Verlauf der Arbeit an dem Werk seiner eigenen Ansichten gewiß wird. Ausgangspunkt dafür scheint uns in erster Linie das zu sein, was Thema des dritten Gesangs ist, weshalb wir ihm in unserer Rekonstruktion auch einen so breiten Raum zugemessen haben. Darauf folgt der Gesang von den Bienen, das vierte Buch, das seinerseits auch nicht geringe Schwierigkeiten aufwarf. Weshalb überhaupt die Bienenzucht in eine Schilderung der Landwirtschaft aufnehmen?

Das Thema kam im dritten Buch von Varros Abhandlung vor. Hat sich Vergil deshalb seiner angenommen – in dem Bestreben, möglichst vollständig zu sein? Indes, andre ebenso bedeutsame, ja im Wirtschaftsleben der *villae rusticae* viel wichtigere

Landwirtschaftszweige hat er beiseite gelassen. So werden die Gemüsegärten nur gestreift in Verbindung mit einer Lebensform, der des «alten Mannes aus Tarent» (Georg. 4, 125–148), die von dem Leben der Großgrundbesitzer und ihres Wortführers Varro weit entfernt ist. Vergil hat, und zwar vollständig, «moderne», von Varro für besonders einträglich erklärte Arten von Viehhaltung beiseite gelassen: Vogelzucht in großen Volieren, die seit einigen Jahren in Mode gekommenen Wildgehege und dann die ausgedehnten Fischweiher, in denen man Fische zog, um das ganze Jahr bequem damit versorgt zu sein. Bekanntlich hat Cicero die Senatoren, die sich mehr um ihre Fischgewässer als um die öffentlichen Angelegenheiten kümmerten, als *piscinarii,* als Fischereifanatiker, bezeichnet. Vergil hätte auch von Blumengärten reden können – war das doch in einer Zeit, wo die Gäste beim festlichen Mahle Blumengewinde trugen, wie ein in griechischen Landen vermutlich nach ägyptischem Vorbild verbreiteter Brauch wollte, ein notwendiger und lukrativer Wirtschaftszweig. All das hat Vergil nicht gebracht, und Columella kann mit diesen Gegenständen später ein ganzes Buch füllen und so Vergil weiterführen.

Mit der Wahl der Bienen wollte Vergil vermutlich – wie wir schon dargelegt haben – zur höchsten Stufe in der Hierarchie der immer höheren Lebensformen gelangen. Und sie ermöglichte ihm auch den Zugang zu einer Form mythologischer Dichtung im Geiste der Alexandriner, die ihm sehr am Herzen lag.

Der vierte Gesang atmet am stärksten den Geist der Alexandriner. Er enthält die größte Anzahl von Abschweifungen und epischen Erzählungen. So wie er uns heute vorliegt, bietet er das vollkommenste Beispiel dieser von den neueren Gelehrten als Epyllia (dies ist eine Verkleinerungsform von Epos) bezeichneten «Kurzepen», die Kallimachos und seine Schule so sehr schätzten: eine brillant erzählte Wiedergabe eines wenig bekannten Mythos. Catull hat mit dem berühmten 64. Gedicht, der Hochzeit von Thetis und Peleus, ein Modell dieser Gattung in lateinischer Sprache hinterlassen. In seiner Mitte enthält es in der Beschreibung einer gestickten Decke die Schilderung der von Theseus auf Naxos ausgesetzten Ariadne, welcher sich Dionysos naht, der ihr, nachdem er sich mit ihr vermählt hatte, die Unsterblichkeit eines Gestirns verlieh. Das «Kleinepos», welches den vierten Gesang der Georgica in ihrer endgültigen Fassung beschließt, die

Geschichte von Aristaeus, von seiner Mutter, der Meernymphe Kyrene, vom Gotte Proteus, der dem Silen der sechsten Ekloge aufs Haar gleicht, von Orpheus und Eurydike kann durchaus mit Catulls Epyllion verglichen werden. So wie sich bei Catull die Vermählung von Dionysos und Ariadne als Zwischenhandlung innerhalb einer andren, ihr als Rahmenerzählung dienenden Geschichte darbietet, so wird der Mythos von Orpheus und Eurydike eingerahmt von den Erlebnissen des Aristaeus, eines ursprünglich thessalischen, inzwischen aber «eingebürgerten» und durch einen Kult in Arkadien geehrten Hirtengottes, der seiner Bienen durch eine Epidemie verlustig ging und nun den Meeresgott Proteus nach den Gründen dieses Unheils befragt. Proteus enthüllt ihm, daß er selbst der Verursacher sei, da er ungewollt Schuld habe am Tode von Eurydike. Daraufhin kann Kyrene ihrem Sohn Anweisungen geben, durch welche Sühnehandlungen er wieder zu Bienenvölkern kommen könne. Die ausführliche Geschichte mit ihrer Doppelerzählung gemahnt deutlich an volkstümliche Erzählkunst vom griechischen Roman bis «Tausendundeine Nacht». Im vierten Gesang der Georgica beansprucht diese Rahmenerzählung 241 von 565 Versen, mithin 43 Prozent vom Gesamtumfang des Buches.

Eine antike Überlieferung berichtet, daß dieser Abschluß nicht das ursprüngliche Ende des vierten Gesangs der Georgica darstellte. Eine erste Fassung enthielt nach Mitteilung des Vergilkommentators Servius in der zweiten Hälfte des Gesangs eine Huldigung an Gallus. Nachdem dieser jedoch in Ungnade gefallen war und im Jahre 26 v. Chr. Selbstmord begangen hatte, habe Augustus den Dichter gebeten, diese Huldigung zu tilgen; und Vergil habe die Verse durch die ineinander verschachtelten Mythen von Aristaeus und von Orpheus ersetzt. Die modernen Erklärer haben sich bemüht, den ursprünglichen Inhalt des Gesanges herauszubekommen, ein reichlich kühnes Unterfangen. Man kann nur hervorheben, daß sich die Huldigung an Gallus, die sich noch in der Dichtung befand, als Vergil diese Octavian und Maecenas im Jahre 29 vortrug, ganz zwanglos an eine ägyptische Thematik anschloß, mit der die Vorschriften zur Heilung von Bienenkrankheiten und zur Wiederherstellung der Bienenvölker enden: um neue Bienen zu gewinnen, müsse man unter Beachtung von allerlei Beiwerk einen Stier verwesen lassen; aus seinem Fleisch entstünden die Insekten. Dieses Verfahren werde von den ägyptischen Imkern angewendet. Vergil ist nicht der einzige, der die seltsame Prozedur in Ägypten ansiedelt. Plutarch spielt in der «Lebensbeschreibung des Spartanerkönigs Kleomenes» ebenfalls darauf an, wo ägyptische Weise auftreten, die gelehrt auseinandersetzen, jeder verwesende Körper bringe Tiere hervor, und dabei auf das Beispiel der bei der Verwesung von Stieren entstehenden Bienen verweisen, so wie Schlangen aus dem in Auflösung begriffenen Fleisch des Menschen entstünden. Man stößt hier auf uralten afrikanischen Aberglauben.

An diese Stelle anknüpfend, so darf man sich die Sache vorstellen, hat dann Vergil eine Huldigung an Gallus eingefügt und ein Bild jener ägyptischen Welt entworfen, die soeben von Octavian unter tatkräftiger Mitwirkung des Gallus erobert worden war. Gallus hatte an der Spitze der Streitmacht gestanden, die durch die Cyrenaika nach Alexandrien vorgerückt war und die Einkreisung der Stadt ermöglicht hatte, und er war hernach im Land verblieben, um als «Präfekt» im Auftrage Octavians die Ordnung im Lande herzustellen. Und ab 29 hatte er, wie aus Inschriften ersichtlich, Strafexpeditionen bis an die Ufer des Roten Meers geleitet. Er trug damals den Titel «Präfekt von Ägypten» und rief damit eine im Kaiserreich einmalige Situation ins Leben. Octavian, der nun bald Augustus heißt, ist der direkte Nachfolger der Pharaonen, er ist König von Ägypten, das de facto von einem Manne regiert wird, der nur ihm untersteht. Wie war nun die Rolle beschaffen, die Gallus nach 29 in Ägypten gespielt hat? Wir wissen es nicht; es ist nicht ausgeschlossen, daß er ab Ende 29 nach Rom zurückkehrte[9]; aber im allgemeinen tendiert man eher zu der Meinung, er habe Octavian gegen sich aufgebracht, weil er sich dort mehr als Herr, denn als Abgesandter eines Herrn aufgeführt habe. Vielleicht gab es auch noch andere Gründe. Wir wissen nur, daß Augustus, wahrscheinlich im Jahre 27, Gallus offiziell die Freundschaft aufkündigte – was ein in den Kreisen des römischen Adels häufig angewandtes Verfahren war – und daß dieser angesichts der feindseligen Haltung des Senats seinem Leben ein Ende setzte. Dies führte, wie gesagt, dazu, daß Vergil die Lobrede *(laudes)* auf Gallus am Ende der Georgica wegließ. Das setzt voraus, daß die Lobrede zu den militärischen und politischen Leistungen des Gallus in Beziehung stand[10], und man kann sich gut vorstellen, daß Vergil, durchaus zur Zufriedenheit Octavians, bei dieser Gelegenheit die jüngst vergangene Eroberung Ägyptens und seine «Besitzergreifung» durch Gallus im Namen des Siegers von Actium preisend hervorgehoben hat – eben all das, was dann in dem Triumphzug gefeiert wurde, der im August 29 auf die Lektüre der Georgica und ihre Präsentation vor dem Triumphator folgte. Je außergewöhnlicher Kleopatras Königreich, das Land der Wunder und der Geheimwissenschaften, erschien, desto großartiger mußte der Eroberer wirken.

Daß für diesen Lobpreis die Wahl auf Gallus fiel, rechtfertigt sich noch auf andre Weise. Zuerst um der Ausgewogenheit der Dichtung willen: von Anfang an stand sie unter dem Schutz des Maecenas. Sie konnte mit einer Anrede an Gallus enden, die in gewisser Weise ein Gegenstück zu den Anreden an Octavians Ratgeber im übrigen Gedicht darstellte. Beide hatten ausgiebig daran mitgewirkt, «die zerrüttete Welt zu retten», wie Vergil am Ende des ersten Buchs im Schlußgebet an Octavian sich ausdrückt. Und über den beiden «Freunden» erhebt sich ganz oben im Giebelfeld des Heldentempels die Gestalt des jugendlichen Siegers. Es war außerdem mehr recht und billig, daß Vergil im besonderen der Unterstützung gedachte, die Gallus ihm während der Abfassungszeit der Eklogen zuteil hatte werden lassen und daß er an hervorragender Stelle die literarische Verwandtschaft mit einem Freunde, dessen ästhetische Ansichten er teilte, hervorhob. So entfaltete sich also der vierte Gesang, der in zwei Empfindungen seinen Höhepunkt erlebte: in der Freundschaft und dem Ruhm. Das Ganze ist ein durchsichtiges Symbol für das Bild, das man von der nach dem Sieg von Actium eingeführten Herrschaftsform geben wollte. In einer Welt des Friedens verkörperte sich das siegreiche Rom in der Person des Augustus. Die alten italischen Tugenden werden glorifiziert; ihnen verdankt Rom seinen Triumph, und dieser ist zugleich ein Triumph des Herkules und der Musen.

Die Streichung der dem Gallus gewidmeten Verse, sein Verschwinden vom Schauplatz der Georgica, bezeichnet das, was man gewöhnlich «Wende des Regimes» nennt. Jetzt ist nicht mehr die Zeit des Maecenas, jetzt ist die Zeit des Augustus da.

Aber der Mythos des Aristaeus, durch den Vergil die Huldigung an Gallus ersetzt, enthält keinerlei politische Symbolik, er ist von reinstem Alexandrinergeist. Zur Zeit seiner Abfassung ist Vergil fast vollständig von der Arbeit an der Aeneis mit Beschlag belegt, wenn man annimmt, daß diese Umarbeitung einer Episode von 241 Versen während eines Teils des Jahres 25 stattfand – wir haben ja gesehen, daß Vergils Arbeitsmethode ihm täglich nur eine geringe Anzahl von Versen zu schreiben ermöglichte. Um diese Zeit war Vergil mit dem zentralen Geschehen seiner Dichtung, dem Gang in die Unterwelt, beschäftigt. Und um einen Gang in die Unterwelt, um eine «Katabasis», wie die Gelehrten sagen, handelt es sich auch bei dem Mythos, der hier in die Geschichte der abhandengekommenen Bienenvölker eingefügt ist. Einige Anzeichen lassen erkennen, daß die beiden Erzählungen nicht unabhängig voneinander zu denken sind: die Schilderung der Schatten, die am Ufer des Unterweltflusses dicht gedrängt herumschweben, ist in beiden Abschnitten gleichlautend; dieselben Verse werden wortgetreu wiederholt:

Mütter und Gatten und Leiber, gewaltige, adliger Recken,
nun dem Leben entrückt, und Knaben und bräutliche Mägdlein,
Jünglinge auch, auf den Holzstoß gebahrt vor den Augen der Eltern
(Georg. 4, 475–477 = Aen. 6, 306–308).

Der Gedanke, es habe sich hier nicht um ein gewolltes Selbstzitat, sondern um vorläufige «Füllverse» gehandelt, die bei jener dem Dichter nicht mehr vergönnten Schlußüberarbeitung der Aeneis ausgemerzt worden wären, ist nicht von der Hand zu weisen. Doch ebenso und sogar mit größerer Wahrscheinlichkeit darf man mutmaßen, daß Vergil diese Bilder, die er für besonders erschütternd und eindrucksvoll hielt, mit Bedacht wiederholte: Sie bilden eine Brücke zwischen den beiden Dichtungen: des Orpheus Abstieg ins Totenreich, seine «Katabasis», weist voraus auf die der Aeneis. Doch von dem Augenblick an, wo das Selbstzitat erscheint, nehmen die beiden Erzählungen einen verschiedenen Verlauf und bekommen sie einen unterschiedlichen Sinngehalt: zielt die Darstellung in den Georgica darauf ab, die Niederlage des Orpheus in dem schon in Platons Gastmahl erwähnten Sinn hervorzuheben, so ist des Aeneas Abstieg in die Unterwelt ganz und gar «positiv». Orpheus steigt ins Schattenreich hinab aus leidenschaftlicher Sehnsucht nach Eurydike, und genau das macht Platon ihm zum Vorwurf; deshalb gaben ihm die Götter, die doch Alkestis die Rückkehr unter die Lebenden gestatteten, einen seelenlosen Schatten mit auf den Weg, und nicht einmal diesen vermochte er ans Licht zurückzubringen. Alkestis besaß eine «starke Seele» – sie hatte sich bereitgefunden, ihr eigenes Leben aus aufrichtiger Liebe für ihren Gatten hinzugeben; «der Harfenspieler»

Orpheus hingegen, heißt es bei Platon, war ein Weichling, der nicht den Mut aufbrachte, um der Liebe willen den Tod zu erleiden, er hat eine List angewandt, um in den Hades zu gelangen: «Darum bestraften sie ihn und machten, daß er von Weibern den Tod fand», sagt Phaidros im Gastmahl bei Agathon (Plat. Symp. 179 ff.), womit er darauf anspielt, daß Orpheus von Bacchantinnen zerrissen wurde.

Zwei Spielformen der Liebe veranlaßten diese beiden Abstiege ins Totenreich: Orpheus wurde von heftigem sinnlichem Begehren nach Eurydike getrieben, Aeneas war von kindlicher Verehrung – die Römer nannten das *pietas* – für seinen Vater Anchises geleitet. Mit Platon stimmt Vergil darin überein, daß die von Leidenschaft diktierte Tat zum Scheitern verurteilt ist, während die andre, deren Motiv jene hervorstechendste römische Tugend, die *pietas*, die vollbegründete leidenschaftslose Liebe ist, ihren Lohn von den Göttern erhält. So versetzt die durch die Streichung der Huldigungsverse an Gallus bedingte Veränderung die Georgica in einen Kontext, der stärker von sittlichen Normen geprägt und an das den Römern von Augustus mit Nachdruck nahegebrachte, leicht rigoristische Tugendideal von einst angepaßt ist.

Der Dichter und seine Götter

Als Vergil im Jahre 26 v. Chr. jene Veränderung am Schluß seines Gedichtes anbrachte, waren bereits drei Jahre vergangen, seit er die Georgica vollendet zu haben glaubte. Abgefaßt während der letzten Phase der Bürgerkriege, waren sie über die Jahre hinweg ein getreuer Spiegel der politischen Umschwünge – von jener fast verzweifelten, auf jeden Fall aber angsterfüllten Besorgnis des Dichters, die unheilvollen Auswirkungen von Caesars Ermordung fänden niemals ein Ende und ewig werde die dadurch verursachte Zerrissenheit des Volkes andauern, bis zur Heraufkunft Octavians, der in steigendem Maße als der wundersame Held erschien, dem es vergönnt sei, den Frieden herbeizuführen, dieses *otium*, diese von Daphnis verheißene Freiheit, sich selbst leben zu dürfen. Wir haben gezeigt, daß das «Lob Italiens» als eine Illustration der Absage an die politischen Abenteuer des Antonius im Orient aufgefaßt werden kann; es entspricht der politischen Lage in den Jahren 35 und 34. Im Verlauf der Arbeit bringt Vergil hier und da einen neuen Farbton an. Man läßt gerne gelten, daß die Schilderung der Bienenschlacht mit den beiden von ihren Völkern umgebenen, um die Vorherrschaft streitenden Königen die Auseinandersetzung zwischen Octavian und Antonius versinnbildlicht und daß folglich dieser Abschnitt des vierten Gesanges erst nach der Schlacht von Actium im September 31 verfaßt sein kann. Einhellig vertritt man die Ansicht, daß das Proömium des dritten Gesanges – zusammen mit dem Proömium des ersten Gesangs, in dem die Vergöttlichung Octavians angekündigt wird – zu den spätesten Zufügungen gehört: Vergil preist zunächst seinen eigenen Triumph. Er hat alle Schwierigkeiten überwunden, er vermochte auf Pfaden, die vor ihm keiner betreten hatte, den Gipfel des Helikon zu erklimmen. Er hat sich Unsterblichkeit errungen und will, hierin Triumphatoren gleich, in seiner Heimat an den Ufern des Mincio einen Tempel errichten, und vor dem Heiligtum soll sich das Standbild Octavians erheben, so wie in Rom der andre Caesar, der Diktator, vor dem Tempel der *Venus Genetrix* sein eigenes Standbild errichten ließ. Feierliche Spiele sollen abgehalten werden, wie es bei Triumphatoren Brauch war und wie sie für Caesar und nach Actium von Octavian zum ewigen Andenken an den Sieg gestiftet worden waren. Trophäen und Bildwerke erinnern an später ausgefochtene Siege, als im Jahr 30 und 29 im ganzen Orient die Ordnung wiederhergestellt worden war. Octavian hat die Parther endgültig besiegt, wo Antonius gescheitert war. Er bereitete, so dachte man zumindest, einen Feldzug gegen die Britannier vor und wird so seine Herrschaft über den ganzen Erdkreis ausbreiten. Vergil fügt hinzu:

Ragen soll mir aus parischem Stein, ein atmend Gebilde,
dort des Assarakus Stamm, die Namen der Jupitersöhne,
Ahnherr Tros, auch du, und Trojas Erbauer Apollo.
Glückloser Neid aber fürchte die Furie, grausen Kokytus'
Fluten sollen ihn schrecken, ihm dräue vom Rade Ixions
scheußlich das Schlangengewinde, ihn ängstige Sisyphus' Felsblock
(Georg. 3, 34–39).

Dieser Abschnitt ist reichlich dunkel. Bisweilen sucht man die Kette von Symbolen dadurch zu erklären, daß man sie als erste Ankündigung der Absicht ansieht, nunmehr auch die Taten Octavians in Verbindung mit den trojanischen Helden zu besingen. Aber diese Interpretation tut dem Text Gewalt an. Wäre dem so, warum taucht der Name des Aeneas nicht auf? Es zeugt von einfacher Gemütsart anzunehmen, Vergil habe mit dieser Einleitung des dritten Gesangs nichts andres bezweckt als die Ankündigung eines späteren Werks. Bei genauerer Prüfung tritt die zugrunde liegende Absicht klar zutage. Das Proömium feiert einen Sieg, einen Doppelsieg, den Sieg Octavians und den des Dichters – einen Sieg, der dem Neid keine Macht mehr läßt. Aber was für ein Neid? Die Antwort der meisten Erklärer lautet, es handle sich um Mißgunst, unter der Vergil selbst zu leiden habe, um den Tadel seiner Neider. Natürlich hatte er seit den Tagen der Eklogen Neider, angefangen von Agrippa, dem sein Stil gekünstelt schien: kein Wunder, seiner Meinung nach, bei einem Schützling des Maecenas! Doch der in diesem Proömium zwischen dem Triumph der Julii und der «Verfluchung» des Neides hergestellte Parallelismus läßt vermuten, daß diese Schilderung, die an die beiden Hälften eines Giebelfelds gemahnt, auf Politisches verweise. Der Sieg der Julii durch Octavian bewirkt nicht, daß Vergil vor seinen Neidern in Sicherheit ist. Die Überwindung des Neids betrifft ganz Rom und sein politisches Dasein.

Es gibt keinen besseren Kommentar zu dieser Stelle als eine Partie aus dem fünften Buch des lukrezischen Lehrgedichts. Lukrez hat zuerst geschildert, wie nach rohen Anfängen des Menschengeschlechts weise Männer die ersten Keime der Zivilisation legten. Dann schufen diese Könige die Voraussetzungen einer aristokratischen Gesellschaftsordnung, indem sie Äcker und Vieh an jeden verteilten

wie nach Gestalt und Kraft des Körpers und Geistes ihm zukam

(5, 1111),

also nach Schönheit und Körperkraft, die damals hoch im Kurs standen. Dann erst beraubten Besitz und vor allem das Gold die Schönheit und Stärke ihrer Ehre; von nun an waren die «Aristokraten» reich,

denn in des reicheren Mannes Gefolgschaft reiht in der Regel
auch der noch so Starke sich ein und der äußerlich Schöne

(5, 1115/16).

Hier findet sich die schon erwähnte Analyse, die das Mißtrauen der Römer gegenüber beweglichem Besitz als berechtigt erscheinen läßt. Aber, so fährt Lukrez im Sinne der Lehre Epikurs fort, diese Vorherrschaft des Besitzes ist wider die natürliche Ordnung, denn für den Menschen müßte wahrer Reichtum darin bestehen, seine Begierden zu zügeln und bescheiden zu leben: die Natur liefert stets das zum Lebensunterhalt Erforderliche. Doch ein mißleitetes Streben drängt die Menschen dazu, immer mehr Geld erwerben zu wollen in der Annahme, ein großer Besitz verschaffe ihnen ein gesichertes, auskömmliches, niemals bedrohtes Dasein. So entsteht Ehrgeiz, der Wettlauf nach Ehren, wodurch sie sich größten Gefahren aussetzen; denn haben sie endlich den Gipfel erreicht,

... so stürzt sie bisweilen
Aus der Höhe der Neid wie ein Blitz in des Tartarus Grauen
(5, 1125/26).

Der Neid wird hier mit dem Blitz verglichen, der in die höchsten Stellen einschlägt, woraus Lukrez den Schluß zieht, es sei erheblich besser, in Frieden zu gehorchen denn als absoluter Herrscher zu gebieten und König zu sein (5, 1127/28).

In Vergils Versen wird der Vorgang umgekehrt: hier ist es nicht der Neid, der die Menschen in den Tartarus stürzt. Er selbst wird dorthin geschleudert, zur Ohnmacht verdammt. Der Parallelismus springt in die Augen, und es besteht kein Zweifel, daß Vergil, der auch sonst oft von Lukrez beeinflußt ist, ja ihn nachahmt, sich hier auf diese berühmte Stelle bezieht. Octavians Sieg hat den Teufelskreis der Umstürze durchbrochen. Seit dem Triumphzug nach Actium hat sich etwas im Weltenlauf geändert. Octavian ist vor dem Neid in Sicherheit, er wird nicht in den Tartarus gestürzt; der unselige Wettstreit unter den Bürgern findet nun ein Ende und auch die Zwietracht, die den Bürgerkrieg verursachte. Ja, mehr noch: weil Octavians Sieg der Welt einen unangefochtenen Herrscher bescherte, brachte er den Menschen Ruhe und Frieden zurück.

Insofern erwiesen sich die Verse des Lukrez als eine Prophetie *a contrario;* im neuen, aus Octavians Triumph entstandenen Gemeinwesen haben der Wettstreit, der Rom entzweite und dessen Ziel Machtfülle und Besitzanhäufung war, künftighin keine Daseinsberechtigung mehr. Epikureisches Glücksgefühl wird sich ausbreiten, denn es ist, wie schon Lukrez sagt, besser, in Frieden zu gehorchen als unendlichem, maßlosem Ehrgeiz freien Lauf zu lassen. Die Erde liefert mühelos alles zur Befriedigung von

Hunger und Durst und zur Erlangung des Seelenfriedens Erforderliche.

Als Lukrez diese Verse des fünften Buches schrieb, hatte er vermutlich die wirre Lage während seiner letzten Lebensjahre im Sinn und vielleicht speziell das Schicksal des Crassus, der so viel Mühe aufgewendet hatte, um die Statthalterschaft von Syrien und den Oberbefehl in einem Feldzug gegen die Parther zu erhalten, und der, nachdem seine Armee vernichtend geschlagen war, zu Beginn des Sommers 53 so tragisch endete. Es hieß, die Katastrophe sei durch die Verwünschungen eines Tribuns verursacht worden, die dieser dem Crassus bei seinem Auszug aus der Stadt mit auf den Weg gab: *Invidia,* der Neid, oder, um es mit einem Ausdruck des volkstümlichen Aberglaubens zu bezeichnen, der Böse Blick, hatte ihn besiegt. Nun war ja bekannt, daß der Beweggrund für das Handeln des Crassus Habsucht war, die Gier nach immer größerem Reichtum, also das, was hier von Lukrez angeprangert wird.

Mit Octavians Triumph hat all dies sich geändert. Octavian ist seines Sieges gewiß, der Neid kann ihm nichts anhaben, und auch aus den Beziehungen der Bürger untereinander muß er verbannt werden. Friedvolles Glück ist jedermann im Gemeinwesen erreichbar. So hat die Erfolgsserie, die den Erben des göttlichen Caesar an die Macht brachte, bei Vergil eine Überlegung ausgelöst, die zumindest einen Aspekt der epikureischen Lehre in Frage stellt. Nach ihr werden die irdischen Angelegenheiten auf eine mechanistische Weise ohne das Eingreifen der Götter geregelt. Für Epikur ist das Schicksal als blinder Zufall zwar «Ausgangspunkt großer Güter und großer Übel» (Brief an Menoikos 135), aber es ist die Aufgabe der Menschen, in eigener, freier Entscheidung ihr Glück zu verwirklichen.

Natürlich ist es denkbar, daß Octavians Sieg sich dem Walten des blinden Zufalls verdankt, ja in gewissem Umfang trifft das sogar zu. Vergil aber bringt, wenn er ganz oben im Giebelfeld den Cynthischen Gott, Apoll, aufstellt, das Eingreifen göttlicher Mächte wieder ins Spiel, und wenn er, genauer gesagt, die Nachkommenschaft von Tros und Assarakos erwähnt, dann bestätigt er die Berufung der Julii: seit Caesars Tagen wußte man, daß dies Geschlecht sich von Aeneas und seiner Mutter Venus herleitet, und man wiederholte eine alte, aus Homer stammende Weissagung: das Geschlecht des Aeneas wird nach Trojas Untergang zur Herrschaft gelangen und die Welt regieren. Octavian erfüllt diese

Weissagung. Füglich muß man bei seinem Sieg das Walten eines Gottes annehmen, des Apoll, und das einer Göttin, der Mutter Venus, der *Venus Genetrix,* die in der fünften Ekloge Daphnis-Caesar beweint und seine Verklärung bejubelt hatte. Die Gottheiten greifen also doch in den Lauf der Welt ein, sie lassen diesem oder jenem ihre Gunst zukommen, das Schicksal ist nicht mehr blind! Wie schon angedeutet hatten die Epikureer eine Vorliebe für die monarchische Regierungsform, da sie den persönlichen Ehrgeiz unterband. Was dies betrifft, war Vergil also seit langem schon auf die Alleinherrschaft vorbereitet. Neu ist, daß sie nunmehr als gottgewollte Regierungsform dasteht.

Man kann sich fragen, ob Vergil, als er sich zu dieser Vorstellung bekannte, nur als Hofpoet handelte oder ob sein Gedicht Ausfluß glühender Sehnsucht und wahrhaften Glaubens ist. Uns scheint, der Übergang von der epikureischen Philosophie zur Religion vom gottgewollten Heroen habe sich schier unmerklich vollzogen: der «junge Gott» der ersten Ekloge und der in den Georgica angerufene «Retter» waren, wie gesagt, nur «Abbilder» im Sinne eines epikureischen Euhemerismus. Und es schien uns auch, als sei die Apotheose Caesars in der fünften Ekloge absichtlich der Epikurs angenähert worden – ein Lukrezvers bildete das Bindeglied. Nach Actium, wo, wie es hieß, Apoll, Octavians Schutzgott, die Schlacht entschied, fiel es schwer, die Ereignisse mit epikureischen Kategorien zu deuten. Das Göttliche drang mit Macht herein, und es ist gut vorstellbar, daß Vergil seine Einwirkung anerkennen mußte. Was das betrifft, ist es statthaft, von einer «Konversion» des Dichters zu sprechen. Denn da denkt man an die Bekehrung des Horaz, der bekennt, die Götter «karg nur und lau» verehrt zu haben, irregeleitet von unweiser Weisheit – wobei er von der epikureischen Philosophie spricht, der er um die Zeit der Abfassung des ersten Satirenbuches angehangen hatte –, und der durch ein «Wunder» zur Umkehr veranlaßt wurde: er hatte einen Donnerschlag aus heiterem Himmel vernommen. So ist denn der Donner nicht, wie die Epikureer lehren, eine bloße Naturerscheinung, nein, er ist ein Zeichen, eine Waffe in der Hand der Götter, vor allem Jupiters, dem Fortuna untersteht, die den Königen Macht verleihen und entreißen kann (Oden 1, 34). Zwar schildert diese Horazode einen symbolischen Vorgang, und der «Donnerschlag» war lediglich ein brauchbares Bild zur Verdeutlichung des Sinneswandels, der sich beim Dichter vollzog; das ändert nichts an der Tatsache, daß auch bei diesem Dichter eine Entwicklung stattfand: auch er glaubt nicht mehr, daß der Lauf der Welt dem Zufall überlassen bleibt. Fortuna ist ein Instrument der Vorsehung. Es ist anzunehmen, daß die «Umkehr» des Horaz ebenso wie die «Konversion» Vergils durch die Ereignisse der Jahre 31 und 30 v. Chr. ausgelöst wurde, durch den Aufstieg Octavians und den Niedergang von Antonius und Kleopatra.

Das so sehnlich erwartete Ende der Bürgerkriege, die rasche Entscheidung des Krieges, das alles konnte seine Wirkung auf die Einbildungskraft der Menschen nicht verfehlen: Die Hoffnung erwachte von neuem, und aus einer natürlichen Regung heraus bangte man um den dünnen Hoffnungsstrahl; also wandte man sich den Göttern zu. Man sieht nicht mehr die Ursache aller Übel in einem Erbfluch, ob es nun der Meineid Laomedons oder der Totschlag des Remus war, sondern man findet sie in der Gottlosigkeit der Römer. Horaz ist mit den ersten sechs Oden des dritten Buches, den sogenannten «Römeroden», Kronzeuge für diese Rückwendung zu den Göttern. In der letzten, die möglicherweise aufs Jahr 29 v. Chr. zu datieren ist, erklärt er unumwunden:

O Römer, schuldlos zahlst du der Väter Schuld,
bis du der Götter Tempel erneuert hast,
die einsturznahen Heiligtümer
samt ihren Bildern, entstellt vom Rauche

(Oden 3, 6, 1–4).

Und dann zählt Horaz die Folgen dieser Gottlosigkeit auf: Sittenverfall, Verkommenheit der Frauen, die keine eheliche und reine Nachkommenschaft mehr gebären; die alten «Tugenden» werden nicht mehr weitergereicht, Roms Blut ist besudelt. Jetzt hilft nur noch die Rückkehr zur Götterverehrung von einst. Nun hat in eben dem Jahre 29, in dem diese Ode verfaßt wurde, auch Vergil das Proömium zum dritten Gesang der Georgica geschrieben, worin er sich zum Walten einer göttlichen Macht im Weltgeschehen bekennt. Darüber hinaus wissen wir aus dem großen Rechenschaftsbericht des Augustus, den Bronzetafeln des «Monumentum Ancyranum», daß im folgenden Jahr die Politik des Wiederaufbaus der während der Bürgerkriege verkommenen Heiligtümer begann; seltsamerweise wurde er bei diesem Vorgehen von Atticus, dem Freunde Ciceros, unterstützt, der doch Neigungen zum Epikureismus hatte. Dies alles veranlaßt uns, die «Religion Vergils» während der Abfassungszeit der Georgica zu untersuchen, seine Haltung den Göttern und dem überlieferten Glauben gegenüber.

Wenn es zutrifft, daß das Lehrgedicht vom Landbau nicht in einem Zuge geschrieben wurde, sondern stückweise, mit Überarbeitungen, wie wir uns darzutun bemühten, dürfen wir nicht erwarten, darin eine in theologischer Hinsicht zusammenhängende Lehre zu finden. Wir hatten schon den Eindruck gewonnen, daß Vergil sich merklich von der orthodoxen Lehre Epikurs gelöst hatte, zumindest in den zu einem späten Termin gedichteten Abschnitten, und zwar nicht nur unter dem Einfluß der politischen Ereignisse, sondern auch infolge eigenen Nachdenkens. Wenn er Mitleid verspürt mit den leidenden Tieren, dann stellt er Worte Epikurs, wie man sie im Brief an Menoikos liest, in Frage: «Denn nicht Trinkgelage und ununterbrochenes Schwärmen und nicht Genuß von Knaben und Frauen und von Fischen und allem anderen, was ein reichbesetzter Tisch bietet, erzeugt das lustvolle Leben, sondern nüchterne Überzeugung, die die Ursache für alles Wählen und Meiden erforscht und die leeren Meinungen austreibt, aus denen die schlimmste Verwirrung der Seele entsteht» (132). Epikur verlegt das Glück in ein geistiges Training, und doch gibt er darin der Affektivität Raum, zu der die Lust gehört, während der nüchterne Gedanke abwägt und urteilt. Die Tiere genießen nach Epikur nur natürliche und notwendige Freuden, also müßten sie ebenfalls an einem philosophischen Dasein teilhaben. Nun sind zwar ihre Freuden unschuldig, aber ihre Leiden können nicht wie die des Menschen durch die Vernunft eingedämmt werden. Und so schreibt denn auch Epikur im selben Briefe: «Denn schließlich, wen könntest du höher stellen als jenen, der über die Götter fromme Gedanken hat und der hinsichtlich des Todes vollkommen ohne Furcht ist, der das Endziel der Natur begriffen hat und der verstanden hat, daß die oberste Grenze des Guten leicht zu erfüllen und leicht zu beschaffen ist, daß aber die oberste Grenze entweder der Zeit oder dem Schmerze nach nur schmal ist» (133). Diese Sätze haben Geltung für das menschliche Dasein, denn: «Jeder Schmerz ist leicht zu verachten. Bringt er intensives Leiden, so ist seine Zeit kurz bemessen, hält er sich lange im Fleische auf, dann ist er matt» (Sprüche 4) – das trifft indes nicht auf die Tiere zu, denen es am Troste solcher Überlegungen fehlt. Die Tiere fürchten sich vor dem Sterben, der Pflugstier leidet unter dem Tod eines Gefährten im Joche, und abgrundtiefe Trauer liegt in den Augen verwundeter Tiere. Warum das? Vielleicht formte sich die Antwort in Vergils Geist, als er die Pest in Noricum beschrieb: die Vorstellung, daß das Leben etwas aus sich selbst Bestehendes sei und nicht etwas aus einer mechanischen Abweichung Hervorgegangenes. Wir sagten schon, daß sich Vergil im Imkereibuch von der Lehre angezogen zeigte, die in der «Seele» des Bienenvolkes einen Ausfluß der Weltseele sehen möchte, und wir haben festgestellt, daß das «Wunder» von Actium ihm bewußt werden ließ, man könne zumindest bei den «großen Geschehnissen» dieser Welt einen Endzweck, einen Willen der Götter oder eines Gottes – nämlich dessen, den die herkömmliche Religion Jupiter nennt, die Stoiker Zeus – erkennen, der sich über einen langen Zeitraum hin verwirklicht. Und nun ist es eine wahre Erleuchtung; Vergil wird durch ein Projekt angelockt, das schon in ihm Gestalt anzunehmen beginnt – er möchte dem Schicksalslauf nachgehen, der von dem Gotte gewollt oder geduldet und von ihm ins Werk gesetzt wurde (darüber wäre noch zu debattieren), bis zur Heraufkunft jener neuen Welt, die mit dem dreifachen Siegeszug Octavians ihren Anfang nimmt. In dieser Hinsicht kündigt das Proömium des dritten Buches der Georgica durchaus die Aeneis an, aber nicht in der Art eines Verlagsprospekts; sie bereitet sich «im Geiste» vor, seitdem der Dichter den Anfangsfunken seiner Schöpfung verspürte, die erste Woge jener inneren Bewegung, ohne die niemals etwas geschrieben würde.

Dennoch wäre es eine irrige Annahme, Vergil habe, seit er an den Georgica arbeitete, an ein Walten der Götter auf Erden geglaubt. Im antiken Denken, zumal aber in Rom, war alles, was die Gottheit betraf, recht vielschichtig. Es genügt nicht, ausfindig zu machen, was Vergil selbst dachte, man muß sich auch an die verschiedenen Ansichten und Glaubensvorstellungen halten, die in den Köpfen und Herzen seiner Leser vorhanden waren, um eine Vorstellung davon zu bekommen, wie das Werk aufgefaßt wurde. Denn die Urteile über das Heilige und das Göttliche stellen eine besondere Sprechweise dar, die dennoch verständlich sein und beim Leser dieselben Bilder hervorrufen muß, wie der Dichter sie in sich trägt, und diese Notwendigkeit birgt in sich die Gefahr der Mehrdeutigkeit, weil dasselbe Wort bei dem, der es vernimmt, einen anderen Sinn haben kann, als bei dem, der es benutzt. Wir sahen anläßlich der Apotheose des Daphnis, daß die epikureische Philosophie zwar die Vorstellung göttlichen Wirkens in der Welt vollständig verwirft, zugleich aber die Existenz von Göttern nicht leugnet und keineswegs darauf verzichtet, sich auf sie zu beziehen. Für die Epikureer sind die Götter die Garanten ihrer sittlichen Vorstellungen, denn die Glückseligkeit und die Vollkommenheiten des Weisen sind Ebenbilder und gleichsam Nachahmungen der Götter, die unsere Träume uns vor Augen führen, wenn unsere Sinne vom Schlaf betäubt sind und unsere Seele aufnahmefähig für feinste Eindrücke, wie die «Abbilder», die sich von der Oberfläche der Götter ablösen und durch die geschlossenen Lider zu uns dringen. Deshalb hielten die Epikureer die Ehrfurcht vor den Göttern für eine Kardinaltugend; die heitere Anschauung der Götter ist eine der Quellen der Ataraxie. Aber dies war eine persönliche Frömmigkeit, eine Ehrfurcht, die der Philosoph oder der Jünger im Innersten seines Bewußtseins hegte. Im übrigen praktizierten die Schüler Epikurs die «offizielle» Religion mit ihren Opfern, Ritualen, Festen, aber ohne innere Beteiligung; sie zollten den Göttern zwar Ehrfurcht, vermieden aber, ihnen Affekte zuzuschreiben wie Zorn oder Fürsorge. Dies ist unserer Meinung nach der Sinn der berühmten Stelle im zweiten Gesang der Georgica, wo der Dichter eine Lehre Epikurs aufnehmend ruft:

Selig wer es vermochte, das Wesen der Welt zu ergründen,
wer so all die Angst und das unerbittliche Schicksal
unter die Füße sich zwang und des gierigen Acheron Tosen!
Selig auch jener, dem ländliche Götter vertraut sind,
Pan und der alte Silvanus, der Schwesternreigen der Nymphen
(490–494).

Wenn, wie Epikur lehrt, die Kenntnis der Physik die Ängste der Volksgläubigkeit «entmystifiziert» und so ein Weg zur Glückseligkeit ist, dann führt auch, so fügt Vergil hinzu, die Kenntnis – und das heißt hier, die unmittelbare Anschauung, die mystische Schau, im Sinne Epikurs – der ländlichen Gottheiten zu diesem Ergebnis. Es ist nicht so, daß die Gottheiten durch einen Gnadenakt zu Glückseligkeit verhelfen, vielmehr wird die Seele gereinigt, und Ruhe kehrt darin ein, wenn sie deren Bilder aufnimmt – sie ist dann geschützt vor Leidenschaften, vor allem vor Ehrgeiz und Habsucht.

An solchen Stellen bleibt der Dichter dem Geiste Epikurs verhaftet, und gleichzeitig ist seine Sprache, weil sie mit der der Volksgläubigkeit übereinstimmt, allgemeinverständlich: Pan,

Silvanus, die Nymphen, all diese Namen erweckten vertraute, durch Malereien, Reliefs und mythologische Dichtungen vielfach bekannte Bilder. Vergil rief nur dazu auf, über sie nachzudenken und ihre Bedeutung für die Ethik zu erkennen. Das ist das Neue. Der Anfang des dritten Gesangs, der sicherlich sein ursprüngliches, vor den Zusätzen von 30 und 29 verfaßtes Proömium darstellt, läßt deutlich erkennen, daß Vergil sich dieses aus seiner Dichtung ablesbaren Aufrufs bewußt war:

Große Pales, dich rühme ich auch, dich, hehrer Apollo,
Hirt von Amphrysus, und euch, Arkadiens Wälder und Ströme.
Denn was müßigen Geist wohl sonst im Liede gefesselt,
ist schon Alltagsgespräch. Wer hatte vom harten Eurystheus
nicht gehört, wer nicht von des grausen Busiris Altären?
Wem wäre Hylas, der Knabe, noch fremd und Delos, Latonas,
Insel, Hippodame, Pelops, berühmt durch die Elfenbeinschulter,
stürmisch zu Roß? ... (3, 1–8).

Die von Vergil abschätzig erwähnten Gegenstände sind bevorzugte Themen der «modernen Dichter», des Gallus zum Beispiel oder wenig später des Properz. Der von den Nymphen entführte Hylas, die dem Herkules von Eurystheus auferlegten Arbeiten, das Wagenrennen, bei dem Pelops schneller war als Oinomaos, Hippodamias Vater, und die Hand des jungen Mädchens gewann – das alles wurde in unzähligen Gedichten abgehandelt; diese Geschichten sind völlig unverbindlich und sollen nur die Mußestunden untätiger Leser verkürzen. Vergil aber dichtet, um den Menschen ein naheliegendes, aber vernachlässigtes Glück anzubieten. Deshalb besingt er Pales, eine Gottheit (vielleicht ein Gott, vielleicht eine Göttin), die über die Schafherden wachte, und *Apollon Nomios*, der Rinderhirte in Thessalien geworden war. Wir sahen, daß sich Vergil in diesem Teile seiner Dichtung nicht völlig davon lösen konnte, schmückendes Beiwerk aus der Mythologie zu entlehnen; sein Plan ist indes nicht, zu erzählen; er will seine Leser auffordern, über die rechte Lebensführung nachzudenken, für die jene Gottheiten mit den beiden Aspekten des Hirtenlebens, die sie verkörpern, beispielhaft sind. Um seine eigenen Worte aufzunehmen: die Kenntnis von Pales und Apollo dem Rinderhirten ist schon ein großer Schritt auf dem Weg zur Glückseligkeit.

Varro mit seinem starken Hang zu Einteilungen hatte eine berühmte Unterscheidung zwischen drei Theologien, drei Religionsformen eingeführt. Auf die höchste Stufe der Religiosität stellt er den Glauben der Philosophen, auf die unterste den Volksglauben, der ganz in Aberglauben und der Ausführung oft sinnloser Handlungen aufgeht. Zwischen diesen beiden Theologien steht die Religion der Dichter mit all ihren Mythen, die weder Glaubwürdigkeit noch Wahrheit im schlichten Wortsinn beanspruchen, sondern ein Quell der Schönheit und der Träume sind. Man nimmt ja nicht ernstlich an, daß Jupiter sich in einen Schwan verwandelt habe, um Leda zu erobern, oder als Goldregen über dem Gefängnis niederging, in dem Danaë eingesperrt war. Varros Unterscheidung ermöglicht ein besseres Verständnis der «Religion» Vergils. Diese schreibt den Mythen, wie schon Lukrez das tat, eine symbolhafte Bedeutung zu; die mythischen Erzählungen sind eine Art Annäherung an die Wahrheit, und gleichzeitig sind sie schön, was eine Form der Unsterblichkeit ist. Hierin wird der große Plan des Maecenas erkennbar. Wenn man jegliche bäuerliche Arbeit dem Schutze einer Gottheit unterstellt, heißt das einerseits, sich anzupassen an den «Volksglauben», bei dem man zu einem bestimmten Gotte beten, ihm bestimmte Gaben darbringen muß für «den glücklichen Erfolg der Saaten» – so Ceres fürs Getreide, Bacchus für den Wein, Minerva für die Oliven und andre mehr; es heißt zum andren aber auch, diese Verrichtungen ihrer Alltäglichkeit und der üblichen Mißachtung rein nützlichen Tuns zu entreißen und ihnen Ewigkeitswert zu verleihen.

So wird verständlich, weshalb Vergil, der gewiß nicht glaubt, daß die Götter Äcker und Herden «segnen» und gute Ernten gewähren, dennoch unablässig am Beginn jedes Gesanges die Gestirne, Bacchus, den *Liber pater,* und Ceres anruft sowie die Faune und die Baumnymphen, die Dryaden, Neptun und Pan, Minerva und Silvanus und sogar, ohne den Namen zu nennen, aber eindeutig genug, Jupiter, der vom Himmelsgewölbe herab den Regen sendet. Wenn Vergil mit derlei Gebetsanrufungen beginnt, will er seine Dichtung gleichsam in ein heiliges Licht tauchen – also in jenes Licht, das in der epikureischen Lehre die Seelen beim *Anblick* der Götter erfüllt. Er möchte die allzuhäufig nur gering geachteten einfachen Dinge aus ihrer Erdhaftigkeit herausnehmen und ihre göttlichen Dimensionen sichtbar machen. Die «Philosophen» können dann den Symbolgehalt herauslesen, die der überlieferten Gläubigkeit Verhafteten werden trotz allem die wesentliche Botschaft erkennen und desto lieber annehmen, als sie in vertrauten Worten zu ihnen gelangt. Die Georgica bereiten die Römer auf diese Weise darauf vor, nicht nur die wesentlichen Werte ihres Volkes, ihres Gemeinwesens wiederzufinden, sondern auch die der Philosophie.

Es zeigt sich, daß die Vorbehalte, die Vergil gegenüber der Theologie Epikurs machen zu müssen glaubt, die Beunruhigungen, die er bisweilen durchschimmern läßt, auf dieser Entwicklungsstufe seines dichterischen Werks noch keine Änderung seines Verhältnisses zu den drei Gottesvorstellungen mit sich bringen, zur philosophischen, zur poetischen und zur Volkstheologie, die Varro als «politische» bezeichnet, weil die offiziellen Kultübungen dem Zusammenhalt des Gemeinwesens förderlich zu sein pflegen. Vergil glaubt nicht an das tagtägliche Eingreifen der Götter in unser Dasein und hat das auch nie geglaubt; sie sind die Garanten der Weltordnung, und ihr Handeln gehorcht Gesetzen und nicht Launen; wenn man sie verehrt, wie sie sind, fügt man sich in die Ordnung des Weltganzen ein. Um dies zu bekennen, bedurfte es keiner «Bekehrung» Vergils zum Stoizismus. Sollte es eine göttliche Vorsehung geben, so verfährt sie nach allgemeinen Leitlinien und kümmert sich nicht um das Alltagsgeschehen. Die vom Dichter angebrachten Veränderungen sind hoch oben in der philosophischen Erkenntnis angesiedelt. Der Bruch in seinem Denken ist noch nicht auszumachen. Die epikureische Anschauung bleibt noch wirksam.

An dieser Stelle treffen wir wieder auf Maecenas, von dem wir bereits eine Porträtskizze gaben. Dort war deutlich geworden, daß dieser Mann durch seinen verfeinerten Lebensgenuß das genaue Gegenteil eines *rusticus,* eines Bauern, sei. Er ist ein Städter, und Vergil weiß das nur zu gut. Maecenas ist reich, er lebt im Überfluß und versucht vergeblich, mit dessen Hilfe seine seelischen Leiden zu beschwichtigen. Deshalb verfällt er auch darauf, die Natur nachzuahmen im Geräusch der Wasserspiele, im Gesang der Vögel, im gedämpften Klang ferner Musik – in all dem, was die wirkliche Natur von sich aus dem *rusticus* bietet. Epikur vertrat die Meinung, der Weise müsse «auf dem Lande leben», denn die Stadt widersetze sich durch alle ihre Verlockungen dem Seelenfrieden. Er selbst verbrachte sein Dasein im berühmten Garten vor den Toren Athens. Dieser Garten glich in keiner Weise dem des Maecenas; er war offensichtlich nur ein einfacher umzäunter Gemüsegarten. So können auch die berühmten Worte

Vergils in seinem «Lob des Landlebens»: «Überglücklich die Bauern...» als ein an Maecenas gerichteter Ratschlag gedeutet werden. Vergil erinnert daran – und das könnte durchaus auf Maecenas gemünzt sein –, daß Luxus Ängste nicht zu bannen vermag, was Maecenas auch schon von Lukrez hätte vernehmen können, und daß die Natur auf viel bessere Weise das zum Glück Erforderliche zu schenken vermöge:

Grotten und quellfrische Seen und kühle, waldige Täler,
Kuhgemuhe und Schlummers Genuß im Schatten der Bäume
(Georg. 2, 468/69).

Wir haben schon erwähnt, daß Maecenas unter Schlaflosigkeit litt!

Natürlich will Vergil Maecenas nicht mit Hilfe der Georgica dazu überreden, seinen Reichtum fahrenzulassen und ein Bauer zu werden. Er führt ihm nur vor Augen, daß sich ein sicheres und dauerhaftes Glück in der schlichten Natur finden lasse. Horaz schreibt das um die gleiche Zeit auch an seinen Freund Aristius Fuscus. Das Landleben, heißt es später bei Seneca, ist ein Abbild des Daseins der Götter, die nichts besitzen und im Genuß des ganzen Weltalls sind.

Das ist gewiß auch der Sinn der «Fabel» (des Mythos) des Greises von Tarent, dieses alten kilikischen Korsaren, der zur Zeit des Pompeius deportiert und in Tarent auf einem Fleckchen Landes, das niemand begehrte, angesiedelt worden war. Trotz seiner dürftigen Lebensumstände «dünkte er an Reichtum sich Königen gleich» – Epikur hatte, wie erwähnt, erklärt, eine fröhliche Armut sei so viel wert wie Königsschätze. Sein kleiner Garten lieferte genug Nahrung, um seinen Hunger zu stillen, und darüber hinaus Blumen und Duftpflanzen im Überfluß. Wenn er des Abends nach Hause kam, «so belud er den Tisch mit Gerichten, die ihn nichts gekostet hatten» (Georg. 4, 133). Nachdem Vergil alle Aspekte bäuerlichen Lebens und sogar – auf Anraten des Maecenas – die extensive Viehzucht beschrieben hatte, die den Großgrundbesitzern die Finanzierung ihrer Lebensumstände ermöglichte, wendet er sich nunmehr dem Wesentlichen zu: der Erlangung des Seelenfriedens, einmal dank umsichtiger Betätigung, die dem Menschen keine Erstarrung in dumpfer Trägheit gestattet, und zum andren durch Verachtung des Reichtums, der Rom an den Rand des Abgrunds gebracht hatte.

Kapitel 4: Die Zeit des Augustus

Ein Epos schreiben

Vergil hatte seit seiner Jugendzeit, als er die «Ciris» und die «Schnake» verfaßte, nie die Hoffnung aufgegeben, ein Epos zu schreiben. Immer wieder bekundete sich, wie wir sahen, dieser ehrgeizige Plan. Als er sich unter dem Einfluß des Asinius Pollio der Bukolik zuwandte, sie erneuerte, sie veränderte, ihr ein in der sizilischen Tradition Theokrits bislang unbekanntes Wirkungsfeld erschloß, schob er gleichzeitig ein schon begonnenes Unternehmen für einige Zeit beiseite. Wir haben diesen ersten Ansatz eines römischen Heldengedichts auf die Zeit um das Jahr 41 datiert. Die schon oft von uns herangezogene Vergilvita verlegt ihn vor den Beginn der Eklogendichtung, also vor 42 v. Chr., doch war hierbei möglicherweise nur der Wunsch ausschlaggebend, ein klar abgegrenztes Einteilungsschema aufzustellen, bei dem die Zeitabschnitte einander ablösen, ohne sich zu überschneiden – ein ganz willkürliches Postulat. Viel wahrscheinlicher ist, daß sich Vergils Unternehmungen in dieser Zeit, da er auf der Suche nach eigenen Wegen war, in verschiedene Richtungen bewegten. Über das Thema des damals in Angriff genommenen Epos äußert sich die Vergilvita nur mit den Worten *res Romanas*, römische Geschichte; das besage, so vermuteten wir, daß es sich um die Bürgerkriege handelte. Eine Stelle im Serviuskommentar bringt eine Reihe ganz verschiedener Hypothesen: Vergil sei schon damals mit der Aeneassage umgegangen – was zu diesem Zeitpunkt absolut unwahrscheinlich ist – oder auch mit der Geschichte der Könige von Alba Longa – die es im Grunde gar nicht gibt, da diese Könige für alle Autoren, die Roms Vorgeschichte behandelt hatten, nur leere Namen waren; ganz zum Schluß erwähnt Servius dann auch noch die Bürgerkriege, und da bewegen wir uns auf weniger schwankendem Grunde. Es kann schon sein, daß Vergil sich aufgefordert fühlte, zeitgeschichtliche politische Ereignisse in Hexametern zu besingen, da er ja sah, wie andre «moderne Dichter», Furius Bibaculus und Varro Atacinus, in dieser Weise die Taten Caesars priesen. Aber Apollo oder, prosaischer ausgedrückt, Asinius Pollio, hatte ihn davon abgebracht.

Doch der Ehrgeiz wirkte weiter wie ein verborgener Stachel. Er rührte sich wieder mit der sechsten Ekloge im Jahre 40, gerade als Pollio seinen Statthalterposten in der Cisalpina geräumt hatte; aber das ist sicher eine bloß zufällige Koinzidenz. Die Hauptfigur, Silen, entwirft in wenigen Strichen ein Weltentstehungsepos, das wie das Lehrgedicht des Lukrez «Über die Natur» einsetzt und wie Ovids «Metamorphosen» mit einer mythologischen, annähernd chronologisch geordneten Bilderfolge endet; zunächst Deukalions Sintflut, deren Folge die Erschaffung eines neuen Menschengeschlechts «im Reiche Saturns», also im Goldenen Zeitalter war; dann folgt Prometheus, zu Beginn der neuen Zeit, darauf eine Episode aus dem Argonautenzug, schließlich verschiedene Mythen, die an die Schwelle der historischen Zeit heranführen, wie die Herrschaft des Minos und die Verwandlung der Skylla, in dieser Version zeitgleich mit dem kretischen König, und schließlich eine Anspielung auf Tereus, die uns in die vom vorangegangenen Zeitabschnitt nicht weit entfernte Epoche der ersten Könige Attikas versetzt. Der zweite Teil von Silens Gesang, die *narratio*, eine Kette von Episoden aus der Mythenwelt, ist zwar offensichtlich nur ein Spiel und diente möglicherweise als Textbuch für einen Mimus; dennoch stellt er eine Art epischen Entwurfs dar, insofern er die Bilder in den Weltlauf einfügt.

Doch konnte Vergil sich mit diesen Entwürfen nicht zufriedengeben, die einzig das Bedürfnis verraten, den zu eng gesteckten Rahmen der Eklogen zu sprengen und ein weitläufigeres Thema zu behandeln, das zumindest einen Aspekt dessen erörtert, «was ist». Nicht einmal über den Begriff Epos herrschte Klarheit; selbstverständlich bezeichnete man damit die homerischen Dichtungen Ilias und Odyssee und spannte so beide trotz ihrer so unterschiedlichen Thematik und Tonlage unters Joch der gleichen Vokabel. Diese Dichtungen sind insofern «episch», als sie von übermenschlichen Taten berichten, die von irgendwelchen dem «Kollektivgedächtnis» der Gemeinwesen vertrauten Gestalten ausgeführt wurden in Zusammenwirken mit den Gottheiten, deren Nachkommen sie sind, von denen sie sich leiten lassen, da sie in einer Zeit leben, wo Göttliches und Menschliches noch nicht scharf voneinander geschieden sind; es ist das Zeitalter der «Heroen», der Halbgötter. Die gleichen Gestalten werden zwar auch von den Tragikern vorgeführt, aber auf ganz andre Weise. Während die Tragödie szenische Dichtung in verschiedenen Versmaßen ist, bietet das Epos eine fortlaufende Erzählung in gleichbleibendem Versmaß: dies ist in Griechenland seit den Tagen Homers ein sechstaktiges Metrum – bestehend aus Daktylen (worin auf eine lange Silbe zwei kurze folgen) oder Spondeen (das heißt Füßen mit je zwei aufeinanderfolgenden langen Silben); das Maß heißt daktylischer Hexameter. Beim mündlichen Vortrag wurden seine Hebungen durch einen auf der Lyra gezupften Ton untermalt. In Rom war das älteste Epos, die nach der Odyssee betitelte «Odissia» des Livius Andronicus, nicht in Hexametern, sondern in einem als «saturnisch» bezeichneten Versmaß abgefaßt, das, so scheint es, auf dem natürlichen Rhythmus der lateinischen Sprache beruhte und für uns in seinem Wesen nicht mehr ganz durchschaubar ist. Diesen saturnischen Vers – das Wort bedeutet «italisch», war doch Saturn der sagenhafte älteste italische König – ersetzte man später, zur Zeit des Ennius in den ersten Jahren des 2. Jahrhunderts v. Chr., durch den griechischen daktylischen Hexameter.

Seit Griechenlands Frühzeit hatte der Hexameter seinen Anwendungsbereich ausgedehnt; man benutzte ihn nicht mehr ausschließlich für die Berichte von Heldentaten. Hesiod hatte ihn in seiner «Theogonie» und in den «Werken und Tagen» angewendet. Die zuerst genannte Versdichtung berichtet eine Art von Großtaten, die vor den heroischen Zeiten der Menschen geschahen, nämlich die Art und Weise, wie die Gottheiten entstanden sind. Das zweite Werk, das für Vergil bei der Planung der Georgica sehr hilfreich war, schildert das Landleben, wobei es den Stoff zum Anlaß nimmt, moralische Ratschläge zu erteilen.

Der Begriff Epos wird also zu Vergils Zeit aufgrund einer fast tausendjährigen Tradition auf eine erzählende Dichtungsart angewendet, die im wesentlichen durch ihr gleichbleibendes Versmaß charakterisiert ist, was sie von anderen Dichtungsarten – den Dramen, also den Tragödien oder Komödien – sowie von lyrischen Gesängen unterscheidet. Das Epos wird vorgetragen, nicht gesungen; es hat etwas von der durchgehenden Prosarede, weshalb im vierten nachchristlichen Jahrhundert in römischen Schulen ernsthaft darüber debattiert werden konnte, ob Vergil ein Dichter oder ein Rhetor sei. Je reichhaltiger die sprachlichen Ausdrucksmittel in gebundener Rede wie in Prosatexten wurden, desto geschmeidiger wurde der epische Rhythmus; er eignete sich zur Entfaltung von Beredsamkeit bei den im Kampfe wie im Rate den Helden in den Mund gelegten feierlichen Ansprachen; er eignete sich weiterhin für höchste Feinheit der Ausmalung, die sich nicht nur bei Schlachtschilderungen bewährte, sondern auch bei der Darstellung von Stürmen, nächtlichen Szenen, Orakelbefragungen, bei Landschaftsbeschreibungen und bei der Wiedergabe von Gastmählern; er formte auch die Festlichkeiten der Götter, ihre Versammlungen, ihr Eingreifen zugunsten irgendeines Helden oder auch zu seinem Schaden. Die Odyssee lieferte für alle diese Ausschmückungen das Muster; doch was ursprünglich nur Beiwerk der Erzählung war, gewann mit der Zeit entscheidende Bedeutung und wurde zum wesentlichen Bestandteil. Ein Epos wie der um 280 v. Chr. geschriebene «Argonautenzug» des Apollonios von Rhodos ähnelt eher einem Roman als einem Epos im homerischen Stil. Nicht nur, daß das Gedicht keinen kriegerischen Gegenstand mehr behandelt, bei dem sich das Geschehen um die Taten eines Helden, des Achill oder des Odysseus, rankt, sondern eine Liebesgeschichte, die zwischen Jason und Medea, für die die Eroberung des Goldenen Vlieses nur den Vorwand bildet, außerdem sind die Genreszenen die Hauptsache; die dargestellte Welt ist Anlaß zu bildhaften Beschreibungen, die um ihrer selbst willen oder zu des Dichters eigener Freude breit ausgesponnen werden.

Neben Epen wie den «Argonautika», einem langen Gedicht von vier Gesängen, entstand, wie wir dargelegt haben, eine andre Gattung, das Epyllion, das «Kleinepos», wofür Kallimachos eine Generation vor Apollonios Modelle geschaffen hatte.

Es wird also deutlich, daß sich zu Lebzeiten Vergils hinter dem Begriff Epos eine recht vielgestaltige Wirklichkeit verbarg. Es gab dennoch, über die äußere metrische Form hinaus, ein paar gemeinsame Merkmale. Die Erzählung betrifft einen Zeitpunkt im Weltganzen, in dem ein dauerhafter Aspekt davon zum Vorschein kommt: es entsteht etwas Neues, es findet ein Umsturz des Vorhandenen statt, das Werden von etwas Entscheidendem. Deshalb obwaltet im Epos auch die denkbar höchste Tonlage, der Stil ist par excellence «erhaben», denn er befaßt sich mit Haupt-

und Staatsaktionen und mit Dingen von höchstem Interesse: der Geburt von Göttern oder dem Untergang einer berühmten Stadt oder auch einem großen sittlichen Exempel wie der Gestalt des Odysseus, der trotz mannigfacher Prüfungen fest in seinem Streben und seiner Treue bleibt. Im weiteren Sinne berichtet das Epos auch von der Entstehung der Welt – das sind dann die von den Vorsokratikern abgefaßten «Kosmogonien», wie zum Beispiel der «Weltentstehungsbericht» des Empedokles, der dem Lehrgedicht des Lukrez als Modell zugrunde liegt. Ein Epos ist also eine Dichtung über Anfänge, woraus verständlich wird, daß Kallimachos, der «lange Gedichte» strikt ablehnte, Kleinepen verfaßte, die jeweils eine «Ursache» beschreiben, eine Sage oder einen Mythos, der einen derzeitigen Weltzustand erklärt.

Aristoteles hatte dieses innerste Wesen der epischen Gattung vor Augen, als er schrieb (Poetik 9), die Dichtung sei «philosophischer» als die Geschichtsschreibung, da sie sich den Ursachen zuwende, den verdeckten Gründen für die Dinge und nicht dem Einzelgeschehen, dem etwas Zufälliges anhafte.

In Rom hatte sich im Anschluß an die Odysseeübersetzung des Livius Andronicus mit dem «Punischen Krieg» des Naevius, einem nationalgeschichtlichen Epos, eine neue Art von Epik entwickelt. Im «Punischen Krieg» wurden Roms Kämpfe gegen Karthago geschildert und die Großtaten der Heerführer bis zum endgültigen Siege dargestellt, also bis zur Schlacht von Zama, bei der Scipio Africanus über Hannibal obsiegte, der endlich aus Italien vertrieben und gezwungen worden war, seine Heimat in Afrika zu verteidigen. Naevius, von dessen Dichtung nur Bruchstücke auf uns gekommen sind, vermischte dort Sage und Geschichte, und es wird angenommen, daß er sich als erster eine Begegnung zwischen Aeneas, dem Ahnherrn der Römer, und der karthagischen Königin Dido ausgedacht hat. Originell aber und wirklich neu an diesem Werk war, daß es der Geschichte Roms, also wirklichen und zum Teil fast zeitgenössischen Geschehnissen eine epische Dimension verschaffte. Natürlich hatte es auch in Griechenland Versuche gegeben, in gleicher Weise einen Eroberer wie Alexander zu rühmen, indes, wie berichtet wird, eher mißglückte Versuche; im Mittelpunkt der Dichtung des Naevius hingegen stand nicht irgendein Held, sondern ganz Rom als lebendige Einheit in seiner geschichtlichen Kontinuität. In diesem Betracht hat Naevius ein Wesensmerkmal des Epos wiederentdeckt, nämlich seine Aufgabe, Erklärungen zu liefern. Roms Größe fand in dem Werke ihre Rechtfertigung: in den «Tugenden» der Soldaten ebenso wie in einer göttlichen Vorbestimmung.

Wenige Jahre später griff Ennius diese Art von Geschichtsepos auf, weitete sie indes aus auf das Ganze der römischen Geschichte: von der Liebe der Vestalin Rhea zu Mars und der Geburt von Romulus und Remus, den aus dieser Verbindung hervorgegangenen Zwillingen, und allem, was weiterhin als der Annalen wert – «Annalen», so lautet der Titel dieses Versepos – in der Stadt Rom sich ereignete; das wurde diesmal nicht mehr im saturnischen Versmaß, sondern in daktylischen Hexametern erzählt. Mit dem Titel «Annalen» knüpfte Ennius an die römische Tradition an, nach der die Zeit in den von den Oberpriestern *(pontifices)* geführten Registern nach Jahren *(annus)* eingeteilt war. Die staatlichen Einrichtungen der Republik mit ihrer Jahresfrist für die Wahlbeamten bedingten diesen Rahmen; sie verhinderten gleichzeitig, daß ein Mann mehr Einfluß erlangte als andre und sich über seine Mitbürger erhob. Wie im Gedicht des Naevius gab es auch bei Ennius keinen Einzelhelden, es gab nur *einen* «Heroen», Rom selbst, das Gemeinwesen als Kollektiv.

Ennius, der für die literarischen Strömungen des Hellenismus aufgeschlossener war als Naevius, hat seine Dichtung mit einigen «Ausschmückungen» versehen, wie das seit Apollonius von Rhodos feste Tradition geworden war. Der Zufall der Überlieferung macht uns mit einem «Traum der Ilia», was ein andrer Name für die Vestalin Rhea Silvia ist, bekannt, der wie eine romanhafte, in einem Traumlande angesiedelte Episode ausgeführt ist. Im übrigen enthielt dieses Epos alle typisch epischen Merkmale, Schlachtenschilderungen, Stürme und all das übrige. Darüber hinaus hatte Ennius für sein Epos eine Sprache in erhabenem Tone geschaffen, reich an Alliterationen und kühnen Bildern, eine Sprache, die nicht davor zurückschreckte, aus Adjektiven und Nomina zusammengesetzte Wörter zu bilden, die im Lateinischen seltsam klingen, zugleich aber wie ein Nachhall der homerischen Sprache wirken und zur Feierlichkeit beitragen.

Diese Elemente also standen Vergil zur Verfügung, als er sich anschickte, seinerseits ein episches Gedicht zu schreiben: mannigfache Überlieferungen aus frühesten Zeiten (mitsamt Homer), alexandrinische Modelle oder in jüngster Zeit das Werk des Ennius, der seit anderthalb Jahrhunderten als «Vater» der lateinischen Dichtung galt und den man wie Jupiter oder die großen römischen Gottheiten mit dem Titel *pater* ehrte. Lukrez hatte sich bei dem Unterfangen, die griechischen Weltentstehungsepen ins Lateinische zu transponieren, der Sprache und auch der Formulierungen sowie der Satzmelodie des Ennius bedient. Vergil brauchte nur auszuwählen. Doch brachte auch er eine Synthese zustande: in der Aeneis sollte es einen Liebesroman geben, wie in den «Argonautika», die Geschichte von Dido und Aeneas; es sollten Schiffsreisen vorkommen, wie in der Odyssee, bei denen die Tugenden von Ausdauer und frommer Ergebenheit bei Aeneas und seinen Gefährten zutage träten; natürlich sollten auch Kämpfe stattfinden, wie die Zweikämpfe der Heerführer in der Ilias, doch sollten auch Sagen zu finden sein, die Bräuche und Gestirne sowie auch Bauwerke des zeitgenössischen Rom «erklärten», wie in den Kleinepen des Kallimachos. Eins jedoch sollte nicht vorkommen, oder allenfalls andeutungsweise, nämlich die jüngste Zeitgeschichte Roms. Selbst wenn Maecenas seit langem verlangte, Vergil solle Octavians Taten besingen – was er übrigens bei allen Dichtern seiner Umgebung versucht zu haben scheint –, widerstand der getreue Freund diesem Ansinnen vielleicht eben deshalb, weil er der getreuste Anhänger war. Einmal schien es fast, als gäbe er nach. Im Siegestaumel versprach er im Proömium zum dritten Gesang der Georgica, er wolle bald «die lodernden Schlachten Caesars», das heißt Octavians, besingen und ihnen unvergänglichen Ruhm verleihen. Ein leichtfertig dahingesagtes Versprechen, dem keine Zukunft beschieden war. Er «erfühlte» sein Epos nicht nach Maßgabe der armseligen Vorbilder von Herrscherpreisliedern auf Alexander. Er plante es als weitgreifende Entwicklungsgeschichte der eigenartigen und, wie Polybios schon anderthalb Jahrhunderte früher festgestellt hatte, in der antiken Welt einzigartigen Bestimmung der «römischen Rasse». Hierin ist er Ennius und der römischen Epik verwandt. Held des Epos ist natürlich Aeneas, der indes in Roms *Vor*zeit lebte: an der Spitze einer erhabenen Ahnenkette, die vom triumphierenden Anführer der Menschen bis zu Octavian führt.

In den Jahren, in welchen er zurückgezogen in Neapel lebte und sich nur selten nach Rom begab, konnte Vergil endlich seinen ehrgeizigen Plan verwirklichen: ein Epos zu verfassen, das Rom *erklärt,* wie er einst, nach eigener Bekundung, davon geträumt hatte, in einer großen kosmogonischen Dichtung die Zusammenhänge darzutun, die über die Bewegungen der Himmelskörper Aufklärung geben, über Erdbeben, die Gezeiten und die Jahreszeiten. Damit hätte er den Teil des sechsten Buchs von Lukrez fortgeführt oder vielmehr wiederaufgenommen, worin diese Erscheinungen recht gedrängt und unsystematisch untersucht worden waren. Anders ausgedrückt, er, der im ersten Gesang der Georgica das stoisch beeinflußte Lehrgedicht «Himmelserscheinungen» (Phainomena) des Arat zu Rate zog, als er die Vorzeichen darstellte, hätte den Wunsch verspürt, ein ähnliches, diesmal aber aus epikureischem Geiste verfaßtes Lehrgedicht zu schreiben. Den epischen Bestrebungen Vergils liegt eine philosophische Betrachtungsweise zugrunde, welche die Ursachen bedenkt und über den Anschein hinausgelangen möchte.

Aber ebenso wie die Absicht, um 41 v. Chr. ein Gedicht über «die römische Geschichte» in Angriff zu nehmen, folgenlos blieb, ebenso gelangte das kosmogonische Epos nie zur Ausführung, das er möglicherweise damals ins Auge faßte, als ihn seine Arbeit an den Georgica über sein schon in der Jugendzeit bekundetes Interesse an «mathematischen» Problemen hinaus zur Beschäftigung mit den das Landleben direkt beeinflussenden Himmelserscheinungen führte. Der Plan dazu geht wahrscheinlich auf die Zeit zurück, als Vergil am zweiten Gesang der Georgica arbeitete, insbesondere am Lob des Landlebens, welches eine Anspielung auf die Dakerunruhen ins Jahr 35 oder 34 v. Chr. datiert. Vergil führt zu seiner Entschuldigung an:

Wenn mir aber das Blut zu kalt und träge durchs Herz rinnt,
daß mir's an Kräften gebricht, so tief die Natur zu ergründen
Ländlichkeit wünscht ich mir dann . . . (2, 483–485).

Es ist anzunehmen, daß es Vergil nach dem «Wunder» von Actium und dem Abschluß der Georgica besonders dringlich erschien, die Entfaltung der Schicksalsmächte nachzuzeichnen, die Rom die verheißene Größe verschafften. Auch hier verlohnte es die Mühe, den Ursachen nachzuforschen. Man darf also vermuten, daß die Aeneis, neben anderen Gründen und Gefühlen, die Vergil zum Schreiben veranlaßten, auch das Ergebnis eines lang gehegten und hartnäckig bekundeten Ehrgeizes war: dieser bescheidene, scheue Mann, ein Feind von Gedränge und Gepränge, ein vertrauter Freund der Mächtigsten, des siegreichen Octavian und des Maecenas, der, hätte er nur gewollt, Teilhaber der Sieger an der Beute der Besiegten sein und zum Beispiel, wie Horaz, ein Landgut erhalten konnte, dessen Erträgnisse seinen Wohlstand gesichert hätten – dieser Mann kannte nur einen einzigen Wunsch: allein mit der Kraft seines Geistes die verborgensten Geheimnisse des Weltalls zu ergründen und davon Kunde zu geben in Gestalt einer epischen Dichtung, die in sich eine philosophische Weltanschauung barg, wie Anchises sie im sechsten Buche offenbart, und eine Geschichtsphilosophie insofern, als der gesamte Geschichtsablauf in der Bestimmung Roms enthalten war. Sie würde sich dokumentieren im Auftreten eines bestimmten vorteilhaften Menschen, des Aeneas, und weiterwirken von Geschlecht zu Geschlecht bis hin zum «jugendlichen Helden», dessen man von ferne im Walde der Symbole und Mythen ansichtig würde.

Es gibt keinen Anlaß zu der Vermutung, der erste Anstoß zur Aeneis sei von andrer Seite als von Vergil selbst erfolgt. Maecenas hätte gewiß lieber ein zeitbezogenes Gedicht gesehen, vielleicht sogar ein römischeres; Roms Epos zu schreiben, lautete die Aufforderung an Properz zu einem Zeitpunkt, als Vergil schon tief in der Arbeit steckte. Octavian aber scheint für das entstehende Gedicht ein anteilnehmendes Interesse bekundet zu haben, woraus man ableiten kann, daß er das Werk in der Abfolge, wie es entstand, kennenlernte. Es sind uns ein paar Fetzen seiner Korrespondenz mit Vergil erhalten aus der Zeit, als er sich zwischen 27 und 25 v. Chr. in Spanien befand, mit einem Feldzug gegen die Kantabrer beschäftigt, die im heutigen Asturien lebten. Octavian, der seit zwei Jahren den Namen Augustus führte, schrieb an Vergil: «Schicke mir von der Aeneis entweder den ersten Entwurf des Gedichtes oder wenigstens irgendeine Partie» (Donatvita 108). Vergil hatte damals gerade das Gedicht in Angriff genommen, und es lag noch gar nichts fest. Er antwortete unter Anspielung auf Octavians Ungeduld: «Ja, ich habe eine Reihe Briefe von Dir erhalten ... In Hinsicht auf meinen Aeneas würde ich Dir gerne etwas schicken, wenn ich etwas hätte, was Deiner Ohren würdig wäre; aber ich habe einen so gewaltigen Gegenstand in Angriff genommen, daß ich den Eindruck habe, nicht recht gescheit gewesen zu sein, mir eine solche Arbeit aufzuladen, zumal ich, wie Dir bekannt ist, dieser Arbeit noch andre, weit erstrebenswertere Studien widme» (Macrobius Sat. 1, 24, 11).

Was wollte Vergil damit ausdrücken? Auf welche Studien

spielt er an? Handelt es sich um gelehrte Untersuchungen zur ältesten Vergangenheit Roms? Um Lektüre von Mythographen und Geschichtsschreibern? Vielleicht um die Lektüre früherer Dichter, um Naevius und um Ennius? Aber sie waren ihm wohl vertraut. Nachforschungen vor Ort, wie in Lavinium und der Gegend von Ostia, wo sein Held landen sollte? Wir sehen ja, wie er kurz vor dem Abschluß seines Werks von Skrupeln geplagt wurde und die Orte in Griechenland und im Orient besichtigen wollte, die Aeneas angelaufen hatte. Doch vielleicht betrafen die von Vergil zu Beginn seiner Arbeit unternommenen «Studien» auch «Religionsgeschichtliches»: das Pontifikalrecht, die Auguralvorschriften oder, allgemeiner, die Umgangsformen von Menschen mit Göttern. Wenn es zutrifft, was wir vermutet haben, daß Vergil nach Octavians Triumph zur Einsicht in das göttliche Walten auf Erden gelangt war, mußte er sich fragen, wie dies denn geschähe, was philosophische und religiöse Untersuchungen zur Folge gehabt hätte. Und diesen Untersuchungen räumte er hinfort den Vorrang ein, woraus sich der Begriff «erstrebenswerter» erklärt, mit dem er sie belegt, erstrebenswerter, weil sie für die Bestimmung des Menschen und ebenso für den Auftrag der Regierungen und insbesondere für Roms Sendung von Belang sind. Wir erahnen hier einen Vergil, der sich nicht damit zufrieden gibt, ein Dichter zu sein, um auf Pfaden im heiligen Hain der Musen zu wandeln und Rom den Glanz eines bislang unbekannten Ruhmes zu verleihen, der vielmehr der Menschheit eine Botschaft offenbaren möchte. Hier hätten wir dann den Ursprung für die Gestalt, in der er späteren Jahrhunderten erschien, da man ihn als «Magier» betrachtete, was beunruhigend im Hinblick auf die ihm zugeschriebenen Prophezeiungen war, aber doch noch nahe genug an christlicher Spiritualität, daß Dante ihn auf einem Teil seiner Reise zu seinem Führer erwählen konnte.

Diese Untersuchungen bedingten sicher auch, daß er sich in das orphische Schrifttum einweihen ließ sowie in die verschiedenen damals im Schwange befindlichen Jenseitslehren. All dies findet sich im sechsten Gesang der Aeneis wieder, und es wird sich zeigen, wie die verschiedenen Elemente hier wie anderwärts in diesem Werk von einem Dichter überschaut und neu zusammengesetzt werden, der sich niemals dazu verstehen konnte, einer vorgegebenen oder einer einzigen Lehrmeinung zu folgen; er läßt sich vielmehr von den verschiedenartigsten Lehren anregen, vom

Platonismus bis zu typisch römischen Vorstellungen über das Los, welches die Seele nach dem Tode erwartet.

An dieser Stelle kann man auch eines andren Gedichts gedenken, in dem Vergil als Hierophant auftritt, als Mysterienpriester: Die vierte Ekloge, worin sich bereits eine große Gelehrsamkeit über die Bestimmung der Welt angehäuft findet und worin jeder Erklärer Beweise für die ihm am Herzen liegende Vorstellung entdecken kann, hatte erwiesen, daß Vergil über reiche Kenntnisse zur Untermauerung seines Mythos vom «neuen Goldenen Zeitalter» verfügte: über neupythagoreische Lehren ebenso wie gewiß auch über sibyllinische Gedichte und möglicherweise sogar über jüdische Messiasvorstellungen, von denen er durch die Diasporajuden in Rom Kenntnis erlangt haben konnte, die lauthals ihrer Betrübnis über Caesars Ermordung Luft gemacht hatten; dieselbe Ekloge enthält auch Anspielungen auf die dionysische Religion. Man kann aus alledem nicht folgern, Vergil habe jeder einzelnen dieser Lehren Glauben geschenkt; damals, so meinen wir, ging es ihm hauptsächlich darum, ein halb ernstes, halb scherzhaftes Gedicht zu verfassen und ein bekanntermaßen von Theokrit stammendes Thema auf die Spitze zu treiben; er hat dieses Thema Schritt für Schritt ausgeweitet, bis er es schließlich zu einer Art apokalyptischer Offenbarung werden ließ, die den politischen Umständen des Jahres 40 v. Chr. entsprach.

Augustus mußte sich also gedulden, bis Vergil all die Kenntnisse gesammelt hatte, die ihm als Voraussetzung unerläßlich schienen, ehe er einen einigermaßen zutreffenden Gesamtentwurf des geplanten Werkes anfertigen konnte. Aus derselben Briefstelle, die dieses berichtet, erfahren wir auch, daß Vergil sich mit Augustus vor dessen Aufbruch nach Spanien über sein dichterisches Vorhaben unterhalten hat. Zumindest läßt die Formulierung *ut scis,* «wie Dir bekannt ist», diesen Schluß zu. Die antike Überlieferung behauptet, Vergil habe unmittelbar nach Abschluß der Georgica sein neues Gedicht in Angriff genommen, also spätestens im Jahre 28, möglicherweise schon ab Ende 29. Zwei Jahre, oder zumindest anderthalb Jahre danach hatte er noch keine Zeile geschrieben, die seinen Ansprüchen standhalten konnte.

Über seine Arbeitsweise sind wir relativ gut unterrichtet. Ein häufig angeführtes Zeugnis aus der *Vita,* das wahrscheinlich auf Aussagen von Vergils Freunden, vielleicht auf Varius, zurückgeht, berichtet, er habe den Inhalt des Gedichts zuerst in Prosa skizziert und erst dann den Stoff auf die zwölf Bücher verteilt – man darf annehmen, daß diese Zahl auf die je vierundzwanzig Bücher der Ilias oder der Odyssee Bezug nimmt. Jeder Gesang der Aeneis sollte ungefähr der Länge eines der achtundvierzig homerischen Gesänge entsprechen, wodurch die lateinische Dichtung etwa ein Viertel der beiden Homer zugeschriebenen Epen umfassen würde. Vergil hatte das Werk also von Anfang an auf relativ begrenzte Ausmaße hin festgelegt. In ihrem heutigen Zustand umfaßt die Aeneis 9895 Verse. Die «Argonautika» des Apollonios bestehen aus 5835. Vergil liegt also hinsichtlich der Ausdehnung seines Werks, einem Streitpunkt unter den alexandrinischen Dichtern, halbwegs zwischen Apollonios und Homer. Kallimachos hatte zum Prinzip erhoben, «ein langes Gedicht sei ein großes Übel», und Apollonios erfuhr heftigen Tadel, weil er hierin nicht seinem Lehrmeister gefolgt war. Vergil verging sich also von Anbeginn willentlich gegen die kallimacheische Ästhetik. Es ist bekannt, daß die «Annalen» des Ennius zumindest achtzehn Bücher umfaßten; leider verhindert die bruchstückhafte Überlieferung des Textes eine Schätzung der Anzahl von Versen pro Gesang, doch steht unzweifelhaft fest, daß die «Annalen» länger waren, als die Aeneis werden sollte. Vergil begnügte sich also mit einem mittleren Umfang, der von vornherein festgelegt war, wie auch Bildhauer und Maler die Ausmaße eines geplanten Werks von allem Anfang an festsetzen. Die Georgica sind 2188 Verse lang: mit nur vier Gesängen sind sie viereinhalbmal kürzer als die zwölf Gesänge der Aeneis; die Durchschnittslänge eines Georgicabuches umfaßt 547 Verse, die eines Aeneisgesangs 824. Das bedeutet, daß das «heroische» Epos sich breiter entfaltet als das, wie wir heute sagen würden, lyrische, im antiken Sinn, didaktische Gedicht, denn das Thema blieb eben, obwohl Vergil es viel weiter faßte, ein «niedriges» Sujet. Auch in den Georgica gibt es noch ein wenig vom «niederen Tamariskenstrauch» (Ecl. 4, 2), den die Eklogen besingen, die im allgemeinen jeweils kaum hundert Verse lang sind. Es findet sich hier eine Ausweitung, welche die Hierarchie der Thematik und des ihr entsprechenden Stils spiegelt. Der «linearen» Erzählungsweise im Epos des Apollonios, der nach Art eines geschwätzigen Sprechers Episode an Episode reiht, dem Kleinepos des Kallimachos, den nicht enden wollenden homerischen Rhapsodenliedern, die ja nicht Werke des alten Dichters, sondern recht späte Bearbeitungen sind – all diesen epischen Erscheinungsformen setzt Vergil eine Dichtung von klar erkennbarem innerem Aufbau entgegen, die kurz genug war, ihrer Gliederung Einprägsamkeit zu verleihen.

In der Mitte des Gedichts sollte der Gang des Aeneas in die Unterwelt stehen. Er würde im sechsten Gesang stattfinden, und damit sollte der erste Teil des Epos enden, der nach Vergils eigener Vorstellung eine Art Odyssee sein sollte, worin die Irrfahrten des Aeneas von seinem Aufbruch aus Troja bis zu seiner Landung in Latium dargestellt wurden. Die folgenden sechs Gesänge sind dann eine Ilias, die die Kämpfe der Trojaner gegen die um Turnus gescharten einheimischen Völkerschaften schilderten.

So war der Bau des Ganzen vorgegeben, und der Dichter mußte nicht befürchten, daß ihn der Gang der Handlung oder die lustvolle Ausmalung einer Episode zu Abschweifungen verführten, die die Gesamtkomposition aufs Spiel gesetzt und vor allem den Bedeutungszusammenhang gefährdet hätten: die Zeit ist hier nicht linear, nicht ein Ort zufälligen Zusammentreffens; die Zeit ist hier ursächliche Verknüpfung. Anchises' Erklärung enthüllt den Grund dafür, wenn er offenbart, daß die Seelen der Verstorbenen in Umläufe gelangten, an deren Ende ihr Schicksal sich ändere und die meisten wieder ins irdische Leben zurückkehrten. Im ganzen Weltall ist das Werden in eine Reihe von Umläufen eingeschlossen. Vergil entdeckt hier aufs neue und offensichtlich als Glaubender die von ihm in der vierten Ekloge verwendete pythagoreische Lehre von den «großen Monaten» und den «großen Jahren», ebenso wie den römischen Glauben an die *saecula*, an Zeitabstände von hundert bis hundertzehn Jahren, nach deren Ablauf die Welt sich erneuert hat. Unter diesem Gesichtspunkt kann der Zeitablauf in der Aeneis nicht beliebig sein: er wird durch Fixpunkte gegliedert: die Reihen mißleiteter Hoffnungen und Landungen in Gegenden, die man alsbald wieder verlassen muß, in Thrakien, in Delos, in Kreta, in Sizilien, dann der Tod des Anchises und bald darauf die Ankunft in Karthago; ein Jahr dauert der Aufenthalt bei Dido, am Jahrestag vom Tod des Anchises kehrt Aeneas nach Sizilien zurück, um die rituellen Leichenspiele an seinem Grab abzuhalten. Alle diese Ereignisse sind in einer Kausalreihe miteinander verknüpft, jedes einzelne ist von den Göttern und der Schicksalsbestimmung gewollt, aber ihre Reihung ist dem Helden nicht von Anbeginn an klar, da er das verheißene Land anfangs im Dunkeln sucht und es nur schrittweise licht und

Tag werden sieht, so wie die Morgenröte allmählich die Finsternis vertreibt. Darüber hinaus zeichnet sich im Schoße dieser auf ein Ziel gerichteten Zeit eine andre ab von ausgedehnterer Dauer: die Landungen in der Aegaeis prägen diesen Ländern kein römisches Geschick auf, da sie nur die Folge des Irrtums über die Absichten der Götter sind. In Karthago endet die Anwesenheit des Aeneas mit einer Verfluchung, und die beiden Gemeinwesen, Rom und Didos Königreich, werden einander später die Stirne bieten. Sizilien ist viel stärker durchtränkt von trojanischem Geiste. Schon ahnt man, daß einige dieser Städte, nämlich die, in der die Trojaner des Aeneas ihrem Landsmann Acestes begegnen und deren Boden die Gebeine des Anchises bergen, später einmal in ein Vasallenverhältnis zu Rom treten, wie es dann im Ersten Punischen Krieg der Fall war, als die Städte Ostsiziliens Roms Waffen unterstützten. Im allmählichen Ablauf dieser dergestalt gegliederten Zeit sieht man, wie auch das Römische Reich in nebelhafter Zukunft Form gewinnt. Es kann also keine Rede davon sein, daß Vergil seine Dichtung sich je nach Maßgabe seiner Eingebung hat frei entwickeln lassen. Vielmehr bestand die Schwierigkeit darin, der Eingebung nicht jeden Schwung zu nehmen, indem man sie wesentlich philosophischen Absichten unterordnete. Es scheint, als habe Vergil bei der Abfassung seines Gedichts den Rat befolgt, den er den Winzern gegeben hatte, damit sie den Wildwuchs der Reben in Schranken halten könnten; die Eingebung, welche die ersten Verse diktiert, ist noch ein zartes Gewächs, dem man Schonung angedeihen lassen muß:

Bricht es aber, mit kräftigem Arm umschlingend die Ulmen,
mächtig hervor, dann stutze sein Haar, dann kappe die Äste
seitlich – noch hatten von Eisen sie Angst –, jetzt endlich laß
harte Herrschaft sie spüren, und rings beschränke den Wildwuchs der Zweige!
(Georg. 2, 367–370).

In der Praxis, das wissen wir, griff Vergil, nachdem er den Gesamtplan der Aeneis in Prosa aufgeschrieben hatte, ganz nach Laune bald hier, bald da eine Episode heraus und formte ihre Verse, ohne sich sonderlich um die Ordnung zu kümmern. Hier ließ er dann seiner Eingebung freien Lauf. Bei Gelegenheit der Georgica haben wir gesehen, daß er die Verse ein bißchen so, wie sie ihm kamen, diktierte und sich vorbehielt, danach diese erste Textfassung zu verbessern und auszufeilen. Bei der Abfassung der Aeneis ging er in ähnlicher Weise vor, indem er sich seinen inneren Assoziationen anvertraute, die bisweilen ins Stocken gerieten, wie das bei jedermann geschieht: dann ließ er den Vers unvollendet, ohne sich mit den widerborstigen Wörtern aufzuhalten, die sich nicht ins Versmaß fügen wollten, und fuhr im gleichen Schwung in seinem Diktate fort. Bisweilen, wenn die so entstandene Lücke allzu mißlich war, gab er sich damit zufrieden, einige Verse flüchtig hinzuwerfen, die er selbst für schlecht, banal oder nicht genügend sinnreich hielt, damit die Lücke vorläufig gefüllt wäre. Er bezeichnete sie als «Stützbalken», wie man sie in einsturzgefährdeten Häusern einzieht. Dieser von Vergil selbst stammende Ausdruck beweist, daß er sein Gedicht mit einem Bau verglich, bei dem die verschiedenen Einzelteile aufeinander bezogen sind und einander stützen wie die Wölbsteine eines Bogens. Dann stand plötzlich der widerspenstige Vers vor ihm, und sein Sekretär namens Eros, ein Freigelassener, erzählte gerne, wie sich dann die Einfälle aus dem Stegreif einstellten, wenn Vergil, was häufig geschah, seinen Freunden einige soeben gedichtete Partien vorlas. Jede dieser Lesungen versetzte ihn wieder in Schaffensbegeisterung, und die laut gesprochenen melodischen Verse gaben ihm die Lösung ein. Eros berichtet ein bezeichnendes Beispiel. Im sechsten Gesang hatte Vergil geschildert, wie Aeneas wieder zu den Seinen zurückkehrt mit dem «getreuen Gefolgsmann Achates» zur Seite, nachdem er die Orakelsprüche der Sibylle vernommen hatte. Da sehen sie auf einmal den Leichnam des Troers Misenus, der nicht seinesgleichen hatte, wenn es galt, die Kriegstrompete erschallen zu lassen. An dieser Stelle aber geriet Vergil ins Stocken; nachdem er «Aeolus' Sohn Misenus» genannt und versucht habe, ihn durch seine Hauptaufgabe zu charakterisieren, «die Männer mitzureißen», sei es ihm nicht gelungen, beide Angaben miteinander zu verbinden, und der Vers sei unfertig geblieben – genauer gesagt, zwei Verse, denn was die Eingebung da geliefert hatte, war beidesmal ein Hexameteranfang, zu dem der zweite Halbvers fehlte. Doch während des Vorlesens sind auf einmal die beiden fehlenden Halbverse wie von selbst an der richtigen Stelle im Gefüge des Rhythmus. «Aeolus' Sohn Misenus» erhält sein schmückendes Beiwerk:

Aeolus' Sohn Misenus; kein anderer konnte so trefflich
Männer zum Werke des Mars entflammen mit schmetterndem Erze
(Aen. 6, 164/65).

Dieses von Eros ehrfürchtig bewahrte Beispiel läßt deutlich werden, daß Vergils Dichtung auf einer sorgfältigen, mühevollen Arbeitsweise beruht, die zwar Vers für Vers durchfeilt, aber doch den Fluß der gesprochenen Rede sich erhält und so dem Sprachschwung eines antiken Redners nahe kommt. Mit dieser Schreibart entfernt er sich von der Ästhetik der Neoteriker, denen die Ausgefeiltheit mehr am Herzen lag als der Schwung. Zwar galt sein Augenmerk auch weiterhin der vollendeten Form, und er hörte auch nicht auf, wie bei den Georgica, seine noch ungeformten Verse zu «belecken», aber das Hauptanliegen war nicht das Vergnügen an der Schönheit; es ging ihm vielmehr um die Mitteilung einer vom Dichter instinktiv erfaßten inneren Wahrheit. Es gibt in der Aeneis etwas seherhaft Kündendes, als ob der Dichter nicht der einzige sei, der hinter seiner Dichtung stehe, sondern tief verborgene Mächte durch seinen Mund sprächen und ihm zumindest manches Wort eingegeben hätten. Eine Anzahl Verse – im ganzen gibt es 58 unvollendete Verse – läßt Vergils Arbeitsweise heute noch erkennen.

Cicero hat uns eine Bemerkung von Ennius erhalten, durch die wir wissen, daß bei den italischen Völkerschaften anfänglich Dichter und Seher nicht voneinander geschieden waren, sondern mit einem einzigen Begriff bezeichnet wurden als *vates,* was wir Heutigen, weil uns kein besserer Begriff zu Gebote steht, mit «erleuchteter Sänger» wiedergeben könnten. Der Begriff der «Erleuchtung» sagt uns Heutigen kaum mehr etwas, in seiner eigentlichen Bedeutung hat er das Heidentum nicht überlebt. Für einen Römer ist ein *vates* das Sprachrohr der in allem Seienden vorhandenen Mächte, vielleicht ist er auf dem Dorf ein Zauberer, der mit den im Unterholz ursprünglicher Wälder hausenden Wesen im Bunde steht, vielleicht auch in den Marktflecken Latiums der Wahrsager, der Zukünftiges voraussieht. So verwendet Plautus in seinen Komödien den Ausdruck. Vergil selbst bringt in den Eklogen ein kostbares Zeugnis. Der Hirte Lycidas sagt von sich selbst:

... Zum Dichter (poeta) *machten auch mich die*
Musen, auch ich weiß Lieder, auch mich bezeichnen als hehren
Sänger (vates) *die Hirten, doch* ich *will nicht so leicht ihnen glauben*
(Ecl. 9, 32–34).

Zwei Begriffe werden hier einander gegenübergestellt: *poeta* und *vates.* Lycidas gibt zu, daß er von den Musen die Begabung erhielt,

Verse zu schreiben – dies ist eine schlichte handwerkliche Fertigkeit, die auch im griechischen Wort *poeta*, «Hersteller», zum Ausdruck kommt; doch die Hirten schreiben ihm mit einem gewissen ehrfürchtigen Schauder übernatürliche Kräfte zu, wie wir heute sagen würden, die Kräfte eines *vates*. Die Hirten, will sagen, einfache Leute, die ihrerseits ländliche Gottheiten und ihre Macht «kennen».

Als Ennius mit den alten poetischen Traditionen gebrochen und die griechische Technik übernommen hatte, gab er seiner Verachtung für den *vates* Ausdruck, dessen Verse ihm wild und struppig schienen. Aber im gleichen Atemzug scheint er sich auch von der Vorstellung distanziert zu haben, die Dichter seien kündende Seher, was sie sagten, sei geheimnisvoll, unbegreiflich. Und nun erhält im Zeitalter des Augustus das Wort *vates* wieder seine volle Bedeutung; es ist keine Rede mehr von Verachtung: der Dichter bringt eine Botschaft, die ihn übersteigt und aus seinem tiefsten Wesen zum Vorschein kommt. Als Mittler ist er Künder einer übermenschlichen Wahrheit. So denkt Horaz, wenn er seine ersten drei Bücher der «Carmina», die wir heute als Oden bezeichnen, Maecenas widmet und dabei den Wunsch äußert, unter die *vates* gerechnet zu werden, also unter die Dichter, die allein kraft ihrer Erleuchtung, das heißt ihres Zwiegesprächs mit dem Ewigen, Sprachrohr der Götter werden. Dichtung und Philosophie vereinigen sich hier insofern, als der Philosoph das Wahre aufdeckt und der Dichter davon Kunde gibt, wenn die Begriffe der Vernunft nicht ausreichen, es auszudrücken.

Vergil ist sich des quasi pythischen Wesens der Dichtkunst im allgemeinen und seiner Dichtung im besonderen durchaus bewußt. Es wird berichtet, er habe, wenn ihn Zweifel über das Geschriebene packten, einem Freundeskreis die betreffenden Stellen vorgelesen, um ihre Qualität an deren Urteil zu messen. Das Kriterium der Qualität entnahm er der Reaktion des Publikums, der Reaktion nicht nur auf den Versbau, sondern auch auf die Melodie der Sprache und ihre Möglichkeit, die Menschen zu bezaubern. Die Vergilvita legt großen Wert auf seine Vortragsweise, den Wohlklang seiner Stimme und den wundersam verlokkenden Reiz seines Vortrags. Ein Zuhörer, Julius Montanus, selbst ein Dichter, soll erklärt haben, er würde dem Vergil gerne manches entwenden, wenn er ihm zugleich auch den Klang seiner Stimme, seinen Gesichtsausdruck und das Gebärdenspiel wegnehmen könnte. Denn dieselben Verse «klängen gut», wenn Vergil selbst sie vortrage, ohne ihn aber seien sie leer und stumm. Für Vergil erhält Dichtung erst ihren vollen Sinn, wenn des Dichters oder des Sängers Stimme sie zum Leben erweckt. Dann ist sie – um ein Wort aufzunehmen, mit dem Ennius seine eigene Dichtung charakterisierte – in der Lage, «den Sterblichen flammende Verse ins innerste Mark zu gießen» (Satur. 3), das heißt in ihr innerstes Wesen, denn das Mark galt damals als Sitz der lebensspendenden Wärme, ja des Lebens selbst.

Diese Dichterlesungen Vergils erregten bald großes Aufsehen. In den literarischen Kreisen sprach man darüber, da entstehe ein Werk von beträchtlicher Bedeutung. Properz wußte schon im Jahre 25 v. Chr.:

(Vergil) ... der jetzt des Trojaners Aeneas Kämpfe beschworen
und die Mauern, die der schuf am lavinischen Strand.
Weichet zurück, ihr römischen Dichter, weichet ihr Griechen:
etwas Größeres entsteht hier als die Ilias ist
(Eleg. 2, 34, 63–66).

Drei oder vier Jahre später, im Jahre 22, konnte Vergil in einer Lesung vor Augustus und seiner Schwester Octavia drei vollständig abgeschlossene Gesänge, das zweite, das vierte und das sechste Buch, im ganzen vortragen. Hiervon weiß die Vita des weiteren zu berichten, daß bei der Lesung der Partie, die Vergil dem Gedenken des im Herbst 23 verstorbenen Marcellus gewidmet hatte, dessen Mutter Octavia ohnmächtig geworden sei. Diese Verse sind berühmt geblieben, weil sie all dem Mitleid und der Trauer eines Menschen vor einem allzufrüh geöffneten Grab Ausdruck geben:

«... Du
wirst ein echter Marcellus; o laßt mich aus vollen Händen
Lilien, purpurne Blüten streun, die Seele des Enkels
wenigstens so mit Gaben erhöhn und nichtigen Dienst ihm
weihen» (Aen. 6, 882–886).

Während der Dichter diese Verse vorlas, vergossen Octavia und Augustus Tränen; als Octavia wieder aus ihrer Ohnmacht erwacht war, wollte sie nicht, daß die Lesung fortgesetzt werde, da jedoch nur noch fünfzehn Verse bis zum Schluß des Gesanges fehlten, wurde dem Dichter gestattet, zu Ende zu lesen.

Wie immer auch die metaphysischen Absichten und die zu erwartende Einwirkung der Dichtung auf die Seelen beschaffen sein mögen, ein Epos erzählt zunächst einmal eine Geschichte und muß, wie gesagt, dartun, daß durch diese Geschichte ein wesentliches Moment des Weltganzen vermittelt wird. Die Erleuchtung, die sich in Vergils Seele beim endgültigen Sieg des Augustus ausbreitete, ließ in ihm den Gedanken keimen, bis in die Vorzeit zurückzugehen, bis zu den ersten Anfängen der römischen Schicksalsbestimmung und zum trojanischen Herrscherhaus. Es handelt sich da um eine sehr alte Sage, wie alt sie wirklich ist, darüber gibt es unter den heutigen Gelehrten keine Einigkeit. Unleugbar ist allerdings, daß die Gestalt des Aeneas seit dem 6., spätestens seit Anfang des 5. Jahrhunderts v. Chr. auf italischem Boden ganz in der Nähe von Rom im Etruskerstädtchen Veji bekannt war, wo man archaische Figürchen fand, die Aeneas darstellen, wie er seinen Vater Anchises auf den Schultern trägt. Diese Weihefigürchen der Volksfrömmigkeit bezeugen lediglich, daß die Aeneassage vom Aufbruch aus der Troas nach Ilions Fall zumindest um 450 v. Chr. in Etrurien allgemein bekannt war; zweifellos ist sie schon viel früher eingedrungen. Welche Bedeutung maß man ihr bei? Wir wissen es nicht. Sicher ist nur, daß die Gestalt des Aeneas zu den zahlreichen Sagen gehörte, durch die die älteste Vorzeit italischer Gemeinwesen zu Helden des trojanischen Sagenkreises in Beziehung gesetzt wurde. Odysseus und Diomedes gehören ebenfalls hierher. Bisweilen wird sogar berichtet, Rom sei von den wiederausgesöhnten Feinden Odysseus und Aeneas gegründet worden. Oder es heißt, Aeneas sei der einzige Gründer und habe ihr diesen Namen zu Ehren seiner Tochter Rhome gegeben, was auf griechisch Stärke heißt. Am hartnäckigsten scheint sich die Überlieferung gehalten zu haben, die sich um das Landstädtchen Lavinium in Südlatium rankte, dem heutigen Prattica di Mare, das wenige Kilometer landeinwärts liegt; heute kann man dank erfolgreicher Ausgrabungen erkennen, daß sich dort griechischer Einfluß schon seit frühester Vorzeit geltend gemacht hatte. An dieser Stelle befand sich auch das jüngst wiederentdeckte «Grab des Aeneas». Es scheint, daß die Bezeichnung relativ jungen Datums ist, wohl viertes vorchristliches Jahrhundert, und daß man den Namen des Aeneas mit einer viel älteren

Grabstätte verbunden hat. Aber zu Vergils Zeit gab es keinen Zweifel an der Echtheit dieser Kennzeichnung; Aeneas, so nahm man an, sei am Gestade unweit von Lavinium gelandet, habe vielleicht sogar in eigener Person die Stadt gegründet, auf jeden Fall aber Lavinia, die Tochter des ortsansässigen Königs, geheiratet und sei am Ufer des Bächleins gestorben, das die Gegend durchfließt, des Numicius; dort wurde er unter die Götter aufgenommen, und sein «Grabmal» war nur ein Kenotaph zur Erinnerung an ihn. Und Vergil hatte mit eigenen Augen dieses vom Helden seines Gedichts hinterlassene «sichtbare» Zeichen betrachten können.

Wir können hier nur in aller Kürze die wichtigsten literarischen Zeugnisse über Aeneas' Erscheinen in Latium ins Gedächtnis rufen: man nimmt allgemein an, daß die Sage bei dem in der ersten Hälfte des sechsten vorchristlichen Jahrhunderts lebenden Chorlyriker Stesichoros aus Himera zum ersten Male erwähnt wird. Als nächstes kommt ein Fragment des Historikers Hellanikos aus Lesbos, dessen Werk zu Beginn des 5. Jahrhunderts anzusetzen ist; hier wird einiges genauer ausgeführt. So sollen sich Odysseus und Aeneas in der Gegend von Rom getroffen haben, und Aeneas habe, um nach Italien zu gelangen, das «Land der Molosser», also Epirus, durchquert – ein von Vergil aufgegriffenes Detail – und am Tiberufer Station gemacht, da die Trojanerinnen in seinem Gefolge auf den Schiffen Feuer gelegt hätten, um die Männer endlich zu zwingen, nicht mehr weiter zu ziehen und feste Wohnsitze zu errichten; auch diese Episode wird von Vergil im fünften Buch verwendet, wobei er allerdings den Schauplatz des Geschehens an einen andern Ort verlegt. Allmählich hatte die Vorstellung vom trojanischen Ursprung Roms sich in den Köpfen eingenistet. Im 3. Jahrhundert v. Chr. erscheint der Historiker Timaios von Tauromenion, dem heutigen Taormina, also auch er aus Sizilien stammend, um Latium und Lavinium zu besichtigen; an Ort und Stelle erfährt er, daß Lavinium die trojanischen Penaten, die hier seit der Ankunft der Trojaner verwahrt würden, noch besitze. Es wird Timaios aber verwehrt, diese Penaten zu besichtigen, die weiterhin in ihrem Heiligtum den Blicken der Menschen entzogen bleiben; andre Schriftsteller wissen aber, daß es sich um Figürchen aus Marmor, Holz und Terracotta handelte. Es besteht allerdings bei den antiken Autoren in diesem Punkte keine Einmütigkeit; manche machen sie zu großen Göttern, die Apoll und

Neptun darstellen sollen, andre wollen sie mit den Großen Göttern von Samothrake gleichsetzen, den Gegenständen eines Mysterienkultes. Diese Penaten spielen in der Aeneis eine große Rolle: sie sind die Hüter und das Symbol des «trojanischen Volkes», sozusagen ein Stück phrygischer Erde, ein Stück Heimat. Im ersten Buch landet Aeneas nach dem Sturm, der seine Flotte bei der Überfahrt, die ihn von Sizilien nach Italien bringen sollte, versprengt hatte, in Afrika, und dort trat ihm seine Mutter Venus als junge Jägerin entgegen. Sie spricht Aeneas an, und auf ihre Fragen antwortet er:

Ich bin Aeneas, der Fromme; dem Feind entrißne Penaten
bring ich zu Schiff, bin hoch im Äther bekannt; ...

(Aen. 1, 378/79).

Die Penaten sind das Herz, die tiefreichenden Wurzeln. Sie sind auch die Quelle der Macht; dauerhaft und unsterblich halten sie bei allem Wechsel, bei allen Irrfahrten stand. Während eines Aufenthalts der Trojaner in Kreta erscheinen sie dem Aeneas im Traume, um ihn wissen zu lassen, daß der wirkliche Ort, der von seiner Schicksalsbestimmung für die Gründung ausersehen ist, weiter westlich liege, in «Hesperien». Und dann fügen sie noch etwas sehr Wichtiges hinzu: dieses Land, «uralt, waffengewaltig, mit fruchtbarer Scholle» (3, 164), sei die ursprüngliche Heimat der Penaten und die Fahrt dorthin auf den Schiffen des Aeneas sei nur eine Heimkehr. Dieselben Penaten waren schon bei Naevius in dem Gedicht über den «Punischen Krieg» vorgekommen: Anchises bot ihnen dort ein feierliches Opfer dar, nachdem er als römischer Augur, als Vogeldeuter, gesehen hatte, wie der Vogel das *templum*, den geheiligten Bezirk, überflog und hiermit einen günstigen göttlichen Bescheid überbrachte.

Von da an, also seit dem Beginn des 2. Jahrhunderts v. Chr., ist die Sage in ihren Hauptzügen fixiert: fester Bestandteil bleibt die Zuordnung des Aeneas zu Lavinium, das heißt zur Bundeshauptstadt der latinischen Gemeinden, bevor Roms Vormachtstellung sich gefestigt hatte. Der Zensor Cato, ein Zeitgenosse des Ennius, führt in seinen «Origines» den Bericht über die Irrfahrten des Aeneas zu Ende[11]. Er läßt Aeneas mit seinem Vater Anchises in Latium ankommen, wohingegen der Vater bei Vergil bekanntlich schon in Sizilien stirbt; beide zusammen gründen eine Stadt, die sie Troja nennen, und Latinus, der König dieser Gegend, überläßt ihnen einen kleinen Landstrich; später gibt er dem Aeneas seine Tochter zur Frau. Doch die Trojaner erweisen sich als Landräuber, und ihre Beutezüge verursachen einen Krieg, bei dem Latinus getötet, und Turnus, der König der Rutuler, eines benachbarten Stammes, und möglicherweise sein Schwiegersohn, muß sich zum Etruskerkönig Mezentius flüchten. Beide zusammen fangen von neuem Krieg an. Turnus wird von Aeneas getötet, der alsbald in den Fluten des Numicius untergeht und wie Romulus unter die Götter aufgenommen wird. Ascanius, der Sohn des Aeneas, setzt den Kampf gegen Mecentius fort und besiegt ihn schließlich. Dreißig Jahre später verläßt Ascanius Lavinium, um weiter nördlich Alba Longa zu gründen.

Alle diese Namen und Gestalten finden sich als Hauptdarsteller oder Statisten in der Aeneis wieder. Doch spielt dieser Teil der Sage erst in den letzten sechs Büchern eine Rolle. In den ersten sechs entfaltet Vergil andre Aspekte der Geschichte, die er nicht so deutlich ausgeführt vorfand, weil sie weniger zu Roms Ursprungslegende als zu einer nicht klar abgegrenzten Gruppe von Sagen gehörten, die sich mit den Ereignissen nach Trojas Untergang befaßten – eine regelrechte Literatur von Posthomerica, von «nachhomerischen Geschichten», von denen wir nur noch bei den antiken Kommentatoren und bei Dichtern, die jünger als Vergil sind, Spuren finden. Diese Werke behandelten die Irrfahrten aller in den homerischen Epen vorkommenden Personen, darunter auch die des Aeneas. Die Gestalt des Aeneas wird darin ganz unterschiedlich dargestellt, wobei einige Autoren sich sogar zur Behauptung verstiegen, Aeneas habe seine Rettung im Augenblick des letzten Sturms seinen Geheimabsprachen mit den Siegern zu verdanken; andre, die ihn nicht geradezu des Verrats bezichtigen wollten, erklärten, die Sieger hätten seiner Frömmigkeit und seinem angeborenen Gerechtigkeitssinn Respekt gezollt; meist aber berichtete man, er habe bis zum letzten Augenblick um die Stadt gekämpft, indem er die Verteidiger in der Burg um sich scharte, und sich zum Verlassen der Stadt erst dann entschlossen, als die Lage ausweglos geworden war. Diese verschiedenen Versionen entsprangen nicht der geschichtlichen Überlieferung, sondern den Gehirnen der Dichter, die sich, so scheint es, in einigen Fällen von politischen Erwägungen leiten ließen. Sagen aus Epos und Tragödie dienten Rednern und Staatsmännern häufig zur Rechtfertigung von Ansprüchen und Forderungen.

Im Osten gab es Hinterlassenschaften, die man mit dem Zug der von Aeneas angeführten Trojaner nach Westen in Verbindung brachte. Man schrieb ihnen in verschiedenen Gegenden Stadtgründungen und Einrichtungen von Heiligtümern zu. Ein griechischer Geschichtsschreiber aus augusteischer Zeit, Dionysios von Halikarnaß, hat uns eine Anzahl dieser Mythen überliefert. Und was er zu berichten weiß, setzt uns stets von neuem in Erstaunen. So führt er zum Beispiel einen Historiker aus Lykien mit Namen Menekrates von Xanthos an, der sich, wohl im 4. Jahrhundert v. Chr., die These vom Verrat des Aeneas zu eigen gemacht hatte und sie dahingehend erweiterte, daß aus Aeneas im Gefolge seiner Hilfeleistungen für die Griechen «einer von den Achäern» wurde. Derlei Behauptungen machen uns leichter begreiflich, daß dieser Trojaner und Feind der Griechen, der Achäer, dennoch als hellenischer Heros betrachtet wurde. Vergil führt ihn dann als einen Gastfreund des Arkadierkönigs Euander vor. Und daraus erklärt sich auch, weshalb die Griechen Aeneas und seinen Leuten so ziemlich überall auf griechischem Boden Stadtgründungen zuschrieben. Zuerst in Thrakien, wo sie auf der Halbinsel Pallene der Aphrodite (Venus) einen Tempel stifteten und die Stadt Aeneia gründeten. Von dort begaben sie sich nach Delos, wo König Anios herrschte; Dionysios von Halikarnaß behauptet, noch lange Zeit habe es auf der Insel Zeugnisse vom Aufenthalt der Trojaner gegeben; leider läßt er sich nicht auf Genaueres ein. Man könnte an uralte Heiligtümer aus mykenischer Zeit denken, wir wissen aber nicht, weshalb man diese uralten Überreste den Trojanern des Aeneas zuschrieb. Von Delos aus begaben sie sich nach Kythera, wo sie ebenfalls einen Aphroditetempel errichteten. Dann fuhren sie nach Arkadien; verschiedene Legenden bestätigen ihre dortige Anwesenheit. Von Arkadien aus setzten sie nach Zakynthos, der heutigen Insel Zante im Jonischen Meer, über; sie errichteten dort, wie üblich, ein Aphroditeheiligtum und führten feierliche Spiele ein, vor allem einen Wettlauf, der noch in historischer Zeit den Namen «Wettlauf des Aeneas und der Aphrodite» trug. Nach Zakynthos findet man sie auf Leukas ebenfalls mit einem Tempel der *Aphrodite Aeneas*. Ihre Anwesenheit in der Gegend wird durch zwei der gleichen Gottheit geweihte Tempel in Ambracia und in Actium bezeugt. In Ambracia stand neben dem Tempel eine kleine, dem Aeneas geweihte Kapelle; darin war eine uralte Holzfigur zu sehen, ein *xoanon*, von dem es hieß, es stelle den Helden selbst dar, dem besondere Priesterinnen, die «Dienerinnen» genannt wurden, Opfer darboten.

Dann legte Anchises mit der Flotte in Buthrotum, dem heutigen Butrinto, eine Ruhepause ein, während sich Aeneas mit den kräftigsten Männern nach Dodona auf den Weg machte, um das berühmte Zeusorakel zu befragen. Dort stießen sie auf eine trojanische Kolonie mit einem der Priamossöhne, Helenos, der gleich seiner Schwester Kassandra ein Seher war. Er hatte den Griechen einige Dienste geleistet, indem er ihnen enthüllte, wie Troja einzunehmen sei, was ihm Leben und Freiheit rettete. Schließlich hatte er Hektors Witwe Andromache geehelicht, nachdem auch diese mancherlei erlebt hatte. Jeder Streckenabschnitt erhält durch die Stiftung eines Aphroditetempels sein Gepräge, und weiter geht die Fahrt von Heiligtum zu Heiligtum entlang der Südküste Italiens und dann nach Sizilien, wo man am Kap Drepanon, unweit des heutigen Trapani, andre Trojaner unter ihrem König Aegestes vorfand, dessen Familie der blutrünstigen Tyrannis des Laomedon entflohen war!

Unter den «Beweisen» für die Ankunft des Aeneas in Sizilien ist der Venustempel auf dem Mons Eryx (Monte Erice) der berühmteste; es gab außerdem, wie üblich, daneben ein dem Aeneas errichtetes Heiligtum. Schließlich kamen die Trojaner nach Italien, und ihre Spur läßt sich am Kap Palinurus im Tyrrhenischen Meer, unweit der Griechensiedlung Velia in Lukanien, verfolgen, hernach auf der kleinen Insel Licosa, darauf am Kap Misenum, das die Bucht von Neapel abschließt, später auf der Insel Prochyta (heute Procida), dann in Caieta (heute Gaeta), und schließlich landeten sie im Gebiet der Laurenter, unweit Lavinium.

Offensichtlich bringt die weite Verbreitung der Aeneassagen den Dionysios von Halikarnaß etwas in Verwirrung; er bemüht sich darzutun, daß es keineswegs erstaunlich sei, wenn man an verschiedenen Orten auf Grabstätten des Aeneas stoße: zwar könne offensichtlich nur eine den Leib des Helden geborgen haben, doch hätten mehrere ihm zu Dank verpflichtete Gemeinwesen ihm Kenotaphe oder *heroa* errichtet, also Heiligtümer, wie man sie Stadtgründern stiftete. Denn Aeneas wurde in der gesamten Mittelmeerwelt als ein wohltätiger Heros angesehen. Er habe, so hieß es, die völlige Zerstörung Trojas verhindert, einen Teil seiner Bevölkerung in benachbarten Gebieten angesiedelt, wo sie es zu Wohlstand brachte. Er habe mehrere Städte gegründet, und man war sich darin einig, daß er allenthalben größte Menschlichkeit an den Tag gelegt habe. Schon vor Vergil gilt er als «frommer» *(pius)* Held par excellence und eben wegen dieser Eigenschaft als Schützling der Götter. Daher sind seine Aufenthalte von allerlei Wundern begleitet wie plötzlich hervorbrechenden Quellen, bei den Laurentern etwa, während die Trojaner nach ihrer Landung nur brackiges Wasser vorfanden und Durst litten. Vergil hat dies Wunder nicht übernommen, aber er «verwendete» eine andre Geschichte, die im Volk von Lavinium kursierte und die man sich noch zur Zeit des Augustus erzählte: als die Trojaner ihre erste Mahlzeit nahmen, breiteten viele von ihnen, nachdem sie mit dem von den Göttern gesandten Wasser ihren Durst gelöscht hatten, Selleriekraut auf dem Boden aus «an Stelle von Tischen». Andre sprechen von Mehlfladen anstelle von Selleriekraut, die den gleichen Zweck erfüllten, und Vergil folgt ihnen darin. Wie dem auch sei, nachdem sie die auf diesen «Tischen» befindliche Speise verzehrt hatten, fingen einige an, auch das Selleriekraut oder diese Fladen zu essen, bis einer ausrief: «Ei doch, wir essen sogar noch die Tische!» (vgl. Aen. 8, 116), und man sich eines Orakelspruches entsann, den man nach Dionysios von Halikarnaß in Dodona, nach andren von einer Sibylle empfangen hatte, wonach die Gefährten des Aeneas so lange nach Westen reisen sollten, bis sie «nach dem Ende des Mahls noch verzehren die Tische», woran sich Vergil im dritten Buch der Aeneis erinnert (v. 257). Im weiteren forderte der Orakelspruch sie auf, einem «vierfüßigen Tier» zu folgen, das sie führen würde. Dort, wo es sich ermüdet zur Ruhe begebe, sollten sie eine Stadt gründen.

Der zweite Teil des Schicksalsspruchs ging alsbald in Erfüllung: um mit einem Opfer das Ende der Irrfahrten zu feiern, hatten die Trojaner irgendwo auf den Feldern eine trächtige Sau aufgetrieben. Während der Priester das Messer wetzte, um sie abzustechen, riß das Tier sich los und entkam. Aeneas begriff, daß es sich hier um den vom Orakel genannten «Vierfüßler» handle. Daher folgte er der Sau, und als sie etwa viereinhalb Kilometer landeinwärts stille stand, blickte er um sich und stellte fest, daß das Gelände für eine Stadtgründung wenig geeignet zu sein schien; ein offensichtlich nicht sehr fruchtbarer Boden, zu weit von der Meeresküste entfernt, ohne bequemen und sicheren Ankerplatz.

Aeneas, unsicher geworden, haderte mit den Göttern, deren Schicksalssprüche dem gesunden Menschenverstand so zuwider liefen. Da vernahm er plötzlich eine wesenlose Stimme aus einem nahegelegenen Wald, die ihm einschärfte, die Einwände und allzu menschliche Überlegungen, die ihm hier kämen, beiseite zu schieben und eine Stadt auf diesem Boden zu gründen: er möge zwar unfruchtbar sein, dennoch werde von ihm aus ein großes Reich seinen Ausgang nehmen.

So sahen – zum Teil, denn es gab zahllose und großenteils sehr alte Aeneassagen – die Materialien aus, die Vergil zum Verfertigen seines Gedichts zur Verfügung standen.

Außerdem war in jüngster Zeit, wie es scheint, eine römische Ausweitung der bislang eher italischen und ostmediterranen «Sequenz» erfolgt. In der griechischen Überlieferung hatte Aeneas einen Sohn mit Namen Askanios, und die griechischen Historiographen behaupten bisweilen, dieser habe im Osten ein Königreich begründet und dort friedlich geherrscht. Andre Schriftsteller wiederum berichten von ihm, er sei bei der Einnahme Trojas noch ein Kind in recht zartem Alter gewesen; Aeneas habe ihn bei sich gehabt, als die Stadt in Flammen aufging, und so entstand das «kanonische» Bild von Aeneas, der auf den Schultern seinen alten Vater Anchises trug und den kleinen Ascanius an der Hand führte. Nun änderte zu einem schwer bestimmbaren Zeitpunkt Ascanius seinen Namen; er hieß fortan Iulus. Der Vergilkommentator Servius berichtet, als erster habe Caesar den Sohn des Aeneas so benannt: der junge Mann habe diesen Namen nach seinem Sieg über Mezentius (von dem die catonische Überlieferung wußte) erhalten, sei es, daß er ein besonders geschickter Bogenschütze war – auf griechisch heißt der Bogen *iobolos* – oder daß damals sein Bart zu sprießen begann – *ioulon* ist das griechische Wort für den ersten Flaum. Es liegt auf der Hand, daß die Ableitungen reine Phantasiegebilde sind; es scheint so zu sein, wie es auch Vergil im ersten Buch der Aeneis bei der Vorstellung des Kindes (267 ff.) sieht, daß der Name in Beziehung zu einem alten trojanischen König Ilos steht, dem Begründer der Burg von Ilion. Eine alteingesessene Familie in Latium führte Julius als Gentilnamen, und es ist denkbar, daß die Verbindung zur trojanischen Sage schon sehr früh hergestellt wurde: die *gens Iulia* führte sich, seit wann ist nicht genau bekannt, auf den König Ilos zurück oder vielmehr auf seinen Nachfahren, den man zum Sohn des Aeneas und später zum Gründer der latinischen Stadt Alba Longa machte. Es kam nicht selten vor, daß eine römische *gens* von einem trojanischen oder griechischen Ahnen abstammen wollte. Im 1. Jahrhundert v. Chr. waren die römischen Antiquare geradezu besessen von solchen Stammbäumen, was Vergil im fünften Buch bei der Aufzählung der Teilnehmer am Wettrudern aufgreift, wo er erklärt, die *gens Servia* gehe auf den Trojaner Sergestus zurück, die *gens Memmia* auf Mnestheus und die *gens Cluentia* auf Cloanthus. Bei diesen Verbindungen stützte er sich vermutlich auf eine von Varro im Jahre 37 v. Chr. veröffentlichte Abhandlung «Die trojanischen Familien» *(De Trojanis familiis)*. Varro, der durch Caesars Sieg vom politischen Leben ausgeschlossen und von den Siegern später amnestiert worden war, stellte seine immense Gelehrsamkeit und seine Wißbegierde in den Dienst des von Caesar wiederbelebten trojanischen Mythos.

Diese Wiederbelebung erfolgte im Jahre 63 v. Chr., als Caesar sich zum Oberpriester *(pontifex maximus)* wählen ließ und, gewiß bei dieser Gelegenheit, ein Werk veröffentlichte, worin er darlegte, wie diese Würde ursprünglich dem Ahnherrn seiner *gens* zugekommen war[12]. Diese Version der Geschichte hat uns auch diesmal Dionysios von Halikarnaß aufbewahrt: Aeneas habe von Lavinia, der Tochter des Latinus, einen postumen Sohn gehabt, den sie Silvius nannte, also den Mann aus den Wäldern. Lavinia, die befürchten mußte, daß Ascanius-Iulus versuchen werde, sich ihrer und seines Bruders zu entledigen, sei in die Wälder geflohen, wo sie, behütet von einem alten Schweinehirten des Latinus, namens Tyrrhenus, lebte, bis das Volk, aufgeschreckt durch ihr Verschwinden, Ascanius des Mordes an ihr beschuldigte. Tyrrhenus klärte die Angelegenheit auf, und Lavinia kehrte nach Lavinium zurück. Ein Streit erhob sich zwischen Ascanius und Silvius darüber, wer herrschen solle. Das Volk entschied, die Königsmacht komme Silvius als einem Abkömmling des Latinus zu; Ascanius aber solle die religiöse Oberhoheit erhalten. Dies sei der Ursprung des Oberpriesteramtes gewesen, das Caesar nun als etwas ihm Zukommendes beanspruchte und vom Volk übertragen bekam – ein erster Schritt auf dem Weg zur absoluten Macht.

So zeichneten sich die Leitlinien des Gedichtes ab: Am Anfang gab es die Gründung Trojas, die Ankunft des Dardanus, der aus Cortone im Etruskerland aufgebrochen sein soll, um nach Osten zu ziehen, wo ihn Teukros, der König von Troja, gerne aufnahm und ihm die Hand seiner Tochter Bateia gab. Dardanus war ein Sohn von Zeus und Elektra, diese wiederum eine Tochter des Atlas. Und von hier aus entwickelte sich der Stammbaum, der zu Caesar führte: Dardanus hatte einen Sohn namens Erichthonios, der seinerseits der Vater des Tros war, dem Assarakos und Ilos entstammten. Letzterer brachte den betrügerischen König Laomedon hervor, dem wir schon begegnet sind, als von den Urängsten der Römer die Rede war. Laomedons Sohn war Priamos; Assarakos brachte Kapys hervor, den Vater des Anchises, und Anchises zeugte mit Aphrodite Aeneas. Mit dieser Abstammungsreihe konnten die Römer des ersten vorchristlichen Jahrhunderts vollkommen zufrieden sein, da sie froh sein mußten, nicht der trojanischen Linie anzugehören, die über Laomedon und Priamos führte, von denen der eine wortbrüchig, der andre glücklos war, sondern dem Zweig, der über Assarakos und Anchises führte, die nicht von dem Fluch betroffen waren, mit dem die Götter den andren Zweig belegt hatten.

Von Aeneas an rückte alles näher und in ein helleres Licht. Iulus hatte Alba Longa gegründet oder war möglicherweise, so die «caesarische» Variante, Oberpriester der von seinem Halbbruder Silvius gegründeten Stadt geworden. Und die Könige Alba Longas folgten aufeinander bis hin zu Romulus und Remus, die aus dem Liebesbund zwischen Rhea, die auch Ilia genannt wurde, und dem Gotte Mars hervorgingen.

Diese lange Abstammungsreihe ist genau das, was Vergil im Giebelfeld des Tempels darstellen wollte, den er in der Mincioebene zu errichten gedachte und den er, wie gesagt, im Proömium des dritten Gesanges der Georgica beschrieb:

Ragen soll mir aus parischem Stein, ein atmend Gebilde,
dort des Assarakos Stamm, die Namen der Jupitersöhne,
Ahnherr Tros, auch du, und Trojas Erbauer Apollo (34–36).

Der Sieg, der soeben in Actium unter den Augen jenes Apoll ausgefochten worden war, den angeblich die Trojaner des Aeneas dorthin gebracht hatten, gab den zahlreichen Sagen, die den fernen Abkömmlingen des Assarakos die Weltherrschaft verhießen, erst ihren Sinn. Durch dieses sichtbare Eingreifen der göttlichen Vorsehung verwirklichte und bestätigte sich eine Ordnung als das Ziel der Schicksalsbestimmung. Und diese Ordnung sollte das –

von Vergil seit dem Jahre 29 geplante – Epos ins Licht rücken; es sollte zeigen, wie der Stamm des Aeneas in latinischer Erde Wurzeln fassen konnte und wie die aus dieser hesperischen Erde, das heißt aus dem Westen, hervorgegangenen Penaten wieder in ihr Heimatland zurückkehrten.

Das Gedicht und die Geschichte

Vergil hat aus dieser ungeheuren Masse örtlicher Überlieferungen ein Werk von bewundernswerter Einheit herausgefiltert. Es setzt nach einigen einleitenden Versen, in denen das Thema auf Aeneas' Abschied von Troja und seine Erlebnisse während der Flucht bis zu dem Augenblick, da er nach Latium ins Land seiner Väter heimkehrt, eingegrenzt wird, ganz unvermittelt ein. Aeneas segelt auf ruhiger See dahin, er kommt aus Sizilien, und seine Fahrt geht nach Italien. Von der Höhe des Olymp aus erblickt die Göttin Juno diese Flotte, Groll erfüllt ihr Herz, da sie den Troern feindlich gesinnt ist und sie mit ihrem Haß verfolgt, seitdem Paris nicht ihr, sondern Venus den Preis der Schönheit zuerkannt hatte. Es ist ihr ein leichtes, den alten Aeolus, den Hüter der Winde, zu bewegen, die in einer Höhle auf den Liparischen Inseln eingeschlossenen Winde zu entfesseln und einen Sturm zu entfachen. Und nun folgt die berühmte Beschreibung dieses Orkans, der die trojanischen Schiffe versprengt, einige in den Untergang reißt und den Rest an die Küste Afrikas schleudert. Neptun glättet die Wogen, nachdem er des Unheils gewahr geworden ist. Die Trojaner sind an der Küste des Gebiets von Karthago gelandet, wo die Phönizierin Dido herrscht. Venus erfragt von Jupiter, weshalb die Trojaner so viel Unglück erdulden müssen. Der Gott beruhigt sie und läßt sie einen Blick auf das Schicksalswalten werfen, von Aeneas bis zu Caesar, dessen Aufnahme unter die Götter er kündet. Unter dem Namen Caesar soll man ohne Zweifel Augustus erkennen, doch es bleibt bei der Namensgleichheit mit dem an den Iden des März ermordeten Caesar, dem der Dichter unter dem Namen Daphnis seine Huldigungen dargebracht hatte: die Friedensverheißungen der fünften Ekloge erfüllten sich erst nach Actium, aber wie auch sonst häufig, hat Vergil mehrere Zeitebenen überblendet zu einer Zusammenschau. Die Namensgleichheit bürgt dafür, daß die Ahnenreihe zwischen dem ersten und dem zweiten Caesar nicht unterbrochen wurde, und folglich für die Weiterführung der Politik und die gleiche Aufgabe im neuen Rom.

Inzwischen hatte sich eine von Aeneas getrennte Schar Trojaner in den Hafen von Karthago retten können und erscheint nunmehr schutzflehend vor der Königin. Zur gleichen Zeit ist Aeneas, der mit den übrigen Schiffen eine waldumsäumte Bucht hatte anlaufen können, dabei, das Land zu erkunden. Er begegnet Venus, die sich ihm als junge Jägerin naht. Diese Szene erinnert bei Vergil mit vollem Bedacht an die Begegnung zwischen Odysseus und Nausikaa, als der ebenfalls schiffbrüchige Grieche auf der Phäakeninsel am Flußufer vor der jungen Königstochter erscheint. Aber während Nausikaa eine Sterbliche ist, ein junges Mädchen voll Sehnsucht nach einem Gatten und recht rasch bezaubert von dem aus den Büschen tretenden Fremdling, ist Venus eine Göttin und die Mutter des Aeneas; so sind sie beide selbstverständlich nicht verwirrt. Venus unterrichtet den Helden, wie das übrigens auch Nausikaa tat, über das Land, in dem er sich befindet, und, indem sie sich als «kundig in der Deutung des Vogelflugs» zu erkennen gibt, weist sie auf zwölf Schwäne, die am Himmel fröhlich dahinziehen, aber plötzlich von einem Adler, dem Vogel Jupiters, angegriffen und auseinandergejagt werden. Doch die Gefahr geht vorüber; sie reihen sich wieder zum Zug, und schon bereiten sie sich vor, sich auf der Erde niederzulassen und sie wieder in Besitz zu nehmen. Venus deutet ihrem Sohn dieses in den Augen eines Römers durchsichtige Vorzeichen; wie die Schwäne, so sind die Schiffe in der Gefahr versprengt worden; doch der Sturm legte sich, und die ganze Flotte fährt nun in den Hafen von Karthago ein. Nachdem sie Aeneas solchermaßen beruhigt hat, nimmt sie wieder das Aussehen einer Göttin an, was man, nach fest verankerter Überzeugung, daran erkennt, daß sie über den Boden gleitet und nicht geht. Bei diesem Anblick klagt Aeneas, daß er nie mit seiner Mutter reden könne, nie seine Hand in die ihre legen dürfe; doch die Göttin entschwindet seinen Augen – und das geschieht auch weiterhin häufig im Gedicht. Die Götter erscheinen dem Aeneas, aber stets im Traum, unter irgendeiner Maske, die ihre Gegenwart ins Ungewisse taucht. Hat Vergil hier an die epikureische Theologie gedacht, obwohl er, wie es die epische Gattung verlangt, auf die «Theologie der Dichter» zurückgriff? Epiphanien, Gotteserscheinungen inmitten der

Sterblichen, scheinen für ihn eher eine Sache geistiger Erfahrung als sinnlicher Anschauung und körperlicher Wirklichkeit gewesen zu sein.

Als Venus von Aeneas und seinem Begleiter Achates schied, hatte sie die beiden unsichtbar gemacht. So gelangen sie nach Karthago, einer riesigen Baustelle, wo eine Stadt mit ihren gepflasterten Straßen, ihren Tempeln, ihrem Theater im Entstehen begriffen ist. Und bald werden sie ihrer von Wachen umgebenen Gefährten ansichtig; sie sehen, wie jene vor der Königin Dido erscheinen, und sie hören die freundlichen Worte, die diese spricht. Die Kämpfe der Trojaner gegen die Griechen sind allbekannt, das genügt, um Didos Gewogenheit zu erlangen. Da zerreißt die Wolke, von der Aeneas umgeben war, und er bietet sich dem Blick der Königin im Gepränge der Schönheit dar, mit der seine Mutter ihn ausgestattet hatte. Erstes Zusammentreffen zweier Wesen, welche die Wirren der Liebe erfahren sollten. Dido erkennt in den Leiden des Aeneas ein Band, das sie eint, hatte doch auch sie viel gelitten. Und im selben Atemzug fühlt sie Mitleid, spricht sie von ihrer stetigen Bewunderung für das kühne Volk von Troja. Aeneas' Unglück setzt ihn in ihren Augen nicht herab.

Venus ist tief beunruhigt, als sie hoch vom Himmel herab diese Szene beobachtet: ist doch Karthago die Stadt der Juno, und sie hat Angst um Aeneas, falls er sich länger im Machtbereich seiner Feindin aufhält:

Fürchtet sie Wankelmut doch und der Tyrier doppelte Zunge
(Aen. I, 661).

In diesem Vers kündigt sich der weitere Verlauf der Geschichte an. Vergil greift hier einen gängigen Vorwurf der Römer gegen die Karthager auf: sie seien treulos, womit zugleich auf die Vertragsbrüche im Ersten und noch mehr im Zweiten Punischen Kriege, der Auseinandersetzung mit Hannibal, angespielt wird. Zum Schutze ihres Sohnes verfällt Venus auf die ihr vertrauten Waffen: Dido soll sich in Aeneas verlieben; zu diesem Zweck schickt sie ihren göttlichen Sohn Amor in der Gestalt von Aeneas' Sohn und läßt ihn dessen Stelle einnehmen, so daß, als die Königin während des Gastmahls den falschen Ascanius an ihre Seite kommen läßt, in Wahrheit Amor ihr das Gift der Leidenschaft ins Herz träufelt. Für Dido kann das Mahl überhaupt nicht lange genug dauern, und so bittet sie Aeneas, ihr zu erzählen, was ihm während der sieben Jahre zustieß, die er nunmehr seit Trojas Fall auf den Weltmeeren herumirrte.

Vergil hat die Dauer der Irrfahrten genau angegeben, was bei den von uns angeführten Überlieferungen nicht der Fall war. Das bedeutet, daß er sein Epos in einen geschichtlichen Rahmen spannt, denn die römischen Historiker zerschnitten die von ihnen aufgezeichneten Ereignisse nach Jahren, und so wurde, was bislang unbestimmte Sage war, nunmehr zum Bericht einer auf wirklichen Tatsachen beruhenden Chronik:

... denn schon der siebente Sommer
treibt dich Irrenden allumher durch Länder und Wogen
(Aen. 1, 755/56).

Sommer heißt es, weil dies die Jahreszeit ist, in der man zur See fahren kann: diese dauert von April bis Oktober. Im Winter liegen die Schiffe vor Anker, oder noch häufiger zieht man sie ans Ufer aufs Trockne, den Bug seewärts, und die Besatzungen bringen den Winter mit verschiedenen Arbeiten und auch mit der Beschaffung ihres Lebensunterhaltes zu. Der Sommer ist die Jahreszeit, «wo etwas geschieht», wo die tägliche Lebensvorsorge nicht mehr das Entscheidende ist, sondern Raum für Abenteuer besteht.

Diese Abenteuer des Aeneas werden vom Helden selbst am Abend seiner Ankunft in Karthago während des Gastmahls erzählt. Sie machen den Inhalt der gegenwärtigen Bücher 2 und 3 aus; das zweite handelt von Trojas Fall und den Kämpfen und den sie begleitenden Vorzeichen und endet mit dem Auszug des Aeneas, bei dem er seinen Vater Anchises und den kleinen Ascanius mitnimmt. Das dritte ist das Buch der Seefahrten von Troja nach Sizilien und endet mit der in einen einzigen Satz gefaßten Erinnerung an den Sturm, der die trojanische Flotte an die Gestade Afrikas verschlug: «Dorther (von Drepanon, wo Anchises verstarb) führte ein Gott auf der Fahrt mich an euer Gestade» (Aen. 3, 715). Ein Gott, sagt Aeneas; er weiß wohl, daß es der Zorn der Göttin Juno war, die den Sturm entfesselte – zumindest konnte er das aus dem, was ihm Helenos in Epirus über die Notwendigkeit gesagt hatte, Junos Zorn zu besänftigen, entnehmen – aber er weiß auch, daß Juno Karthagos Beschützerin ist, die höchste Gottheit der Stadt. Wie hätte er sie anklagen können, ohne beim Volke, bei der Königin Feindseligkeit hervorzurufen? Er spricht lieber von einem «Gott», der damit auch zu einem wohlgesonnenen Gotte wird, da er die Trojaner in eine Stadt führte, wo sie freundlich aufgenommen wurden. Darin dürfen wir nicht nur diplomatische Geschicklichkeit sehen, die es gewöhnt ist, die Dinge in günstigem Lichte erscheinen zu lassen; antike Menschen pflegten die Sterblichen mit Argwohn zu betrachten, die vom Zorne der Götter verfolgt zu sein schienen, da sie der Ansicht waren, gottgewolltes Unheil sei eine Strafe oder die Auswirkung einer Befleckung, deren Folgen und Ansteckung sie fürchteten.

Wie Odysseus im homerischen Epos, so erzählt Aeneas seinen Gastgebern während des Mahles, was ihm seit der Einnahme Trojas zugestoßen war. Um die Neugier der Dido – wie in der Odyssee die Wißbegier der edlen Phäaken und des Königs Alkinoos – zu befriedigen, kommt der Held auf die Vergangenheit zu sprechen. So etwas nannten die antiken Dichtungstheoretiker, wie wir anläßlich der anderen Werke Vergils schon ausführten, eine Umkehrung der Zeit, ein *Hysteron-proteron,* ein Vorgehen so alt wie die Erzählkunst selbst: die im Augenblick des Geschehens dargestellten Ereignisse geben den Rahmen ab für Berichte, die einer einzelnen Person in den Mund gelegt werden, als ob der Erzähler für einen Augenblick den Lauf der von ihm erzählten Geschichte anhielte, um einem seiner Helden eine andre Geschichte in den Mund zu legen. Dieses Vorgehen hat mehreres für sich: einmal erweckt es neue Aufmerksamkeit beim Zuhörer – denn die epischen Dichtungen entstanden, wie allgemein bekannt, aus einer mündlichen Überlieferung, sie wurden vorgetragen, bevor man sie las, und diese Herkunft machte sich über die Werke und die Jahrhunderte hin bemerkbar; die Aufzählung der Ereignisse wie in einem Tag für Tag ausgefüllten Schiffstagebuch hat etwas Ermüdendes. Und dann: diese Zeitumkehr, dieser Rückblick, bei dem hier an einem einzigen Abend sieben «Sommer» mit Irrfahrten und vielfältigen Geschehnissen zusammengefaßt werden, streicht die Kausalreihe heraus, die zum gegenwärtigen Punkt geführt hat; darin liegt offensichtlich eine der Absichten epischer Dichtung, insofern sie sich bemüht, eine innere Logik sichtbar zu machen oder wenigstens eine vernunftgemäße Kontinuität des Werdens.

Vergil ließ sich also beim Aufbau der ersten drei Aeneisbücher von den «Berichten bei Alkinoos» anregen: ein Sturm, ein Schiffbruch, ein Rückblick. Weiter allerdings geht die Nachahmung nicht, sie betrifft nur die formale Struktur. In der Odyssee gibt es kaum mehr als zufallsbedingte Aneinanderreihung der verschiedenen Abenteuer des Odysseus. Kalypso, davor Kirke, dann die Insel, auf der die Rinder des Helios weiden, die Höhle des Kyklopen und die Lästrygonen sind nur Zwischenlandungen des griechischen Seefahrers. Nach dem ausdrücklichen Eingeständnis gleich am Anfang der Dichtung betrachtet Odysseus die Welt in ihrer Vielfalt. Er kämpft darum, in seine Heimat zurückzukehren, heim zu Haus und Familie. Ob er Erfolg hat oder nicht, die Zukunft der Menschheit bleibt davon unberührt. Ganz anders bei Aeneas. Rom ist allgegenwärtig, am Horizont erkennbar, alles ist auf diese Zukunft hin ausgerichtet. Selbst der Held muß schon beinahe ein Römer sein.

Bei der Prosaaufzeichnung des Handlungsverlaufs konnte Vergil das Problem nicht lösen, mit welchem «Charakter» er Aeneas ausstatten sollte. Jeder Vers, der von ihm handelt, alles, was er ihn sagen läßt, mußte mithelfen, ein einheitliches und einer bestimmten Vorstellung entsprechendes Bild von ihm zu entwerfen. Wie Horaz ein paar Jahre zuvor in der *«Ars poetica»* angemerkt hatte, ist es bei einer oft besungenen oder auf die Bühne gebrachten Gestalt ausreichend, sich an die Überlieferung zu halten: Achill muß rastlos, zornwütig, unerbittlich und stets zu Willkürakten aufgelegt sein; Medea muß «wildherzig», Ino wehleidig sein und so weiter. Die Gestalt ist ein für alle Male fest umrissen, der Dichter muß nur den vorgegebenen Gleisen folgen. Auf eine so bequeme Lösung konnte Vergil sich nicht beschränken. Sein Held gehörte nicht zu den von einer langen Reihe von Dichtern festgelegten Gestalten. Wohl kamen ihm, seit der Ilias, mancherlei von uns bereits erwähnte Charakteristika zu: Mut, Ehrfurcht vor den Göttern, Weisheit im Rate, was indes alles recht äußerlich blieb. Doch was für eine Persönlichkeit sollten wir im Alltagsgeschehen, im tätigen Leben kennenlernen, vor allem dann, wenn der Dichter den Versuch unternahm, uns ins innerste Selbstverständnis seines Helden hineinzuführen?

Die Schwierigkeit beginnt mit den Berichten bei Dido, den Büchern 2 und 3 der Aeneis. Aeneas spricht hier von sich selbst und offenbart seine geheimsten Gedanken. Welches Bild will uns der Dichter vor Augen stellen? Es mußten aufgrund der von ihm geschaffenen Lage notwendigerweise nicht ein, sondern zwei Bilder sein; das Porträt «in der ersten Person», das Selbstporträt und das Bild, welches der Hörer sich macht. Offensichtlich stimmen die beiden nicht überein!

Bei der Erzählung von Trojas letzter Nacht ist Aeneas absolut nicht stolz darauf, bei diesem erhabenen Verhängnis dabeigewesen zu sein. Später einmal wird sich Fabrice, der Held von Stendhals «Kartause von Parma», angesichts von Waterloo in der gleichen Lage befinden. Er ist verstrickt in das Geschehen, aber dieses läuft von Anfang an ohne sein Zutun ab. Als die Trojaner ratlos sind angesichts des riesigen Pferds, das die Griechen am Strand stehen ließen, und als nun die einen behaupten, man müsse das Geschenk annehmen und in die Stadt bringen, während die andren argwöhnisch sicher gehen wollen, daß es keine Gefahr darstelle, da ist uns die Ansicht des Aeneas nicht bekannt; er wird von den Meinungsumschwüngen mitgerissen, denkt wie jedermann, daß die beiden Schlangen, welche Laokoon und seine Söhne zu Tode würgten, eine Strafe der Götter dafür seien, daß Laokoon seinen Speer auf das Pferd schleuderte. Er hat noch keinerlei besondere Verantwortung im Gemeinwesen. Nun ist Nacht, und da erscheint ihm Hektor im Traum und entdeckt ihm die Gefahr. Hektor hat ihn auserwählt, weil er ihn für den einzigen hält, der retten kann, was noch zu retten ist. Aeneas spürt, daß er in ein heiliges Amt eingesetzt wurde: er soll die heiligen Gegenstände und vor allem die Penaten, an denen das mystische Wesen der Stadt hängt, fortschaffen, weit weg von Schlachtgetümmel und Plünderungen. Aeneas erhebt sich und erkundet die Lage; er ergreift, wie er selbst sagt, ohne recht zu wissen, was er tut, seine Waffen, und wir erkennen einen Zug seiner Bescheidenheit; statt sich seines tatsächlichen Mutes unter den damaligen Umständen zu rühmen, spricht er von Verwirrung, von Zorn, von geradezu panischer Furcht, von einer «Flucht nach vorne», und inmitten dieser Flut auf ihn einstürzender Gefühle fehlen auch Gemeinplätze nicht:

... schön dünkt es mich jetzt, zu sterben in Waffen

(Aen. 2, 317).

In Wirklichkeit fürchtet er sich; er flüchtet sich in die Tat und das Bewußtsein, plötzlich Anführer einiger Mitstreiter geworden zu sein, die er um sich schart zu einem Gegenangriff.

Allmählich werden Aeneas Ausmaß und Ursachen der Katastrophe klar: die Götter sind's, die Trojas Untergang wollen.

Venus erscheint ihm und tut ihm kund, wie sie dabei zu Werke gehen:

Hier, wo zersprengt die Quadern du siehst und Steine von Steinen
niedergewälzt und qualmenden Rauch, durchwirbelt vom Staube,
bricht Neptun die Mauern, zersprengt mit mächtigem Dreizack
jeglich Fundament und reißt vom Sitze die ganze
Stadt, . . . (Aen. 3, 608–612).

So wird der Vertragsbruch bestraft, den Laomedon gegenüber eben diesem Neptun begangen hat, und wenn Aeneas auserwählt ist, das Fortleben der Stadt zu sichern – das wurde ihm klar, aber er teilt es Dido nicht mit –, dann geschieht das, weil er zur Nachkommenschaft des Assarakos gehört. Durch die Vision, die Venus ihm gewährte, wird er zum zweiten Mal mit dem Amte betraut – das erste Mal war das geschehen, als Hektor ihm im Traume erschien. Aber als echter Römer – schon hier – vertraut er nicht einem oder zwei Vorzeichen; er möchte eine Bestätigung der Götter; er und ebenso Anchises brauchen ein untrügliches Wunder. Denn der Greis weigert sich, auf die bloße Forderung seines Sohnes hin aufzubrechen. Es bedurfte einer geheimnisvollen Flamme, die das Haupt des kleinen Iulus umspielte, damit er wankend wurde, und er erbittet eine Bestätigung; auf sein Gebet hin läßt Jupiter zur Linken einen Donner grollen, und eine Sternschnuppe, ein Lichtschweif, durchquert die Nacht und fällt in die Wälder am Ida; dorthin muß man sich wenden. Anchises ist endlich überzeugt; die Gattin des Aeneas aber, Kreusa, verirrt sich und stirbt, man weiß nicht recht wie; sie erscheint ihrem Gatten und teilt ihm nur mit, daß sie nunmehr zum Gefolge der Großen Mutter der Götter, Kybele, gehöre. Von nun an ist der «Roman» des Aeneas auf seinem eigentlichen Gebiet angesiedelt, nämlich dem der göttlichen Auserwähltheit. Aeneas ist sich dessen vollauf bewußt, aber für ihn bringt diese Auserwähltheit mehr Pflichten als Freuden. Denn er tappt im dunkeln, und die von den Göttern gesandten Zeichen sind eher furchterregend als ermutigend; er fühlt sich nicht stark und sicher genug, sie zu deuten. Jedesmal wendet er sich an Anchises und die Edelsten unter den Trojanern – so, wie ein römischer Magistrat vor dem Senat Bericht erstattet. Der Begriff ist derselbe, die Institution in groben Umrissen skizziert.

Als Anführer eines Volks auf der Suche nach Wohnsitzen ist Aeneas der von den Göttern und dem Volke auserkorene Mittelsmann, der die notwendige Verbindung zwischen der menschlichen und der göttlichen Sphäre herstellt. Seine Aufgabe gleicht der der *imperatores* in der Republik; wie sie befragt er die Götter und beobachtet die Vorzeichen. So geschieht es in Thrakien, auf Delos, dann in Kreta und schließlich bei Helenos – denn Vergil behält diese Episoden aus älteren Überlieferungen bei, wobei er eine Auswahl vornimmt, um aus den Zwischenstationen einen zusammenhängenden Reiseweg durch Länder zu konstruieren, die den Römern seit langem vertraut sind. Auch hier wird die Sage wieder zu Geschichte umgeformt.

Auf diesen ausgedehnten Seefahrten gibt es ein paar romanhafte Szenen, wie die Harpyien, geflügelte Wesen, die die Trojaner angreifen und von denen eine, Celaeno, weissagt, sie würden eines Tages «ihre Tische essen»; noch breiter ausgeführt wird die Begegnung mit Hektors Witwe Andromache, als diese unweit von Buthrotum in einem heiligen Hain den Manen ihres Gatten ein rituelles Opfermahl darbringt. Möglicherweise wollte Vergil damit ein Fest vorwegnehmen, das man in Rom jährlich am 9., 11. und 13. Mai feierte, die *Lemuria,* zu dem Opfergaben an die Toten, und vor allem an Ahnen der Familie, gehörten. Das geschieht in Form eines Kleinepos, eines Epyllion, das einen Brauch erklären soll. Und dieses Epyllion bildet eine in sich geschlossene, sehr bewegende Szene. Andromache vergießt dabei viele Tränen; und auch Helenos hält die seinen nicht zurück. Als Aeneas in die von Helenos nach Trojas Vorbild errichtete Stadt gelangt, erfaßt ihn eine heftige Erregung, er küßt die Schwelle des Tores. Er verhält sich unwillkürlich wie ein Römer: die Schwelle, ob die des Stadttores oder der Haustür, ist ein geheiligter Ort, der Schutzgötter hat. Aeneas findet am Eingang zur Stadt des Helenos einen Ersatz für Trojas Götter, die so lange den Griechen den Eintritt verwehrt hatten. Ergriffenheit bemächtigt sich seiner vor allem bei Dingen, wenn sie aufgeladen sind mit Heiligkeit. Die Tränen von Andromache und Helenos gelten Vergangenem und der Erinnerung an Personen – menschliche Wesen rühren sie an. Aeneas hingegen hat in Anbetracht der ihm anvertrauten oder, besser, auferlegten Sendung eher Umgang mit Göttern.

Nun aber geht dieser lange Bericht zu Ende. Dido spürt, wie ein heimlicher Schmerz an ihrem Herzen nagt; bis jetzt hatte sie in treulichem Andenken an ihren Gatten Sychaeus nie an eine Wiederheirat gedacht. Doch jetzt hatte der Anblick des Aeneas, das von ihm in seinen Berichten entworfene Selbstporträt, der Eindruck kraftvoller Entschlossenheit, den er bei ihr erweckte, all das Unheil, das ihn nicht beugen konnte, die Königin stärker gerührt, als sie zu sagen und zu glauben vermag. Sie will dem Gefühl nicht nachgeben, aber sie teilt sich mit und gesteht so die Möglichkeit ein, schwach zu werden. Und nun hebt eine Szene an, die einer Tragödie, einer Phädra zum Beispiel, entlehnt sein könnte oder auch einer Komödie oder Elegie: Didos Schwester Anna ist ihre Vertraute und, wie alle Vertrauten auf der Bühne, führt diese sie erst recht in Versuchung. Sie vertritt die Rolle der natürlichen Gefühle angesichts des Schwurs, den Dido vor sich selbst geleistet hatte, und sie hält eine Rede, die auch ein ausgepichter Rhetor gerne für sich in Anspruch nehmen würde: Weshalb seine Jugend und die Hoffnung auf Kinder lebloser Asche opfern? Wohl habe sie Freier verschmäht, aber die hätten sie eben auch nicht gereizt. Doch heute, der Trojaner gefalle ihr nur zu gut. Sie solle auch an die umwohnenden Völkerschaften denken; schon jetzt sei vorauszusehen, daß man Kriege nicht vermeiden könne. Ein Gott habe die Trojaner mit Aeneas gesandt, um für Karthagos Sicherheit und später seinen Ruhm zu sorgen. Man müsse ihn festhalten. So ganz nebenbei erfahren wir auch, daß es für dies Jahr Schluß ist mit der Seefahrt: ein günstiger Umstand, auf den Anna besonderen Nachdruck legt, die sich dabei wie eine Amme auf der Bühne benimmt.

Vergil hat diese Liebesgeschichte, zu der er ein paar Stichworte bei Naevius vorgefunden hatte, breit ausgesponnen. Der vierte Gesang sowie der zweite, ferner, was indes fraglich ist, vielleicht auch der dritte, ganz sicher aber der sechste waren abgeschlossen, als Vergil die schon erwähnte Dichterlesung vor Octavia und Augustus hielt, etwas früher oder später. Das zeigt, daß er sich zuallererst von drei der zu behandelnden Gegenstände angezogen fühlte: von der letzten Nacht in Troja, einem ungemein anrührenden und pittoresken, häufig in griechischen und römischen Tragödien aufgegriffenen Thema, dann vom Roman der Dido und schließlich vom Gang in die Unterwelt. So schritt das Werk voran, und der Dichter war gezwungen, je mehr Aeneas sich in verschiedenen Situationen bewähren mußte, seine Persönlichkeit und seine Reaktionen desto genauer herauszuarbeiten. Der vierte Gesang, der die Liebe zwischen Medea und Jason aus den «Argonautika» des Apollonios vor Augen hat, stellt Aeneas, wie wir ihn kennenzulernen begannen, vor eine schreckliche, von den Göttern selbst ins Werk gesetzte Versuchung; hatte doch Juno selbst den Plan geschmiedet, ihn in Karthago zurückzuhalten, um das, was der Schicksalsspruch dem neuen Troja verheißen hatte, auf ihre Stadt zu lenken. So suchen Aeneas und Dido, als ein Hagelsturm sie bei der Jagd überrascht, ohne Gefolge Zuflucht in einer Höhle. Da bewirkt Juno, die Göttin der Ehe, daß sie sich vereinigen in einem Beilager, über das die großen Naturkräfte wachen: Tellus, die Erdgöttin, Lebensbewahrerin, der man in Rom bei der Eheschließung ein Opfer darbrachte; Juno, in der Rolle der *pronuba,* der Brautführerin, die die Braut dem Gatten zuführte; das Aufheulen der Nymphen begleitet die Vereinigung und ahmt vielleicht die Freudenschreie des Hochzeitszuges nach, allerdings gemahnt das Wort, welches Vergil hier gebraucht, *ululare,* auch an das laute Jammergeschrei bei Begräbnissen. Dido indes kümmert sich nicht um Vorahnungen, sie lebt ganz ihrem Glück; sie hält das fern dem Palaste in heimlicher Grotte vollzogene Beilager für einen Ehebund:

... nicht mehr sinnt sie auf heimliche Liebe, sie nennt es
Ehebund; so verbrämt sie die Schuld mit ehrbarem Namen
(Aen. 4, 171/72).

Worin besteht nun der Königin Schuld? Es handelt sich keinesfalls um eine «Versündigung» wider die Götter. Eine römische Eheschließung hatte nichts von einem «Sakrament» an sich: im wesentlichen bestand sie in einem gegenseitigen vor Zeugen und nach Befragung der Vorzeichen – des Vogelflugs und der Eingeweideschau – abgelegten Versprechen. Man brachte natürlich verschiedenen Gottheiten Opfer dar, deren Zweck indes hauptsächlich darin bestand, die Götter den Eheleuten geneigt zu stimmen, sie begründeten in keiner Weise die Ehe. Zumindest bei ihrer feierlichen Form bekundete man die gegenseitige Einwilligung in einem symbolischen Akt; die Eheleute reichten sich die rechte Hand und brachten so zum Ausdruck, daß sie einen Vertrag auf Lebenszeit geschlossen hatten. Dieser Vertrag war rechtsverbindlich, ein zwar ungeschriebener, aber doch unverbrüchlicher Kontrakt. Ein derartiges Ehegelübde hat Dido nie von Aeneas erhalten; so ist sie in Wahrheit nicht «verehelicht»; ihre Verbindung beruht nur auf sinnlicher Anziehung. Außerdem hat die Königin ihren Schwur, Sychaeus, ihrem ersten und einzigen Gatten, treu zu bleiben, gebrochen. Sie hat die Ehrbarkeit verletzt, die Verpflichtung zum *pudor*, den sie sich selber schuldig ist.

Als Jupiter erfahren hat, was da in Karthago geschieht, und seinen Boten Merkur aussendet, um Aeneas zu mahnen, der Schicksalsspruch dulde kein längeres Verweilen, sondern fordere seinen Aufbruch nach Italien, kann Aeneas nicht zögern. Er muß Dido verlassen, um den Anordnungen des Gottes Folge zu leisten. Bei dieser Szene hat sich Vergil offensichtlich den Gesang der Ilias zum Vorbild genommen, in dem Zeus Kalypso durch Hermes, den römischen Merkur, auffordern ließ, Odysseus die Möglichkeit zur Rückkehr nach Ithaka zu gewähren. Kalypso hat das gleiche «Anrecht» an Odysseus wie Dido an Aeneas: das Anrecht der Liebenden; doch was kümmern die Götter Leidenschaften und Liebesleid? Die Ähnlichkeit zwischen Dido und Kalypso lag für antike Leser klar zutage; dadurch erschien die Königin in ungünstigem Lichte, als Verführerin, als gefährliche Frau, deren Liebe auf den Gegenstand ihrer Begierde zerstörerisch wirkte.

Aber Vergil beließ es nicht bei diesen eher oberflächlichen Übereinstimmungen und dem darin enthaltenen Werturteil. Er betrachtete die «Passion» der Königin auch in dem Doppelsinn, der diesem Begriff anhaften kann, er sah ihre verzehrende Leidenschaft und ihren langen Todeskampf. Und auch hierbei wurde der «Roman» wieder zu Geschichte umgeformt. Kurz bevor Dido sich entleibt, schleudert sie gegen Aeneas und sein Volk Verwünschungen, die sich erfüllt haben. In ihrem Bittgebet ruft sie nach einem unbekannten Rächer – und jeder denkt an Hannibal; sie erfleht, daß Aeneas vor der Zeit und ohne Grabstätte sterben möge, und diese Vorhersage sollte sich beinahe erfüllen, denn Aeneas, der in der Schlacht fiel oder im Numicius ertrank – die Überlieferung ist hier unsicher –, wird niemals aufgefunden. Gewiß, Hannibal wurde am Ende doch besiegt und Aeneas unter die Götter aufgenommen, aber Weissagungen deuten das wirkliche Geschehen nur an. So erweist sich der Fluch der Harpyien, die Trojaner würden einmal so ausgehungert sein, daß sie ihre Tische äßen, letztlich als harmlos – wie wenn als bevorstehend angekündigte Schrecknisse die Zukunft nur in verzerrende Nebel hüllten.

Als der Troer, der samt seinen Gefährten noch vor Beginn der Seefahrtssaison losgerudert war, Dido verlassen hatte, stürzt sie sich in das einst Aeneas gehörende Schwert und geht auf dem

Scheiterhaufen zugrunde, den sie selbst oben auf ihrem Palaste errichtet hat; die Trojaner sehen vom offenen Meer aus den Widerschein des Feuers. Jeder Leser oder Hörer gedachte hier eines andren Feuerbrandes, in dem die Frau des Hasdrubal, des letzten Verteidigers von Karthago, umkam, als Scipio Aemilianus die Stadt im Jahre 146 v. Chr. einnahm: Zuerst hatte sie ihre Kinder umgebracht, dann warf sie sich und die kleinen Leichname ins Feuer und verfluchte dabei ihren Mann. Beide Male hatte sich solchermaßen eine Frau, Fluchandrohungen auf den Lippen, hoch oben über der Stadt das Leben genommen.

Nachdem die Trojaner Karthago verlassen haben, laufen sie Sizilien an. Gerade jährt sich der Todestag des Anchises. Vergil ist um eine genaue Zeitangabe bemüht. So wie die Opfergaben am – leeren – Grab Hektors auf die *Lemuria* des Monats Mai verweisen, so nehmen die Leichenspiele zu Ehren von Anchises die *Feralia* des Februar vorweg, die den *divi parentes,* den «vergöttlichten Seelen» der Ahnen, geweiht sind. Man brachte ihnen die gleichen Opferspeisen, die auch Aeneas aufs Grab stellt: Wein, Milch usw. Die Feierlichkeiten der *Feralia* dehnten sich über neun Tage aus, vom 13. bis 21. Februar. In gleicher Weise setzt Aeneas neun Tage an, um das Andenken seines Vaters zu ehren, dann erst beginnen die Spiele.

Man hat festgestellt[13], daß das fünfte und das sechste Buch «Anchisesbücher» seien: Aeneas entdeckt darin allmählich das göttliche Wesen seines Vaters. Das beginnt mit den Opfern am Grabe, aus dem eine Schlange hervorkriecht, die als Verkörperung der Seele des Verstorbenen erscheint, und führt bis zur großen Offenbarung, dem Höhepunkt im Bericht vom Gang in die Unterwelt. In den früheren Sagen, der Überlieferung vor der Aeneis, stirbt Anchises erst, als die Trojaner das Ziel ihrer Irrfahrten erreicht haben. Daß Vergil ihn schon in Sizilien hinscheiden läßt, soll, heißt es, aus Gründen der Wohlanständigkeit erfolgt sein, da es unschicklich gewesen wäre, wenn das Liebesabenteuer des Aeneas unter den Augen des Vaters stattgefunden hätte. Der Roman wäre zu einem bürgerlichen Schauspiel entartet. Vielleicht muß man dem noch ein anderes Gewicht beimessen. Aeneas mußte unbedingt allein sein, in der Versuchung und ebenso vor den Göttern. Bisher hatte Anchises mit mehr oder weniger Erfolg Vorzeichen und Orakelsprüche gedeutet, doch die Verantwortung für das Handeln lastete auf Aeneas allein. Aber er mußte ja auch einmal der alleinige Anführer seines Volkes werden. Die Penaten hatten sich schon an ihn gewandt; ihm hatte Helenos die Botschaft seiner Orakel verkündet. Ein römischer *imperator* darf von seinen Ratgebern erwarten, daß sie ihre Meinung äußern, aber die eigentliche Eingebung, die letztlich seine Entscheidung bestimmt, wird ihm direkt von den Göttern zuteil. Darin eben besteht die Hauptaufgabe des Aeneas: Wie kann man herausfinden, ob etwas von den Göttern kommt oder ob es nur eine Einbildung ist?

Auf diese Schwierigkeit stößt er, als die trojanischen Frauen während des Aufenthaltes in Sizilien von Juno angestachelt in den Schiffen Feuer legen. Diese Episode gehörte zum Sagenkreis der trojanischen Wanderungen. Vergil setzt sie aus mehreren Gründen an diese Stelle: einmal mußte das Bündnis zwischen Rom und den Einwohnern von Segesta erklärt werden, ein Bündnis, das während des Ersten Punischen Krieges sehr wirksam wurde. Dann stellt dieser Schiffsbrand einen Prüfstein für das neue «Charisma» des Aeneas dar: angesichts dieser Katastrophe fragt er sich, ob es sich nicht um einen Wink der Götter handle; der Wahn, dem die Troerinnen verfielen, stellt für sich gesehen ein Vorzeichen dar. Aeneas hat zwar zu Jupiter gebetet, und dieser ließ einen Platzregen niedergehen, der das Feuer löschte, aber darf er sich sicher sein, die widersprechenden Erscheinungen richtig zu deuten? Während er noch schwankt, erscheint ihm der Schatten des Anchises und spricht zu ihm: er solle die Frauen, die Schwachen und Feigen in Sizilien zurücklassen; ein furchtbarer Krieg harre seiner in Latium und verlange tapferen Mut. Er solle wieder in See stechen, aber bevor er ins verheißene Land komme, solle er ins Reich der Toten hinabsteigen, um ihn zu besuchen. Und er verspricht ihm eine Offenbarung:

Lernst dann kennen dein ganzes Geschlecht und die Stadt der Verheißung
(Aen. 5, 737).

Dann entschwindet die Erscheinung des Anchises in der Morgendämmerung. Und nun, als es Zeit ist, die Segel zu setzen, steigt köstliche Freude in Aeneas' Seele auf. Die Flotte gleitet über das ruhige Meer, das so still ist, daß der Steuermann auf dem Schiff des Aeneas, Palinurus, vom Schlaf übermannt, ins Wasser fällt. Aeneas bemerkt aber rasch das Fehlen des Steuermanns und nimmt selbst das Ruder in die Hand und landet bald ohne weiteren Zwischenfall am Gestade von Cumae.

Was soll der Tod des Palinurus? Gewiß die Überlieferung legte den Gedanken nahe, auf den Namen des Kaps und seinen Ursprung hinzuweisen. Warum aber machte sich Vergil dieses Motiv zu eigen? Die ziemlich unheimliche Erklärung dafür gibt eine Aussage Neptuns:

> Einen *nur wirst du vermissen; ihn schlingt die Tiefe des Meeres:*
> *nur* ein *Haupt wird gegeben für viele* (Aen. 5, 814/15).

Palinurus wird also für das Heil der Flotte als Sühneopfer dargebracht. Palinurus ist unschuldig. Ein Gott, der Gott des Schlafes, wirft sich auf ihn und stürzt ihn ins Meer. Dem Schlaf kann man sich nicht widersetzen. Der Gott ist hier Handlanger des Schicksals, das, um eine Art Gleichgewicht herzustellen – sind's Billigkeitserwägungen der Götter? –, fordert, daß jedes Glück, jede günstige Gelegenheit mit Leid bezahlt werde. Obwohl die Römer schließlich in ihrem ganzen Weltreich den Menschenopfern ein Ende bereiten konnten, haben sie selbst bis zum Ersten Punischen Krieg Menschenopfer dargebracht. Als Krieger wußten sie, daß jeder Sieg mit Blut erkauft werden muß.

In Cumae, wo Aeneas nun an Land geht, befindet er sich auf griechischem Gebiet. Ein Apollotempel erhebt sich über der Akropolis dieser von Euböern gegründeten Pflanzstadt. Apollo erhält nunmehr wachsende Bedeutung. Und auch das präfiguriert Geschichtlichkeit, nimmt den Tempel vorweg, den Augustus gerade auf dem Palatin errichtet, dem Hügel, wo er geboren ist. Die Übereinstimmungen mit dem religiösen Kult der Römer werden immer zahlreicher und gleichzeitig immer genauer. Wir zeigten, daß der Aufenthalt des Aeneas in Sizilien am 12. Februar beginnt, dem Vorabend der *Parentalia.* Auch die Ankunft des Aeneas in Pallanteum, auf dem späteren Aventin gelegen, dort wo sich einmal Rom erheben sollte, fällt zusammen mit dem Fest des dem Herkules geweihten Hauptaltars, der *Ara Maxima.* Dieses Fest wird am 12. August begangen. Die im sechsten Buch berichteten Ereignisse müssen sich also zwischen Februar und August abgespielt haben. Andererseits stiftet Aeneas vor seiner Abfahrt aus Sizilien den Venustempel auf dem Mons Eryx; es gab in Rom ein Heiligtum derselben Göttin, und dessen Stiftungsfest war der 23. April. Und vor der Stiftung des Eryxtempels hatte Aeneas die

Stadt Segesta gegründet, eine Schwesterstadt Roms, deren Jahrestag der 21. April ist. Die Troer konnten also erst Ende dieses Monats, vielleicht sogar erst Anfang Mai von Sizilien nach Cumae aufgebrochen sein. Und kaum ist Aeneas in Cumae angekommen, erhält er schon den dringlichen Auftrag, alles hintanzustellen und erst einmal den Signalbläser Misenus würdig zu bestatten, den soeben der auf den hochbegabten Bläser neidische Meergott Triton getötet hatte. Misenus ist nun aber der Schutzgott der Zinkenbläser, eines militärischen Krummhornes, dessen Fest am 23. Mai begangen wurde, das «Trompetenreinigungsfest» *(Tubilustrium)*. So werden wir, als Zeitpunkt für des Aeneas Gang in die Unterwelt, immer näher an ein Datum herangeführt, an dem jeweils einmal im Jahrhundert die Säkularspiele gefeiert wurden, nämlich an den letzten Tag des Monats Mai oder genauer an die Nacht vom 31. Mai auf den 1. Juni. Aufgabe dieser Spiele war es ja bekanntlich, das Ende eines Zyklus, eines *saeculum*, und den Beginn eines neuen Zeitalters kundzutun, von dem man eine Erneuerung der Welt erwartete. Der alte Anchises konnte also in der Unterwelt seinem Sohn mit gutem Vorbedacht ankündigen,

Caesar Augustus, ... Goldene Weltzeit
bringt er wieder für Latiums Flur ... (Aen. 6, 792/93).

Auf diese Weise ist der Fortgang der Handlung im «Aeneasroman» ein getreues Abbild der Entwicklungen der zeitgenössischen Politik; schon längst hatten die Römer wieder Säkularspiele begehen wollen; der übliche Zeitraum war überschritten, aber die durch den Bürgerkrieg geschaffenen Umstände, die allgemeine Ungewißheit und Zukunftsangst waren für ein kultisches Fest der Hoffnung und der Freude nicht sonderlich geeignet. Augustus schien dennoch im Jahre 23 v. Chr. geneigt, das Jahrhundertfest zu feiern, indes, er erkrankte, und sein Neffe Marcellus, auf dem der Weiterbestand der *gens Iulia* beruhte, starb im gleichen Herbst. So mußte man warten. Vergil erlebte die von Horaz im *Carmen saeculare* verherrlichte Feier des Jahres 17 v. Chr. nicht mehr; aber er hat sie in der Aeneis angekündigt.

Auch im achten Buch, in dem Vergil berichtet, wie sein Held nach Rom kommt und um ein Bündnis mit dem Arkadier Euander nachsucht, findet sich diese «gegenläufige Zielsetzung» deutlich ausgeprägt, die auf Orte und Zeiten etwas wie ein Vorgefühl dessen überträgt, was im augusteischen Rom einmal daraus werden wird. Zweck dieser Entsprechungen ist es nicht nur, das Kommende in der Erzählung durchschimmern zu lassen und dem Leser mehr oder weniger durchsichtige Rätsel aufzugeben; sie sind vielmehr die eigentliche Quelle des Epos insofern, als das Wesen dieser Dichtung darauf beruht, daß der Leser den Gegensatz zwischen der Ahnungslosigkeit der handelnden Akteure, die ganz unbefangen Dinge tun, von denen wir wissen, daß sie die Zukunft bedingen, und dem hellsichtigen Walten der Götter erkennt. Wenn Vergil Aeneas am 12. August den zukünftigen Standort Roms erreichen läßt, verbindet er damit Absichten, die seinem Publikum nicht entgehen konnten; dieser Tag ging jenem voraus, an dem Augustus im Jahre 29 mit der Feier seines dreifachen Triumphes einsetzte. Bei der Erzählung des greisen Euander, wie Herkules auf der Rückkehr aus den Gegenden des Sonnenuntergangs über den «Unhold» Cacus triumphierte, über den Räuber, der ihm seine Rinder gestohlen hatte, und wie das Gedenken an diesen Sieg jedes Jahr am Hauptaltare gefeiert wurde, dachte jedermann an die Anmaßung, mit der Antonius sich gebrüstet hatte, ein Nachfahre und Schützling des Herkules zu sein: als «Herkuleserbe» widersetzte er sich dem «Apollosprößling» Octavian. Aber seine Niederlage und sein Selbstmord in Alexandrien hatten bewiesen, daß Octavian der einzige wirkliche «Herkuleserbe» war. Dieser hatte nicht ohne Grund den 13. August als Tag für seinen Triumph gewählt. Die Szene des achten Buchs betont diese Absicht und fügt sie in die kultische Chronologie der Erzählung ein.

Bei der Art wie Vergil sein Gedicht zusammenfügte, zieht das bedeutsame Konsequenzen nach sich. Da bekanntlich das Ganze zuerst in Prosa aufgezeichnet wurde, der Gesamtplan ebenso wie offensichtlich auch die eine oder andre Episode, muß Vergil *von Anfang an,* das heißt seit dem Jahre 29 v. Chr., für all das Vorsorge getroffen und alles, was er beabsichtigte und worauf er anspielte, bereitgestellt haben, zumindest die Dinge, die mit dem Gesamtgefüge der Dichtung zusammenhängen. Einige Entsprechungen ließen sich unschwer einfügen: etwa die Verwünschungen Didos, die sich im Ersten Punischen Krieg erfüllten; die von Aeneas in Actium feierlich begangenen Spiele als Präfiguration der von Augustus am gleichen Ort gestifteten Spiele; die Gründung Segestas durch Aeneas als Erklärung für das alte Bündnis zwischen dieser Stadt und Rom – das war Allgemeingut und konnte bereits bei der Prosaversion ins Auge gefaßt werden. Anders verhält es sich mit der Szene im achten Gesang oder mit der Ankunft des Aeneas am Standort der zukünftigen Stadt. Jedermann wußte, daß Octavian unter Apolls Schutz stand, ja es ging sogar die Rede, der Gott sei sein Vater. Daß Octavian sich auf den Schutz von Herkules berief, war eine Neuheit. Sie trat erstmals im Jahre 29 mit der Wahl des für den Triumph bestimmten Datums hervor. Durch die Absicht, dieser «Koinzidenz» einen so breiten Raum zu gewähren, beförderte Vergil Octavians Vorhaben, den Herkuleskult zu seinen Gunsten zu wenden. Er erwies nicht nur, mit welch eitler Anmaßung Antonius einst Ansprüche erhob, sondern er errang sich gleichzeitig das Wohlwollen eines andren Herkules, den sich bereits Pompeius zum Schutzpatron seines am 12. August 53 eingeweihten Theaters erkoren hatte. Wenn also Vergil die Ankunft des Aeneas in Rom – und zwar von Anfang an – auf diesen Tag verlegt, läßt er erkennen, daß ihm Octavians Pläne in bezug auf sein Verhältnis zu den Gottheiten bekannt waren. Es ist denkbar, daß Octavian ihm davon berichtet hat, als sie zu Beginn des Sommers 29 in Anwesenheit von Maecenas miteinander redeten und Vergil ihm seine Georgica überreichte. Der Dichter erweist sich also als Mitwisser der Ideen des Siegers, vielleicht hat er sogar mitgeholfen, sie klarer auszudrücken. Damals sah, fühlte und begriff er das gegenwärtige Rom als Produkt eines Entstehungsprozesses, was, wie wir wissen, das Wesensmerkmal einer epischen Schau ist.

Neben der Prophezeiung des Anchises in Buch 6 mitsamt der Vorstellung der Helden, die zu Roms Größe beitragen werden, gibt es ein andres Zukunftsgemälde im achten Buch, die Schildbeschreibung. Das Thema stammt aus Homer, die von Vulkan in Erz getriebenen Bilder sind römisch. Vergil nimmt dabei einige Szenen auf, die er sich für den Tempel in Mantua ausgedacht hatte: die große Schlacht, in der sich Okzident und Orient gegenüberstehen, der Tiber dem Nil, Octavian Antonius und Kleopatra. Die vom Dichter im Jahr 29 entwickelte großartige Vision wird in eine epische Reihe umgesetzt: die Schlacht von Actium in der Mitte des Schilds war die Krönung einer langen Szenenfolge von Romulus und der Wölfin bis hin zur Verklärung Caesars. So ordnet sich das Gedicht in Übereinstimmung mit der Geschichte. Dank Vergil und durch seine Vermittlung werden sich die Römer ihrer Stellung im Weltganzen bewußt und der Aufgabe, mit der sie von der Vorsehung betraut wurden. Anchises faßt das in seinen Abschiedsworten zusammen: Mögen andre geschickter sein, Erz zu treiben oder aus Marmor lebendige Gesichtszüge herauszuarbeiten, vor Gericht gewandter reden oder auf einer Kugel den Bahnen des Himmels nachfolgen:

Du aber, Römer, gedenk – so wirst du *leisten dein Wesen –*
Völker kraft Amtes zu lenken und Ordnung zu stiften dem Frieden,
Unterworfne zu schonen und niederzukämpfen Empörer
(Aen. 6, 851–853).

In diesen drei berühmten Versen hat Vergil die Formel für das von Augustus neuerrichtete *Imperium* geschaffen: Roms Imperialismus besteht nicht mehr, wie zu den Zeiten des Verres, darin, die Untertanen auszubeuten, sondern darin, ein Gesetz aufzustellen, das Gerechtigkeit und Recht verbürgt.

Die neue Ilias

Auf einmal wird nun aber Aeneas, der den Schrecken des Jenseits die Stirn bietet, um seinen Vater aufzusuchen und den Römern ein Beispiel der *pietas* zu geben, dieser empfindsame Liebende, dem die stets unvergessene Dido in der Unterwelt begegnet, wobei er heiße Tränen über den grausamen Götterwillen, der sie trennte, vergoß, er, das bei Vorzeichen und möglicherweise trügerischen Orakelsprüchen schwankende Haupt der Trojaner – auf einmal wird eben dieser Aeneas zum unerbittlichen Kriegsmann, würdig eines Hektor, Achill oder Ajax, wie die Ilias sie zeigt.

Seit dem Altertum grübelt man über das, was man für eine ungeheuerliche Verwandlung hält, und sucht nach verschiedenen Erklärungen. Oft wird gesagt, diese plötzliche Entscheidungskraft sei Aeneas nach den eindeutigen Prophezeiungen des Anchises in der Unterwelt zugefallen, weil er von nun an seiner selbst und seiner Sendung sicher geworden sei. Es wird auch mit minder guter Begründung gesagt, Vergil sei, als er eine Odyssee mit einer Ilias verbinden wollte, ungeschickt vorgegangen, zeige doch Homer selbst – oder die homerischen Epen – zwei ganz verschiedene, kaum miteinander zu vereinbarende Odysseusfiguren, den leidvollen, aber hartnäckigen Irrfahrer der Odyssee und den furchtbaren Kriegshelden der Ilias. Sollte Vergil sich so stark durch die Tradition gebunden gefühlt haben? Überlegt man es sich genau, dann muß man fragen, ob der durch die Lektüre der letzten sechs Aeneisgesänge suggerierte Eindruck vom Gegensatz der beiden Gesichter des Aeneas zu Recht besteht. Hat sich Aeneas wirklich von der einen Gedichthälfte zur andren gewandelt?

Zwar gerät er nun nicht mehr ins Schwanken angesichts der nicht immer leicht durchschaubaren Anweisungen der Götter. Er kennt seinen Weg. Aber er verhält sich wie ein *imperator,* der die Vorzeichen beobachtet und für günstig befunden hat. Dieser Feldherr, dem die Götter ihr Vertrauen durch den Vogelflug oder den Hunger der heiligen Hühner bezeugt haben, weiß, daß er für seinen Sieg nur noch menschlichen Ratschlag, sein Können und seinen Mut braucht. Er ist so siegesgewiß, wie es ein Liebling der Götter nur sein kann.

Nachdem Vergil in der ersten Hälfte seiner Dichtung die zivilisatorische und philosophische Aufgabe seiner Heimat umrissen hat, findet er nun in der zweiten Roms andres Gesicht: den Anblick von Gewalt und Krieg. Die Römer waren sich von Anbeginn an dieser Problematik bewußt. Der Krieg ist für sie eine andre Welt mit eisernen Gesetzen, ganz verschieden von der Welt des Friedens, eine Welt, die man mit kultischen Handlungen betritt und die man mit andren Kulthandlungen verläßt. Die Römer haben sich den Begriff des «gerechten» Kriegs ausgedacht – worunter sie etwas andres verstanden, als man darunter verstehen müßte. Das *iustum bellum* ist ein in rechtlichen Formen und folglich in ausdrücklicher Übereinstimmung mit den Göttern unternommener Krieg. So wie eine «gerechte Eheschließung» rechtmäßig in dem Sinne ist, daß sie Auswirkungen auf die Rechtsstellung und den Personenstand hat. Die Bürger werden, wenn sie ausgehoben und in die Legionslisten eingetragen sind, zu Soldaten, die dem Feldherrn, der sie rekrutierte, einen feierlichen Eid leisten. Dieser Eid verleiht ihnen eine sakrale Weihe; vom Blickpunkt der Götter aus werden sie anders, ihnen wird das Recht zuerteilt, Feinde zu töten, ohne daß sie sich beflecken; wenn sie von ihrem Heerführer die Erlaubnis erhalten, für eine gewisse Zeit Urlaub vom Heer zu nehmen, dann werden sie während ihrer Abwesenheit vom Heer wieder zu ganz gewöhnlichen Bürgern; man erzählt sich, daß mancher solchermaßen «Beurlaubte» wieder mitkämpfte, wenn er Schlachtenlärm vernahm.

Doch damit beging er in Wahrheit ein Sakrileg; zeitweilig von seinem Eid entbunden, hatte er das Recht verloren, Waffen zu führen.

Dieser Unterschied zwischen den beiden Bereichen, dem des Friedens und dem des Krieges, war verkörpert im Tor des Janustempels. Stand es offen, so befand sich Rom im Kriegszustand, und die Quiriten, friedliche Bürger, verwandelten sich in Soldaten. War es geschlossen, herrschten in der Stadt die Gesetze und die Tugenden des Friedens. Es wäre absurd zu behaupten, diese Zeremonie habe den Charakter der Bürger «umgewandelt»; er veränderte ihre rechtliche und religiöse Stellung bezüglich der ihnen zukommenden Aufgabe.

Die Welt des Kriegs war in mancherlei Hinsicht von der anderen verschieden: sie unterstand einer andren Ordnung, andren Regeln und andren Wertvorstellungen. An die Stelle der Friedenswerte, der Gerechtigkeit *(iustitia)*, Gottesfurcht *(pietas)* und Treue *(fides)*, traten Gewalt und *furor*, jene Raserei, in der man außer sich gerät und zu einer tödlichen Kraft wird. Viele als «primitiv» bezeichnete Gesellschaften kennen diese Wesensumwandlung im Kriege; die einen versuchen den *furor* zu bändigen, andre ihn eigens durch mancherlei Mittel zu erwecken, da er zwar in Friedenszeiten für ein Gemeinwesen äußerst gefährlich sein kann, im Augenblick einer äußeren Bedrohung aber von großem Wert ist. Insofern als Aeneas in seiner Person das römische Gemeinwesen verkörpert und symbolisiert, muß er auch dieses Doppelgesicht tragen, ohne daß dies in irgendeiner Weise auf seinen «Charakter» Einfluß hätte, der somit nichtsdestoweniger unwandelbar bleibt.

Im siebten Buch hat Vergil ein Bild geschaffen für die Art, wie ein bislang ruhiges und vernünftiges Wesen plötzlich vom *furor* gepackt werden kann: Turnus, der König von Ardea, zum Gemahl für Lavinia, die Tochter des Latinus und der Amata, bestimmt, liegt in friedlichem Schlummer. Keines der Ereignisse der jüngsten Zeit, weder die Ankunft der Troer, noch ihre Gesandtschaft oder sonst etwas hatte ihn erregt. Da erscheint Allekto, eine der Furien, bei ihm, wirft ihre Fackel auf ihn und stößt sie ihm ins Herz. Sofort verliert der junge Mann jede Fähigkeit nachzudenken; er verlangt nach seinen Waffen, stürzt hinaus und reißt die Jugend von Ardea mit sich. Der von Turnus entfesselte Krieg ist nur der Aufruhr des Zorns, bei dem die Vernunft keine Rolle mehr spielt. Es handelt sich um alles andre als um einen «gerechten» Krieg.

Nachdem Allekto die Kriegsleidenschaft im Herzen des Turnus entfacht hatte, mußte sie einen Vorwand finden, durch den die Kämpfe ausgelöst würden. Thyrrhus, der Herr über die Herden des Königs Latinus, hatte eine Tochter namens Silvia, die einen zahmen Hirsch zärtlich liebte. Tagsüber durchstreifte dieser Hirsch die Wälder; abends kehrte er zum Hause zurück. Die Troer hatten unterdessen am Tiberufer ihr Lager aufgeschlagen und durchstreiften das Land, während der junge Ascanius die Zeit nutzte, auf Jagd zu gehen. Und so kam es, daß die durch die Furie erregten Hunde aus seiner Meute den Hirsch der Silvia hetzten und Ascanius ihn mit einem Pfeil verletzte. Als Silvia ihn weidwund und blutüberströmt heimkehren sah, schlug sie laut aufheulend Alarm. Die Bauern der Umgebung, die Holzfäller aus dem Wald rennen mit waffenähnlichen Gerätschaften herbei. Der Zorn und der Geist der Furie bemächtigen sich ihrer. Sie ziehen wider das Lager der Troer; diese fluten in Menge aus dem Lager, und schon beginnt die Schlacht. Es gibt Tote auf seiten der Latiner, und nun findet eine allgemeine Erhebung statt; das ganze Volk verlangt nach Krieg – den Vergil als «verbrecherisch» bewertet. Was nur eine vom Augenblick eingegebene Bewegung war, mußte nun noch in einen «gerechten» Krieg umgewandelt werden. Zu diesem Zweck mußte der Latinerkönig «die Pforten des Kriegs öffnen». Bei dieser Gelegenheit beschwört Vergil den römischen Brauch, von dem er sagt, es habe ihn schon in der Stadt des Latinus gegeben; nach Rom sei er auf dem Wege über die Albanerstädte gelangt. Aber der Dichter macht deutlich, daß das Öffnen der Pforten und folglich der Kriegsbeginn in Rom von einem Zeremoniell umgeben sind, das Zorn und leidenschaftliche Aufwallungen ausschließt. Es bedarf einer «entschiedenen» Meinungsäußerung der Väter, das heißt eines klar und mehrheitlich von der vorgeschriebenen Zahl von Stimmberechtigten gefaßten Senatsbeschlusses für den Krieg; in dieser Weise gebührend bevollmächtigt und angewiesen öffnet der Konsul im Priestergewande die Pforten, und der Kriegszustand ist hergestellt. Latinus, und einzig er als König, konnte diese Handlung in seiner Stadt vollziehen. Er entzieht sich. Keine dazu befugte Autorität kann nunmehr das *bellum iustum* entfesseln. Juno braucht sich als Göttin nicht strikt an die Gesetze zu halten; sie öffnet mit eigener Hand die heiligen Pforten, die «trägen», den Krieg hemmenden Pforten, und zwar so heftig, daß sie aus den Angeln gerissen werden (7, 601–622).

Auf diese Weise bricht wider den Schicksalsspruch und Jupiters Willen ein ruchloser Krieg aus. Ein Krieg, den Turnus nicht entfesseln durfte, bei dem er aber den Befehl in dem Augenblick übernimmt, indem die Göttin die Initiative ergriffen hat.

Die auf die Odyssee der ersten sechs Bücher folgende Ilias wird von Vergil mit einer gewissen Feierlichkeit angekündigt: Gerade als Aeneas mit seiner Flotte fröhlich in die Tibermündung einfährt, die von einem Hain voller Vögel beschattet wird, deren Gesang die Luft erfüllt, unterbricht der Dichter seine Erzählung. Er ruft die Muse Erato an und bittet sie um Unterstützung, denn:

... Es wächst mir höher der Rang des Geschehens
Höheres setz ich ins Werk ... (7, 44/45).

Diese Verse wirken auf heutige Leser ziemlich verwirrend, halten sie doch gerne den ersten Teil, die ersten sechs Bücher, für den bedeutenderen, auf jeden Fall für den ausgefeilteren. Vielleicht hätte Vergil ihnen sogar zugestimmt, denn schließlich hat er diese Gesänge mit einer gewissen Vorliebe als erste verfaßt. Aber mit den sechs letzten Gesängen verläßt das Epos die Nebelreiche der Sagenwelt und betritt die politische Wirklichkeit. Bis dahin lebte Rom lediglich in den Träumen des Aeneas, und in der Unterwelt hatte er nur ein Schattenbild davon gesehen; nun aber beginnt er daran zu bauen und damit eine feste politische «Ordnung» einzuleiten, die sich über die Generationen hin entwickeln wird bis zu Caesar Augustus.

Des weiteren ist die Wahl Eratos verwirrend, da sie über die Liebesdichtung wacht. Servius bemerkt dies und verbirgt seine Unwissenheit hinter der Bemerkung, es mache keinen Unterschied, ob Erato oder irgendeine andre Muse angerufen werde. Andre weisen darauf hin, daß der dritte Gesang der «Argonautika» des Apollonios von Rhodos, worin die Liebesgeschichte von Jason und Medea berichtet wird, ebenfalls mit der Anrufung der Erato beginne. Die Parallele ist indes nicht ganz überzeugend: eben die Liebe, die Jason Medea einflößt, gestattet es ihm, die Tat zu vollbringen, derentwegen er erschien, nämlich das Goldene Vlies zu entwenden. In unserem Falle nichts dergleichen! Lavinia wird zur Gattenwahl nicht gehört. Latinus bietet sie dem Aeneas

Vertrauen auf die Orakelsprüche an. Das junge Mädchen erscheint nur einmal in Person, und auch das nicht unmittelbar; sie wohnt einer Auseinandersetzung zwischen Turnus und Latinus in Gegenwart ihrer Mutter Amata bei, und als diese Turnus bittet, sich nicht unvorsichtig in Gefahr zu begeben, da er die einzige Stütze ihres Hauses sei, fängt das Mädchen an zu weinen und errötet, was Turnus in Verwirrung bringt, seine Liebe erweckt und den heftigen Wunsch in ihm aufkeimen läßt, sich mit Aeneas zu schlagen: das ist ihr Zweikampf, durch mehrere Zwischenfälle hinausgeschoben, der über den Krieg entscheidet. Ein Zweikampf, in dem es um Lavinias Besitz geht.

Unter diesen Voraussetzungen wird Eratos Wahl zur Schutzherrin dieser Gesänge verständlich. Das Schicksal des Latinus und das der Welt hängen recht besehen von dieser Heirat ab: Turnus war von Amata als Gatte für Lavinia ausgesucht worden, wenn nicht gar von Latinus, den allerdings die Orakelsprüche behindern. Turnus würde auf diese Weise der Nachfolger des greisen Königs nach dem alten latinischen und römischen Brauch, der die Macht vom Schwiegervater auf den Schwiegersohn überträgt (so Julia und Marcellus, dann Agrippa ...). Aber der Widerstand des Latinus und auch Lavinias Anblick erwecken andre Gefühle in ihm als Ehrgeiz. Er wird gegen Aeneas kämpfen wie gegen einen Nebenbuhler, der versucht, ihm die wegzunehmen, die er liebt. Die Anrufung Eratos besteht ganz zu Recht. Der gleichzeitig von der Furie Allekto und von Liebesgefühlen getriebene Turnus wirft sich gegen alle Vernunft in den Kampf; er hat wahrhaft seine Selbstbeherrschung verloren. So kann das Los der Welt nicht entschieden werden: aus einer Gefühlsaufwallung und letztlich durch Zufall. Hier befinden wir uns im Gegensatz zum Didoroman. In Karthago findet der Ausbruch der Leidenschaft bei der Königin statt. Die Staatsräson rechtfertigt das Verhalten des Aeneas: in beiden Fällen führt die Leidenschaft zum Tode. Diese Vorstellung entspricht römischem Denken, das Liebesglut stets mißtrauisch beäugte und darum bemüht war, deren Rolle in der Ehe möglichst zu dämpfen. Aufgabe der Ehe ist es, von Generation zu Generation das «Blut» der *gens* weiterzuleiten; sie muß den Fortbestand des Gemeinwesens verbürgen; das bedeutet «gerechte Eheschließung». Zärtlichkeit hat hier nichts zu suchen, sogar wenn sie, wie es natürlich ist, aufkommen und sich entwikkeln kann in dem Maße, wie ein gemeinsam verbrachtes Leben und Kinder immer engere Bande zwischen den Ehegatten schmieden. Aber diese Zärtlichkeit kann sich nur ganz selten in der Öffentlichkeit zeigen, zum Beispiel beim Tode eines geliebten Wesens oder wenn die Androhung der Todesstrafe einen Appel an das Mitleid der Richter rechtfertigt – dann darf man an das erinnern, was «Unterpfänder» *(pignora)* genannt wird, die Kinder, die Ehefrau, die nahen Verwandten, deren Leben durch das Unglück des Angeklagten zerstört würde.

So findet die Verbindung von Aeneas mit Lavinia statt, ohne daß er sie gesehen, ja ohne daß sie seiner je ansichtig geworden wäre. So kehrte bisweilen in den Häusern der adligen Römer der Familienvater heim und erklärte seiner Frau, er habe seine Tochter verlobt. Und die Frau erkundigte sich, fragte, wer ihr Schwiegersohn sein solle, um zu wissen, ob er aus gutem Hause sei und ob diese Heirat die Familienehre vergrößere. Auf diese Weise verheiratete Augustus Julia, sooft es die Sicherstellung seiner Nachfolge erforderlich machte.

Ein erheblicher Teil der neuen Ilias verläuft in Abwesenheit des Aeneas. Nach der Landung an der Tibermündung hatte er sich nicht in eigener Person zu König Latinus begeben, sondern Gesandte dorthin abgehen lassen; so stellte er sich als Staatsoberhaupt dar, nicht als Verbannter oder Flüchtling. Er hatte von den wohlwollenden Worten des greisen Königs und auch von den durch Juno angestifteten Kriegsandrohungen gehört, von des Turnus Aufruf an die Rutuler und der Erhebung der latinischen Holzfäller und Hirten. Im Augenblick waren die Trojaner geschützt hinter den Palisaden des von ihnen aufgeschlagenen Lagers, womit sie das Vorgehen römischer Soldaten vorwegnahmen und ankündigten. Aber sie konnten angesichts zahlreicher Heere nicht ewig hinter Notbefestigungen verharren. Aeneas war sich dessen bewußt, und sein Geist

... wogt hin und her im brandenden Schwalle der Sorgen

(Aen. 8, 19),

während er nächtens am Tiberufer entlang streift. Schließlich streckt er sich, müden Herzens, auf dem Boden aus, und da erscheint ihm der Gott Tiber, um ihm eine letzte Weissagung zu überbringen. Der Gott gehört zu den größeren Gottheiten des Landes, dem seine Wasser Leben spenden. Er erscheint dem eingeschlummerten Helden als Greis in meergrünem Linnen mit schilfgeschmücktem Haupte. Kaum kann man ihn in den wabernden Nebeln zwischen den Pappeln ausmachen, doch diese Erscheinung dankt Aeneas dafür, daß er die einst von Dardanus nach Troja gebrachten Penaten wieder nach Latium zurückführe. Ihre Rückkehr verbürge das Heil der Troer, denen auf diesem Boden eine «sichere Heimstatt» (*certa domus*, 8, 39) beschieden sei. Des weiteren werde Aeneas am Strand eine weiße Wildsau antreffen, umgeben von dreißig Frischlingen, die sie soeben geworfen hat. Damit gibt der Tiber zu erkennen, daß es sich bei seiner Erscheinung nicht um ein Trugbild handelt. Weiterhin kündigt der Flußgott Aeneas an, wo er Verbündete finden könne: in Pallanteum, einer Stadtgründung von Arkadern, die ihr König Euander nach Italien geführt habe. Sobald Aeneas erwacht ist, schickt er sich an, dem Gotte zu gehorchen; er sucht aus seiner Flotte zwei Schiffe für die Fahrt flußaufwärts aus und läßt sie bewaffnen.

Da geschieht das von dem Gotte vorausgesagte Zeichen: eine gewaltige Wildsau mit ihren dreißig Ferkeln lagert am Ufer. Aeneas fängt sie ein und opfert der Juno sowohl die Muttersau als auch ihren Wurf. Diese Episode, die wir schon in der Überlieferung vor der Aeneis antrafen, schien den Zeitgenossen des Dichters so bedeutsam, daß das Schmuckrelief am Altare des Augustusfriedens *(Ara Pacis Augustae)* die Erinnerung daran bewahrte. Auf einem der großen Reliefs sieht man, wie Aeneas das Opfer in einer in Rom üblichen Form darbringt und der Gottheit eine Schale voller Früchte darreicht. Ihm wird von zwei jungen Leuten *(camilli)* assistiert, und es folgt ihm eine Gestalt, von der man nur den rechten Arm mit einer Lanze sieht. Auf einem Fels im Hintergrund birgt ein kleines Gebäude in Form eines Tempels die Penaten. Über die Bedeutung dieser Darstellung gibt es gar keinen Zweifel. Aeneas opfert bei seiner Ankunft auf latinischem Boden natürlich der Erdgöttin, um sie zu versöhnen, aber auch aus mystischen Gründen. Zwar betont Vergil ausdrücklich, daß dieser Kult der Juno zugedacht ist, aber man darf annehmen, daß er einen Kult der Erdgöttin *(Tellus)*, deren bevorzugtes Opfertier im römischen Kult exakt die Wildsau war, in den Rahmen der Geschichte des Aeneas übertragen hat, der ja vom Haß Junos verfolgt wurde. Hier entdecken wir einen der tiefsten Züge der religiösen Einfühlsamkeit sowohl des Dichters als auch seiner Zeitgenossen.

Zu Beginn dieses Buches haben wir die Vorstellungen

erwähnt, die sich Vergil von der Erde macht als eines Lebewesens mit eigenem organischem Leben: aus dieser lebendigen Erde gingen die Lebewesen hervor. Und im besonderen ist dieser italischen Erde, dem Boden Saturns *(Saturnia Tellus)*, Dardanus, der Ahnherr der Troer und des Aeneas, entsprossen. Der Delische Apoll spricht folgendermaßen zu den Trojanern:

Dardaner, leidengestählt! Das Land, das vom Stamme der Ahnen
euch zuerst einst trug, wird euch, wenn ihr heimkehrt, empfangen
wieder an quellender Brust. Sucht auf die Mutter der Urzeit
(Aen. 3, 94–96).

Apollo selbst bestätigt hier, daß Dardanus der Erde entstammt und daß die Ankunft des Aeneas in Latium nur eine «Verpflanzung» ist, dem Versetzen von Rebstöcken vergleichbar, von dem Vergil in den Georgica geschildert hatte, unter welchen Vorsichtsmaßregeln es vor sich gehen müsse. Der Gott bedient sich hier eines landwirtschaftlichen Vokabulars; er benutzt das Wort *tulit*, hier mit «trug» übersetzt, das sich bei allen Bodenerträgnissen anwenden läßt, und *stirps*, «Stamm», einen Ausdruck, der, im Lateinischen noch stärker, die Vorstellung eines Wurzelstocks in der Erde anklingen läßt, aus dem junge Ranken hervorsprießen.

Tatsächlich durchzieht die Vorstellung, Menschen seien mit gleichem Recht wie Tiere und Pflanzen «Kinder der Erde», das gesamte Werk Vergils von der sechsten Ekloge bis zur Aeneis, nicht ohne die Georgica, wo sie sich bald als Mythos findet, wie in der Geschichte von Deukalion (Georg. 1, 62/63) – der Menschen erschuf, indem er Steine über seine Schulter warf, aus denen Männer hervorsprossen, während Pyrrha auf die gleiche Art Frauen entstehen ließ –, bald in Gestalt einer regelrechten wissenschaftlichen Theorie, wie im zweiten Gesang bei der Beschreibung des Frühlings. Im Frühling, heißt es da bei Vergil, treffen erstmals die Bedingungen zusammen, die für das Entstehen und die Entwicklung aller Lebewesen erforderlich sind. Und unter all den Wesen jeglicher Art, die dann aus der Erde hervorgehen, erscheint auch das Menschengeschlecht, eine «erdgeborene Brut» (*terrea progenies*, Georg. 2, 341), aus den im Boden in unendlicher Zahl und von jeglicher Art enthaltenen Urelementen gebildet, wie Lukrez gelehrt hatte.

Wenn sich Vergil diese von Lukrez großartig ausgeführte

Vorstellung zu eigen macht, bleibt er der epikureischen Lehre treu. Lukrez hatte versucht, sich das Aufkeimen des Lebens vorzustellen; er spricht von so etwas wie einem aus tiefen Wurzeln hervorgegangenen Mutterboden, der irgendwie, vielleicht durch Atomregen, befruchtet wird, und sich, wenn die Frucht reif ist, öffnet; daraus gehen die Kinder hervor, die von Säften genährt werden, mit denen die mütterliche Erde sie versorgt. Vergil läßt diese Einzelheiten beiseite und übernimmt doch den Grundgedanken, wenn er Dardanus in der Aeneis als einen «Sproß der italischen Erde», also der *Saturnia Tellus,* bezeichnet. Aber der Kontext, in dem sich der Hinweis auf die epikureische Naturlehre findet, verleiht ihr eine andre Bedeutung und einen andren Sinn.

Die Erde als Gottheit ist nicht nur Gegenstand mythischer Erzählungen in der Götterlehre der Dichter oder den Spekulationen der Philosophen, sie hat auch ihren festen Platz in den Anschauungen und Bräuchen der «Volksreligiosität» und der «politischen Religion» der Römer. Sie war vor allem mit dem Totenkult verbunden, und in diesem Sinne spielt sie in der Aeneis eine bedeutsame Rolle.

Vor einiger Zeit ist die Bedeutung der Feierlichkeiten untersucht worden, die Aeneas zu Ehren der Asche des Anchises veranstaltet, und die dabei erscheinenden Vorzeichen[14]. Natürlich bezieht sich der Dichter hier, bei dieser Präfiguration der *parentalia* im Februar auf Bräuche des Totenkults im römischen Festkalender, und er macht sich die volkstümlichen Jenseitsvorstellungen insofern zu eigen, als er das traditionelle Vokabular gebraucht. So antwortet Aeneas auf die Ankündigung seines Steuermanns Palinurus, die Vorsicht gebiete, Sizilien anzulaufen;

... wo wäre willkommener Land mir,
wohin sollte ich lieber die müde Flotte entlassen
als zum Land, das den Dardanersproß mir hegt, den Akestes,
und im Schoße umfängt die Gebeine des Vaters Anchises
(Aen. 5, 29–31).

Die Gebeine des Anchises geben zu erkennen, was vom verehrten Vater überlebt: die Asche ist der Sitz der Manen; es handelt sich nicht um leblose Gebeine, in ihnen nimmt das Leben seinen Fortgang. Hierher, ins innerste Mark, haben sich die Lebensgeister zurückgezogen, und hieraus – das ist noch wichtiger – gehen die neuen Geschlechter hervor. Um es mit Bayets Worten aus der genannten Studie auszudrücken: «Man zählte auf die Toten, mochten sie nun eingeäschert oder begraben sein, um den lebensspendenden Strom zwischen der fruchtbaren Erde und den Lebenden zu erwecken und zu erhalten [...]. Selbst wenn sie das Feuer des Einäscherungsscheiterhaufens durchlaufen hatten, waren die geheiligten Gebeine der Verstorbenen notwendig als wirkende Kräfte dieses Lebensstromes, der die Generationen auf geheimnisvolle Weise verband.»

Nun waren aber diese sicherlich in vorgeschichtliche Zeiten zurückreichenden Anschauungen in den Kult der Erdgöttin eingegangen, von dem sie scheinbar widersprüchliche Aspekte erklären und aus dem auch das Opfer der Wildsau am Tiberufer seinen Sinn erhält. Die Erde, eine Muttergottheit, nimmt den Toten auf und erweckt zu einem späteren Zeitpunkt die in ihm schlummernden Keime zu neuem Leben. Eine ganze Reihe von Opfern, die im römischen Brauchtum in geschichtlicher Zeit Ceres dargebracht wurden, sind eigentlich für die Göttin Erde bestimmt: die beiden Göttinnen sind untrennbar verbunden, ohne indes ineinander überzugehen, und so wird verständlich, weshalb Aeneas dem Namen nach Juno, der Göttin der Ehe, ein Opfertier darbringen konnte, das eigentlich rechtens der Erde zukam. Die Erdgöttin spielt denn auch eine wesentliche Rolle in den Feierlichkeiten um die Eheschließung. Wenn die Trojaner von der italischen Erde Besitz ergreifen, kehren sie zum Lebensstrom zurück, der seit Dardanus ihre lebensspendende Kraft ist.

Vergil verleugnet seine epikureische «Naturlehre» nicht, formt sie aber um und bringt sie in seinen mystischen Zukunftsentwurf ein, zu dem seine jüngst erworbenen Überzeugungen vom Walten der Vorsehung nicht in Widerspruch stehen. Das Opfer für Juno, das in Wahrheit der Muttererde gilt, symbolisiert die Ehe, die Aeneas bald in der Person Lavinias mit dem Geschlechte des Latinus verbinden wird, der seinerseits ein Sproß des Faun und der Nymphe Marcia ist, wie der Dichter zu Beginn der neuen Ilias vermerkt. Faunus war ein Sohn des Picus, eines Wesens, das halb Gott, halb Vogel war und zu den Gestalten gehörte, die aus den alten latinischen Wäldern kamen. Marcia ihrerseits scheint eine Waldnymphe zu sein. Diese aus den Sagen stammenden Wesen stehen noch den Zeiten nahe, als die Götter aus Erde Geschöpfe machten, und sind eng verwandt mit den Menschen, die im Frühling der Welt entstanden waren. Auf diese

Weise verbindet Aeneas in seiner Nachkommenschaft zwei der italischen Erde entsprossene Zweige: den Ast, der Dardanus hervorbrachte, und den, dessen Früchte Picus, Faunus und Latinus waren. Ein sowohl real-physischer als auch mystischer Bund: das Opfer der Wildsau begründete die Rechtmäßigkeit der dem Aeneas und seiner Nachkommenschaft anvertrauten Macht und kündigt sie an. Man versteht jetzt die Gründe, welche die mit den Reliefs am Friedensaltar beauftragten Künstler bewogen haben, das Opfer an hervorragender Stelle anzubringen. Es symbolisierte die unauflösliche Verbindung des Aeneasstammes mit der «Erde des Saturn».

Aeneas war also abwesend, während die Heere, die Turnus um sich geschart hatte, unter Mißachtung des göttlichen Willens und des soeben durch das Wildschweinopfer besiegelten Schicksalsspruches das trojanische Lager angriffen. Daraus ergab sich eine kompositorische Schwierigkeit: die wirklichen Kämpfe konnten erst in Anwesenheit von Aeneas stattfinden, da die Niederlage des Turnus und der ihm beistehenden italischen Kontingente nur ein Sieg des Aeneas sein konnte. Es mußte also Zeit gewonnen werden, um Aeneas die Möglichkeit zu geben, nach Pallanteum zu gelangen, dort die Gastfreundschaft Euanders zu genießen und von ihm einen Trupp Verbündeter zu erhalten und auch, um dem Dichter zu gestatten, auf indirekte Weise implizit die Zukunft der Stadt darzustellen, die dereinst Pallanteum ersetzen sollte. Das alles war, wie angedeutet, Thema des achten Gesangs, der mit der Schildbeschreibung endet: Venus erreichte es, daß Vulkan die Rüstung für ihren Sohn schmiedete, einen Spiegel, in dem sich ein langer Ausblick in die Zukunft bricht und dessen göttliche Herkunft den Sieg des Trägers sicherstellt.

Unterdessen warten die Trojaner auf die Rückkehr ihres Anführers. Sie werden belagert. Wie kann man dieses angstvolle Warten deutlich machen? Wie es «ausstaffieren»? Vergil nahm zu diesem Ende Zuflucht zu einem bei den «modernen Dichtern» beliebten Kunstgriff, den er selbst schon in den Georgica angewandt hatte, um die Lücke zu füllen, die durch die Tilgung der Gallushuldigung entstanden war. In den Georgica war es die Orpheussage, und im neunten Buch der Aeneis bietet sich die Geschichte von Nisus und Euryalus als Lösung des Problems an.

Die Komposition des Gesanges im ganzen enthält mehrere Anklänge an die Ilias. Die Trojaner befinden sich dort in der gleichen Lage wie die Griechen vor Ilion. Sie müssen nun ihre auf den Strand gezogenen Schiffe verteidigen, und wie in der Ilias drängt der Feind, hier Turnus, heran, um sie in Brand zu stecken. Aber die Gleichheit trügt: Niemals hatten die Griechen den Plan gehabt, sich in der Troas festzusetzen. Die Troer dagegen wollen in Latium bleiben, und das Vorzeichen ist mehrdeutig: Sie brauchen nun, wo sie im verheißenen Lande angekommen sind, ihre Schiffe nicht mehr. Die Absicht des Turnus kommt ihrer Entscheidung entgegen. Außerdem ereignet sich ein Wunder. Vergebens kommt Turnus an die Schiffe heran, diese fangen kein Feuer, und dann ertönt eine immaterielle Stimme und fordert die Schiffe auf, ihre Ketten zu zerbrechen. Da setzen sich die Boote von selbst in Bewegung, gleiten ins Meer, tauchen in die Fluten, erscheinen auf offener See in Gestalt junger Mädchen. Die Stimme, der die Schiffe Folge leisteten, gehörte Kybele, der Großen Göttermutter, Schutzgöttin der phrygischen Wälder, wo die Bäume wuchsen, aus denen die Schiffe hergestellt wurden. Dieselbe Kybele hatte in der unheilvollen Nacht von Trojas Untergang Kreusa, die Gattin des Aeneas, unter ihren Schutz gestellt und in ihr Gefolge aufgenommen.

Turnus hätte den Sinn des Wunders, das sich da vor seinen Augen abspielte, begreifen und in der ungewöhnlichen Verwandlung die Handschrift einer Gottheit erkennen müssen. Doch er verrennt sich und behauptet gegen jede Vernunft, das wundersame Verschwinden der Schiffe sei Zeichen dafür, daß die in diesem Land ganz auf sich gestellten Trojaner von den Göttern zu ihrem Verderben hierher gesandt und daß ihnen Untergang und Vernichtung gewiß seien. Es war vorgekommen, daß ein römischer Heerführer vor der Schlacht die von den Göttern gesandten Vorzeichen mißachtete; so geschah es in den Gewässern Siziliens während des Ersten Punischen Kriegs und während des Zweiten an den Ufern des Trasumenersees. Turnus präfiguriert das Los dieser Gottlosen, die von den Göttern mit Blindheit geschlagen wurden.

Aeneas hatte die Trojaner vor seinem Aufbruch nach Pallanteum angewiesen, innerhalb der Befestigungen ihres Feldlagers zu bleiben und seiner Rückkehr zu harren, ohne eine Feldschlacht zu wagen, und es wurde ihm Folge geleistet. Die Belagerung beginnt. Die Tore werden verstärkt, die Verteidigungsanlagen inspiziert, Wachtposten aufgestellt. Zwei junge Troer halten

Wacht an einem Tore, Nisus, der ältere der beiden, und Euryalus, ein so junger Mann, daß er sich noch nicht das erste Barthaar geschoren hatte. Gegenseitige Zuneigung verbindet sie, und beide beseelt der gleiche unerschütterliche Mut. Nisus denkt bei dem Schauspiel, das ihm das feindliche Lager bietet, wo alle Männer schlafen, die hie und da entzündeten Wachtfeuer schon dabei sind, niederzubrennen, jede Vorsichtsmaßregel außer acht gelassen ist und weder Feuerwächter noch Wachen Dienst tun, ein wahrhaftes Barbarenlager – bei diesem Anblick denkt Nisus, es biete sich ihm eine Gelegenheit, den Rutulern eins auszuwischen. Im Lauf der Jahrhunderte werden römische Legionen recht oft dergestalt anmaßenden Barbaren gegenüberstehen, Germanen, Galliern und manchen andren, über die eine nie nachlassende Disziplin der römischen Heere den Sieg davontrug. Nisus faßt den Plan, das so schlecht bewachte feindliche Lager zu durchqueren und Aeneas eine Botschaft zu überbringen, um ihn über die Lage aufzuklären. Der Weg nach Pallanteum ist ihm von seinen Jagdstreifzügen in den Wäldern her bekannt, da er dabei die Stadt von fern gesehen hatte. Er weiß, daß die Oberhäupter der Trojaner Aeneas warnen wollen, seinerseits begehrt er den Ruhm, die Tat auszuführen. Er vertraut seine Absicht Euryalus an; jener dringt darauf, Gefahren und Ehre mit ihm zu teilen, und schließlich gelingt es ihm, Nisus zu überreden. Beide verlassen unter den Segenswünschen und dem Zuspruch der versammelten Anführer das Lager und veranstalten bei den Feinden ein großes Gemetzel. Sie sind nicht klug genug, rechtzeitig innezuhalten und auf Beute zu verzichten. Als sie sich endlich aufmachen, trifft eine Reitervorhut am Lager ein, die Turnus eine Botschaft überbringen soll. Ein Mondstrahl läßt die Helmspitze des Euryalus aufblitzen und verrät seine Anwesenheit. Die Reiter umstellen den Wald. Nisus kann gerade noch ihren Sperriegel überwinden, der wegen der mitgeschleppten Beute unbeweglichere Euryalus aber fällt ihnen in die Hände. Als Nisus merkt, daß er alleine ist, kehrt er um, greift die Feinde, in deren Besitz Euryalus sich befindet, an. Er nutzt die Überraschung, tötet einige, aber Euryalus wird getötet, und er selbst stirbt, wie er Volcens, dem Anführer des Reitertrupps, den Tod gibt.

Über der ganzen Szene liegt ein Hauch zärtlichen Mitleids, von dem Vergil dem Mut und dem Schicksal der beiden jungen Leute gegenüber ergriffen ist. Es geht hier um das Gefühl, das man denen gegenüber empfindet, die im Kampf umkommen: Soll man sie als Opfer eines ungerechten Schicksals beklagen? Soll man den Krieg selbst verabscheuen, weil er Anlaß solcher Greuel ist? Vergil indessen beschließt die Szene mit Worten, die uns heutige Leser verwundern, die wir gewaltsames Sterben vor Augen haben und vor nicht allzulanger Zeit aufs schrecklichste damit vertraut waren. Er ruft aus:

Glückliches Paar, wenn etwas nur meine Lieder vermögen,
löscht kein Tag euch jemals aus im Gedächtnis der Nachwelt,
nie, solange Aeneas Geschlecht, Kapitol, deinen festen
Felsen bewohnt und Herrschgewalt hat der römische Vater

(Aen. 9, 446–449).

Zur gleichen Zeit verkündete Horaz in den Römeroden (3, 2, 13), es sei «süß und ruhmvoll», fürs Vaterland zu sterben. Bei ihm wie bei Vergil kann man einen Nachhall der großen Sehnsucht nach Ehre vernehmen, die das am tiefsten haftende Ideal der augusteischen Zeit war, dieser Sehnsucht, von der Augustus ebenso angetrieben wurde wie Maecenas und seine Freunde. Als Cicero in den Tusculanen über den Tod nachdenkt, ist er der Meinung, eine solche Sehnsucht nach Ehre beruhe auf dem Glauben an eine Form von Unsterblichkeit für jeden von uns. Hier nun handelt es sich möglicherweise weniger um die Verheißung einer persönlichen Unsterblichkeit als um das Vertrauen auf die Unsterblichkeit Roms, um die Gewißheit, daß das, wofür man starb, von unserem Leben lebt, daß das Opfer nicht vergeblich war. Zumindest ist das die Art, in der Vergil den Tod des Nisus beschreibt, nachdem dieser den Tod seines Freundes gerächt hat:

Dann aber warf er durchbohrt sich hin über seinen entseelten
Freund und kam zur Ruhe erst jetzt im Frieden des Todes

(Aen. 9, 444/45).

Aeneas kehrt erst einige Stunden später ins trojanische Lager zurück. Er weiß nicht, was in seiner Abwesenheit geschehen ist, aber die in Nymphen verwandelten Schiffe übernehmen es, ihn zu unterrichten. Sie schwimmen ihm entgegen und treffen um Mitternacht auf ihn, der selbst am Steuer wacht, während die Mannschaft schläft. Eine von ihnen hält sich am Heck fest und spricht zu dem Helden:

... Wachst du, Aeneas,
Göttersproß? So wache, laß locker den Segeln die Taue!

(Aen. 10, 228/29).

Servius hat richtig erkannt, daß die Worte der Nymphe unter die Marsriten gehören. Wenn ein Heerführer mit seinem Heere Vorbereitungen zu einem Feldzug traf, begab er sich zum Marsheiligtum und schlug an die dort aufbewahrten Schilde, die *ancilia*, von denen einer vom Himmel gefallen war, während es sich bei den andren um getreue Nachbildungen handelte. Dann tat er mit seiner Lanze das gleiche bei der Kultstatue und sagte: «Mars, wache.» Die gleichen Worte sollen auch von den Vestalinnen zum Opferkönig gesprochen worden sein; das war jener Priester, der als Nachfolger der Könige in deren priesterlichen Funktionen amtierte. Die in den Worten, welche Vergil die Nymphe sagen läßt, enthaltene Anspielung auf einen römischen Brauch läßt keinen Zweifel, welche Rolle er dem Aeneas zuerkennt; er ist der Priester-König, fast ist man geneigt zu sagen der Magier-König, dessen Bild in der römischen Frühzeit man aus der von Livius vermittelten Tradition erahnen kann. Wenn ein Krieg beginnt, wird er zu Mars selbst, er verkörpert den Gott und wird, wie dieser, vom *furor* gepackt.

Vergil sieht sich hier jedoch einer Schwierigkeit gegenüber. Natürlich bringt die Welt des Kriegs andre Handlungsweisen mit sich, die den in der Friedenswelt erforderlichen entgegengesetzt sind; doch kann sich der vom Dichter bislang als *pius*, als empfänglich für die Werte der *humanitas* geschilderte Aeneas schwerlich auf einmal als grausam, blutrünstig und unerbittlich entpuppen. Selbst wenn diese Verwandlung der römischen Auffassung des *bellum iustum* entspricht, bleibt ein Gefühl des Unbehagens und nach unserer Denkgewohnheit und nicht minder nach der von Vergils Zeitgenossen, denen die primitive Grausamkeit ziemlich fern lag, ein Widerspruch, ja fast etwas Unwahrscheinliches. So hat Vergil eine Situation erfunden, die verständlich zu machen geeignet war, weshalb in der Seele des Aeneas unvermittelt halbvergeßne Zeiten wiederauferstehen. Einer der ersten Toten dieses Kriegs ist Euanders Sohn Pallas, der Anführer des zur Verstärkung der trojanischen Streitkräfte anrückenden Reitertrupps. Während der ersten Kampfhandlungen wird Pallas von Turnus eigenhändig getötet, was zwischen Aeneas und Turnus persönliche Haßgefühle stiftet. Die Hartnäckigkeit, mit der Aeneas den jungen Mann später verfolgt und die es ihm schließlich verwehrt, seinem Mitleid zu gehorchen, das ihm eingab, ihn zu schonen, das alles kommt von seiner *pietas* gegenüber Pallas her, der als Verbündeter der Trojaner um jeden Preis gerächt werden muß. Hier sind wir nun an einem Punkt angelangt, wo antikes nur zur Hälfte verständliches Verhalten der Erklärung und Rechtfertigung bedarf. Für das vergilische Epos trifft etwas der Entwicklung Analoges zu, wie sie sich im fünften vorchristlichen Jahrhundert in der attischen Tragödie vollzog, als diese den alten Mythen eine moderne Begründung unterlegte, als Prometheus zum Beispiel nicht mehr ausschließlich ein Opfer von Zeus ist, sondern ein Märtyrer, der für ein Ideal leidet, von dem sich ältere Zeiten offenbar keine Vorstellungen gemacht hatten und der infolgedessen eines Tages seiner Ketten ledig wird.

Vergil hat vor den Beginn der eigentlichen Kämpfe im zehnten Buch einen Rat der Götter gestellt. Sie sind im Olymp um Jupiter herum versammelt und hören sich zwei Reden an; die eine wird von Venus vorgetragen und enthält Beschwerden über Junos Eingriffe, die andre, die von Juno gesprochen wird, greift Aeneas heftig an und plädiert für die Italiker und deren, wie die Göttin sich ausdrückt, gutes Recht. Man kann sich über diese seltsame göttliche Senatssitzung wundern und darin das doppelte Verlangen des Dichters erkennen, römische Gebräuche bis in den Olymp zu tragen und zugleich eine der bei den Rhetoren so beliebten Debatten einzuführen, in denen das Für und Wider verteidigt wurde. Außerdem heißt es, diese Götterversammlungen seien fester Bestandteil der römischen Epik, die sie von den homerischen Dichtungen übernommen habe. Als es in der Ilias darum ging, wer obsiegen solle, Achill oder Hektor, ließ Homer das Schicksal abwägen. In gleicher Weise entläßt Jupiter die beiden Göttinnen ohne Schiedsspruch: die Beziehungen zwischen Troern und Latinern hätte sich friedlich regeln lassen; alle hierfür erforderlichen Voraussetzungen waren gegeben. Juno indessen hat die Furie Allekto entfesselt und dadurch diesen Krieg verursacht. Aber, so sagt der Gott, «Schicksale finden den Weg» (Aen. 10, 133). Sie finden ihn trotz der Irrtümer und unvorsichtigen Handlungen, die den derzeitigen Zustand herbeigeführt haben, und ein jeder, ob Rutuler oder Trojaner, erfahre das Schicksal, das er durch seine Unternehmungen selbst heraufbeschworen hat. Wie häufig, finden wir hier ein ganzes Bündel ursächlicher Zusammenhänge; ganz oben steht das Schicksal, das nur dem höchsten Gotte, hier Jupiter, bekannt ist. Dann, auf halber Strecke zwischen diesem Schicksal und den Menschen, gibt es die Götter, die handelnd eingreifen, dem einen helfen, den andren bekämpfen, Aeneas in einer Wolke verhüllen, Turnus vom Schlachtfeld wegziehen. Ihr Handeln ist nicht unfehlbar, denn es hängt nicht vom Schicksal ab, sondern von wirren Kräften, die insgesamt Fortuna zugehören, dem Bereich des Zufalls. Ganz unten auf der Leiter endlich befinden sich die Menschen, deren Freiheit erhalten bleibt, sie handeln ganz nach ihrem Belieben, müssen aber für die Folgen ihres Handelns einstehen. Was sie auch tun und lassen, in jedem Fall führt es zum gleichen Endergebnis. Jupiter stellt fest: Wenn die Trojaner jetzt in ihrem Lager eingeschlossen seien, könne der Grund dafür darin liegen, daß das Schicksal den Untergang der Latiner wolle, oder dies könne das Ergebnis eines Irrtums der Troer infolge «verderblichen Wahns und trügenden Orakels» (10, 110) sein. Wie dem auch sei, das Ergebnis ist das gleiche, und es ist Jupiter bekannt: Die Rutuler werden eine Niederlage erleiden und die Trojaner sich in Latium festsetzen, daran läßt sich nichts ändern. Hierbei stellt sich die Frage nach der Freiheit des Menschen innerhalb eines ihn beherrschenden und, wie man annehmen muß, ihn beschränkenden Fatums, und es wird auf gewisse Weise zugleich auch eine Lösung angeboten. Alle philosophischen Richtungen haben sich seit Jahrhunderten mit diesem Problem beschäftigt, wobei die einen dem Menschen jegliche Willensfreiheit bestritten und die andren die Existenz eines zwingenden Schicksals leugneten, wieder andre aber Vorbestimmung und Willensfreiheit in Einklang zu bringen versuchten. Die von Vergil vorgeschlagene Lösung erinnert an Karneades, der zumindest zwei Arten von Ursachen unterschied, von denen die einen von außen kommende Hauptursachen seien, die andren aus dem Innern des menschlichen Geistes stammende Nebenursachen. Erstere ziehen allgemeine Folgen nach sich, bewirken, wenn man so will, die schicksalhaften Umstände, innerhalb deren der freie Wille des Einzelnen sich entfalten kann. Man könnte es mit einem Vergleich ausdrücken, der sich freilich nicht bei den antiken Philosophen findet, die sich mit der Vorbestimmung befaßt haben: Jeder von uns gleicht einem Fisch, der an der Angel hängt, die der Fischer in der Hand hält; er kann zappeln, nach rechts oder links schwimmen, wird darum aber nicht weniger ans Ufer gezogen.

Lukan verwendet diese Unterscheidung in einem ziemlich ähnlichen Sinne, wenn er den Spezialgöttern, denen der Gemeinwesen oder denen der Dichter, das überläßt, was unter Fortunas Bereich fällt, also die unvorhersehbaren Zufälle, dem höchsten

Gotte aber, den die Stoiker Jupiter nennen, und seinem göttlichen Ratschluß, der das oberste Gesetz des Weltalls ist, die Sorge der Lenkung des Weltalls nach Maßgabe dieses Gesetzes einräumt, Lukan kann uns solchermaßen daran erinnern, daß Cato in Utica den Sieg Caesars nicht gelten lassen will, den er als «Zufall der Fortuna» betrachtet und nicht als Entscheidung der Vorsehung. Diese wollte vielleicht, daß Rom eine Monarchie werden sollte; Pompeius ebensogut wie sein Widersacher hätte darin König werden können. Hätte Fortuna Pompeius begünstigt, dann hätte sich Cato nicht umgebracht, nicht weil er Pompeius für einen besseren König gehalten hätte, sondern weil sein eigenes Engagement ihn auf dessen Seite gestellt hatte und er davon nicht lassen wollte. So konnte ein Weiser den Göttern gehorchen, ohne sein einmal gefälltes Urteil revidieren zu müssen.

Aeneas ist also vom Schicksal dazu bestimmt, Rom zu gründen, aber das heißt nicht, daß er sich nicht abmühen müßte, um diesen Beschluß des Fatums in die Tat umzusetzen. Einige Philosophen hatten sich zur Lösung dieses Problems etwas ausgedacht, was man das «Argument der Trägheit» nannte und das besagt: Wenn es jemandem vorherbestimmt ist, an der Krankheit zu sterben, an der er gerade leidet, dann ist es nutzlos, einen Arzt kommen zu lassen; wenn es ihm bestimmt ist, gesund zu werden, dann ist es noch nutzloser. Doch weder die Stoiker noch Vergil lassen einen derartigen Fatalismus gelten, der dem römischen Geiste zuwider war, insofern er dazu neigte, der Untätigkeit das Wort zu reden. Schon in den Georgica hatte Vergil dargelegt, daß hartnäckige und mühevolle Arbeit die Voraussetzung des Glücks sei, daß es ohne Ackern, Jäten und andre unabdingbare Tätigkeiten keine Ernten und keine Feste gebe. Das gleiche gilt für die Gründung Roms. Von den ersten Versen des Gedichts an steht das fest:

Muse, sag mir die Gründe, ob welcher Verletzung des hohen
Willens, worüber voll Gram die Götterkönigin jenen
Mann, das Vorbild der Ehrfurcht, in so viel Jammer, in so viel
Mühsal gejagt. Kann so die Gottheit grollen und zürnen?

(Aen. 1, 8–11).

Die Antwort auf diese Frage, von der Vergil natürlich wußte, wie sie lauten würde, wird hier in der Götterversammlung zu Beginn des zehnten Buches von Jupiter erteilt. Die Gottheiten wie Venus oder Juno gehören zum Dichterglauben, in den Augen der Philosophen aber sind sie nur Symbole; sie sind ganz und gar nicht allmächtig, sondern erfahren die Grenzen, die ihre Verstrickung in die Angelegenheiten der Menschen mit sich bringt. Sie haben noch Körperschwere. Man denkt parallel dazu an die geheimnisvollen Worte, die Anchises in der Unterwelt seinem Sohn gegenüber in einer prophetischen Rede äußert «Wir erleiden je eigenes Wesen *(manes)*» (6, 743). Anchises weiß, daß das Wesen im Tode erhalten bleibt, so wie es sich selbst im Laufe des Lebens geformt hat; es behält seine Unvollkommenheiten, seine Befleckungen, die sich tief in die Substanz der Seele eingefressen haben. Die Manen: das ist das, was von unserer Körperlichkeit übrig bleibt, die Leidenschaften, die ins Mark der Gebeine, zu denen die Toten werden, eingeschrieben sind. In gleicher Weise sind die Gottheiten von Vergil als «Dämonen» aufgefaßt, als Zwischenwesen, «feiner» als die Menschen, haben sie dennoch die Materie nicht völlig abgestreift.

Eine derartige Auffassung findet sich bei den Platonikern und einigen Stoikern; in Rom kann man beobachten, wie sie überkommenen Anschauungen über die Verstorbenen aufgepfropft wird, nämlich denen, die Aeneas am Grabe seines Vaters bewegen. Wenn Vergil, wie zu Anfang der Aeneis, die überkommene «Theologie» aufs Korn nimmt, die den Göttern allzumenschliche Leidenschaften zuschreibt, dann nimmt er zunächst die epikureische Kritik an den Dichtern auf, die die Gottheiten als Verbrecher oder schlechthin als lächerlich zeichnen. So könne man, sagte Epikur, ihnen gegenüber keine «frommen Gedanken» hegen, und dies bringe die Seelen in Verwirrung und ins Unglück. Aber Vergil bleibt nicht bei Epikurs Lehre stehen, wiewohl er sich innerlich ihre wesentlichen Erkenntnisse zu eigen macht, nämlich die Bedeutung des Seelenfriedens, ihren grundsätzlichen Vitalismus, die «naturgegebenen» Werte, die Ablehnung des Reichtums – wofür die Episode vom «armen» König Euander Zeugnis ablegt. Er hat im Weltall das Walten einer Vorsehung erkannt, die mit dem Fatum der Epikureer nichts zu tun hat, diesem Atommechanismus, dem Epikur hatte entrinnen können, in dem er sich für die Atome die Möglichkeit einer grundlosen Abweichung von der ihnen durch die kinetischen Gesetze vorgeschriebenen Bahn vorstellte. Vergil anerkennt den Vorrang der Seele vor dem Leib. Anchises sagt das ausdrücklich:

Himmel und Erde zunächst, des Meeres Wogengefilde
und die leuchtende Kugel des Monds und die riesige Sonne

nährt von innen der Geist und gliederdurchflutend bewegt sein
Walten den Weltenbau, vermählt sich dem mächtigen Leibe
(Aen. 6, 724–727).

Ist dies nun stoische oder platonische Weltsicht? Die Frage verliert zu Vergils Zeit ihren Sinn, nachdem Stoizismus und Platonismus seit dem zweiten vorchristlichen Jahrhundert eine enge Verbindung eingegangen sind. Dieser die Materie belebende «Geist» ist ein ebenfalls materieller Hauch; jede Menschenseele ist ein Teilstück davon, das Fleisch angenommen hat, das heißt, in die schwerere Materie eingedrungen ist, deren Gewicht sie auf der Erde hält. Wenn die Seele im Tode zu ihrem Ausgangspunkt zurückkehren möchte, dann bewahrt sie noch Befleckungen, von denen sie sich materiell reinigen muß, ehe sie ihr wahres Aussehen in seiner ursprünglichen Reinheit wiedererlangt.

Der große Atem des Geistes, dem die Einzelseelen entstammen, ist nichts andres als die Weltseele, und die Welt selbst ist ein «riesiger Körper», allen Lebewesen vergleichbar und wie sie aus gröberer und feinerer Materie zusammengesetzt, das heißt aus einem Leib und einer Seele.

So wird verständlich, daß Vergil, während er an seinem Epos arbeitete, Augustus gegenüber erklären konnte, er müsse, ehe er sich an die endgültige Fassung mache, «dringlichere Studien» unternehmen. Er mußte ja, ausgehend von den philosophischen Lehren, für sich selbst ein System der Welt ausarbeiten, worin sich nicht nur eine Naturlehre einfügen ließ, sondern auch eine Götterlehre und eine Ethik und das gleichzeitig von der Geschichte, den Bräuchen, den Anschauungen Roms Rechenschaft ablegte. Eine ungeheure Aufgabe, die darin bestand, das Weltall noch einmal zu durchdenken. Vergil verwirklichte seinen alten Traum. Aeneas, der in Latiums Ebene gegen Turnus auftrat, war der Mittelpunkt, um den herum sich alles ordnete. Durch ihn, der trotz der Unmenge von Verbündeten und der herandrängenden Feinde ein Einzelkämpfer ist, kommt die Lösung. In den letzten Versen der Dichtung erschlägt er Turnus, nachdem er einen kurzen Augenblick einen Anflug von Mitleid verspürte. Aber seine Gemütsaufwallungen, ob es Mitleid ist oder Zorn, was er empfindet, wie er an seinem Feinde das Wehrgehenk des Pallas erblickt, sind nur Gekräusel an der Oberfläche der Dinge. Der eigentliche Lenker ist Jupiter, der seinerseits dem Schicksal untersteht.

Epilog

Vergil, ganz von seiner Arbeit an der Aeneis beansprucht, war zweiundfünfzig Jahre alt geworden und mit dem, was er geschrieben hatte, nicht zufrieden. Eine Sache beunruhigte ihn vor allem: Ein Teil der Fahrten des Aeneas spielte sich in griechischen Gewässern ab, in Griechenland und in Asien. Entschlossen, nichts zu behaupten, was er nicht selbst geprüft hätte, beabsichtigte er, für eine Reise dorthin drei Jahre anzusetzen, ehe er das Gedicht zu Ende schriebe. Eine ziemlich dunkle Ode des Horaz (1, 3) scheint anzudeuten, daß Vergil schon einmal, möglicherweise im Jahre 25 v. Chr., in Griechenland war. Aber dies ist das einzige und reichlich unsichere Zeugnis für die Reise: Vergil kann die Absicht gehabt haben, ein Schiff zu besteigen, und Horaz hätte dann das in der Ode enthaltene Gebet an die Götter gerichtet; aber aus irgendeinem Grunde wurde dann die Reise aufgeschoben, oder aber es verhält sich so, daß die Ode erst im Jahre 19 verfaßt wurde, als Vergil tatsächlich abfuhr, und es ist in die zweite Auflage der Oden nachträglich eingefügt worden – die erste stammt aus dem Jahre 23. Es ist vernünftiger anzunehmen, daß die Reise vom Jahre 19 die einzige ist, die Vergil über Italien hinaus unternommen hat.

Damals befand sich Augustus im Osten; er war im September 22 von Rom aufgebrochen, hielt sich einige Zeit in Sizilien auf und begab sich dann nach Griechenland, wo er verschiedene Angelegenheiten ordnete, die Spartaner belohnte und die Athener, die für Antonius Partei ergriffen hatten, bestrafte. Nachdem er den Winter auf Samos verbracht hatte, zog er nach Bithynien und verteilte auch dort auf die Städte Lohn und Strafe. In Syrien empfing er eine Abordnung der Parther, die ihm die bei der Niederlage des Crassus vor 23 Jahren erbeuteten Legionsadler zurückgaben. Unterdessen schenkte in Rom Julia, inzwischen die Gattin des Agrippa, einem Sohn das Leben, dem Gaius Caesar. Die durch den Tod des Marcellus hart betroffene «Dynastie» war wiedererstanden, und gleichzeitig häuften sich die Erfolge des Augustus. Aus Indien kam eine Gesandtschaft zu ihm, um ihm zu huldigen und ihm Geschenke zu bringen, unter anderem auch Tiger. Die Gesandten trafen ihn in Athen an, wohin er zurückgekehrt war, nachdem er abermals den Winter auf Samos zugebracht hatte. Ein greiser indischer Weiser, der die Gesandtschaft begleitete, ließ sich lebendig verbrennen, aber nicht ohne sich vorsichtshalber, gemeinsam mit Augustus, in die Eleusinischen Mysterien einweihen zu lassen, die ein Leben im Jenseits verhießen.

Zu dieser Zeit traf Vergil in Athen ein; er begab sich zu Augustus. Aus Rom kamen beunruhigende Nachrichten, die Designation der Konsuln fürs nächste Jahr hatte Wirren ausgelöst; Menschen waren dabei umgekommen. Eine Delegation fuhr nach Athen, um Augustus davon zu unterrichten. Zur gleichen Zeit befanden sich die Kantabrer in Spanien, ein altes Sorgenkind des Princeps, in Aufruhr. Augustus' Anwesenheit in Rom war nötiger denn je, nachdem dort aufs neue Zwietracht und Gewalttätigkeiten ausgebrochen waren. Augustus beschloß, zurückzukehren und einen möglicherweise bestehenden Plan aufzugeben, in Begleitung von Vergil nach Osten zu reisen. Dieser wiederum beschloß, ihm zu folgen. Es war mitten im Sommer, zweifellos im August, da die Konsulatswahlen jedes Jahr im Juli stattfanden. Die Hitze war groß. Dennoch wollte Vergil vor der Abreise aus Griechenland das Städtchen Megara besichtigen, einst ein berühmter Ort und die Heimat zahlreicher Künstler. Während dieses Ausflugs befiel ihn ein Unwohlsein, und, so heißt es in der Vita, er erlitt einen Schwächeanfall. Sein Zustand verschlimmerte sich auf der Rückreise nach Italien, und er starb in Brindisi wenige Tage, nachdem er an Land gegangen war.

Das geschah am elften Tag vor den Kalenden des Oktober unter dem Konsulate des Cn. Sentius und des Q. Lucretius – das heißt am 21. September des Jahres 19 v. Chr. Seine sterblichen Überreste wurden nach Neapel überführt und in ein Grabmal gebracht, das sich zwei Meilen außerhalb der Stadt auf dem Weg nach Puteoli (Pozzuoli) befand, also unweit des Posilipp, wo er in wirren Zeitläufen die epikureische Gelassenheit kennengelernt hatte. Auf seinem Grabmal wurde das folgende von einem seiner Freunde gedichtete Distichon angebracht – wie häufig auf Grabinschriften scheint der Dichter selbst zu sprechen:

Mantua gab mir das Leben, Kalabrien nahm es, Neapel
birgt mich; Weiden besang, Felder und Führer mein Lied.

(Donatvita 36, 143/44).

Ehe Vergil Italien verließ, hatte er Varius gebeten, seine noch unvollendete und seiner Meinung nach unvollkommene Aeneis zu verbrennen, falls er nicht mehr zurückkehre. Augustus, der seinem Freunde möglicherweise in seinen letzten Augenblicken beistand – wir wissen, daß er am 12. Oktober nach Rom zurückkam –, widersetzte sich der Vernichtung des Werkes, auf das er so lange gewartet hatte und von dem er glaubte, daß es eine Notwendigkeit für das Reich sei. Er übertrug die Herausgabe zwei Freunden des Dichters, gleich ihm einst Gäste in Sirons Landhaus, dem L. Varius und dem Plotius Tucca. Als Bedingung setzte er fest, daß sie nur die unbedingt erforderlichen Verbesserungen anbringen dürften. So geschah es denn, und darum enthält die Aeneis auch eine Anzahl unvollständiger Verse.

So erschien dank Augustus und dank der hingebungsvollen Arbeit seiner Freunde das Werk sehr rasch in seinem ganzen Umfang und mit seiner ganzen Bedeutsamkeit für Rom und darüber hinaus für alle verbündeten Völkerschaften und alle Untertanen. Die drei großen Dichtungen, die Eklogen, die Georgica und die Aeneis, bildeten ein Gesamtwerk, das einem der Bauwerke vergleichbar war, die man damals errichtete: gewaltig in den Ausmaßen, aber derart ausgewogen und in sich geordnet, daß kein Stein hinzugefügt oder herausgelöst werden könnte. Ein beispielhaftes Bauwerk, das auf die Gemüter einwirken und vielleicht die Kräfte des Bösen vertreiben würde, die weiterhin im Staate zutage traten.

Vor Vergil kam die Dichtkunst aus der griechischen Welt zu den «jungen Dichtern», und römischer Geist spielte dort nur eine untergeordnete Rolle. Die Alexandriner und ebenso Catull in seinen längsten Gedichten begnügten sich damit, zu erzählen. Vergil erfand eine nicht mehr narrative Dichtung, die aus den Dingen selbst hervorsprudelte. Diese Dichtung begann mit den Weiden der Cisalpina, setzte sich fort über die «hohen Städte» Italiens und erstreckte sich bis hin zur sagenhaften Vergangenheit des damaligen Rom. Vergil ist es zu verdanken, daß sich die Römer jener Zeit und die folgenden Generationen ihr Vaterland in seiner Lebenswirklichkeit und seinem Geiste vorstellen, daß sie es verstehen und lieben konnten.

Vergil hat mit jedem seiner drei großen Werke zum Bilde vom ewigen Italien beigetragen, geeint im römischen Gemeinwesen, von einem heiteren, reinen, starken und selbstverständlich auch glücklichen Italien, solange es seiner Berufung treu bleiben würde. Das Bild ist zwar etwas unscharf in seiner idyllischen Verklärtheit (doch, ist Vergil nicht der Dichter der Idylle?), es ist jedoch ein erhabener Mythos, mit dessen Hilfe Octavian, Maecenas und Agrippa auf den Ruinen des Bürgerkriegs den Wiederaufbau würden unternehmen können. Vergil war von den Eklogen an und in noch stärkerem Maße mit den beiden folgenden Werken ein Erfinder auf dem Gebiet der Politik und auch auf dem des Geistes und der Dichtkunst. Und das wußten die Verantwortlichen dieses Wiederaufbaus von Rom durchaus. Ein objektiver Beweis dafür findet sich in einem vom Augustus wenige Jahre nach dem Tod des Dichters errichteten Bauwerk, dem Altar des Augustusfriedens *(Ara Pacis)*, dessen Aufstellung im Jahre 13 v. Chr. beschlossen worden war, nach der Rückkehr des Augustus aus Gallien, der dort den Frieden wiederhergestellt hatte. Wir haben schon erwähnt, und hoffentlich hinlänglich begründet, daß auf einem Relief des Altars die Opferung der weißen Wildsau abgebildet war. Man sieht dort noch ein andres Bild, ein symmetrisches Relief, das eine sitzende mütterliche Frau darstellt, umgeben von Kindern, Vögeln, Quellen, Herden, und seltsamerweise auch einem Meerungeheuer. Ein Streit teilte die Archäologen in zwei Lager; die einen bezeichneten die Figur als Tellus, die Erdgöttin, die andren als Italia. Uns scheint, daß die zweite Gruppe recht hat und es sich um Italien handelt, so wie Vergil es sieht, ein Land reich an Herden, das sich von Mantua bis Tarent unter dem Himmel dehnt:

Liegt dir indessen mehr an Weide für Rinder und Kälber
oder an trächtigen Schafen und gartenzerstörenden Ziegen,
Waldtäler suche dann auf, Tarents entlegenes Fruchtland,
wie es Mantua leider verlor, vom Unglück geschlagen,
Silberschwäne weidend am Fluß auf blumigem Anger.
Nicht gebricht es an rieselndem Quell noch an Gräsern den Herden;
was am langen Tag abweiden die Rinder, das läßt in
kurzer Nacht der kühlende Tau neu wieder ergrünen

(Georg. 2, 195–203).

Auf dem Relief der *Ara Pacis* findet man alle Elemente des Textes wieder. Links hat man gewiß Mantua mit seinen Schwänen und seinen Sumpfniederungen zu erkennen; das «Meerungeheuer» rechts ist nichts andres als ein Delphin (hier mit Zähnen wiedergegeben, wofür sich auch sonst Beispiele finden), das Wahrzeichen Tarents. Warum hat man, um das friedsame und üppige Italien darzustellen, diese Stelle aus Vergil gewählt? Einmal, um daran zu erinnern, daß Italien seinen Namen von den zahlreichen Herden hatte, die es nährte, den *vituli*, den Kälbern, von denen auch der Dichter spricht. Aber es ist sehr bezeichnend, daß sich der Künstler, der eine symbolhafte Darstellung des wiedererlangten Friedens geben sollte, mit großer Genauigkeit nach den Versen gerichtet hat, die er im zweiten Gesang der Georgica las. In dem Maße traf es zu, daß Rom sich selbst nicht deuten konnte, ohne sich an Vergil zu halten.

Die Gründe, die Augustus veranlaßten, die Aeneis zu retten, werden verständlich: nach dem dreifachen Triumph vom Jahre 29, den Vergil gerühmt hatte, häuften sich die Schwierigkeiten für den Princeps. Mehrere Versuche, das Wunder zu verlängern und die Eintracht zu sichern, hatten sich als unfruchtbar erwiesen; Trauerfälle, Verrat, Komplotte, Krankheit hatten die Feier der Säkularspiele verzögert. Im Jahre 19, als Vergil starb, schien der Himmel wieder heiterer. Sollte die Prophezeiung der vierten Ekloge Wirklichkeit werden? Sollte der kleine Gaius, der Sohn der Julia und des Agrippa, der Zeuge für das «neue Goldene Zeitalter» sein? Dann kam es darauf an, daß die Aeneis, wenn auch in unvollendetem Zustand, erhalten blieb. Nur sie konnte, nach den Eklogen und den Georgica, den Riten des kommenden Rom ihre volle Bedeutung, ihre säkulare Dimension geben: die Ankunft der Troer in Italien, der Aeneaden in Rom, die Kämpfe um Lavinium und Ostia, die Auserwähltheit der Julier, der Sieg über Karthago, der Sieg der Staatsräson über die Leidenschaft und jene lückenlose Kette, die aus sagenhaften Zeiten zu dem geführt hatte, was nun jedermann vor Augen stand: die lange Reihe der Triumphatoren auf dem Augustusforum rings um den «Rächer Mars» *(Mars Ultor)*. Alles würde klarer, alles leichter werden, wenn man mit Hilfe Vergils erkannte, wie das Schicksal das augusteische Rom von langer Hand vorbereitet hatte. Die Aeneis blieb nicht erhalten, weil sie schön, sondern weil sie wichtig war für das Heil der Welt.

Nun könnte man sagen, daß wir dem Dichter als dem Erfinder der Reichsideologie und der Wiedergeburt Roms allzuviel zubilligen; man kann uns daran erinnern, daß ein Dichter schließlich nichts als ein öffentlicher Unterhalter ist. Das mag seine Richtigkeit haben, wenn eine Gesellschaft stark ist und selbstsicher, oder auch, wenn sie schwach ist und sich jeglichen Glaubens begeben hat. Im monarchischen und christlichen Frankreich konnte ein Dichter nicht mehr sein als ein geschickter Wortjongleur. In Rom aber, wo man ernsthaft war und gerne Sicherheiten besaß, war ein Dichter etwas sehr Wichtiges. Weil der Mantuaner Vergil nun den Stadtrömern die Gewißheiten und die Gelassenheit des Landlebens überbrachte, das für sie eine halbvergessene Sage war, weil er die philosophischen Lehren wieder zum Leben erweckte, indem er sie prüfte und in ein regelrechtes System brachte, und schließlich weil er die verehrungswürdigste Überlieferung der Stadt um der ihr noch immer innewohnenden Kräfte willen wiederherstellte, deshalb war er für Augustus unerläßlich, und eben deshalb wurde er zu einer der Gestalten, denen Rom verdankt, daß es noch mehrere Jahrhunderte fortdauerte und daß es im Geiste bis auf unsere Tage überlebt hat.

Anhang

Anmerkungen

1 Über Asklepiades von Prusa s. J. Pigeaud, La Maladie de l'âme, Paris 1981, S. 171–186.

2 Eine gute Darstellung der Rechtslage, in der sich Tityrus nach seiner Freilassung befand, je nachdem ob das Gut, das er für seinen Herrn bebaut, diesem erhalten bleibt oder weggenommen wird, findet sich bei Paul Veyne, L'Histoire agraire et la biographie de Virgile dans les Bucoliques I et IX, in: Revue de philologie 54, 1980, S. 239 ff. Es ist indes ganz unmöglich, mit dem Verfasser anzunehmen, daß Tityrus ein Sklave Octavians sei.

3 J. Pigeaud, La Métamorphose de Scylla (Ciris 490–507), Les Etudes classiques 51, 2, 1983, S. 125–132.

4 P. Grimal, La Ve Eglogue et le culte de César, in: Mélanges Ch. Picard, Revue archéologique 1949, S. 406–419.

5 S. J.-P. Boucher, Gaius Cornelius Gallus, Paris 1966.

6 J.-M. André, Mécène – Essai de biographie spirituelle, Paris 1967.

7 E. de Saint-Denis, Einleitung zu seiner Ausgabe der Georgica, Paris 1960^2, S. XX.

8 L. Alfonsi, L'avventura di Lucrezio nel mondo antico ... e oltre, in: Entretiens sur l'Antiquité classique, Bd. 24, Genf 1978, S. 285.

9 Dieser Auffassung ist J.-P. Boucher, a. a. O.

10 Eine These, die J.-P. Boucher, a. a. O., überzeugend vertreten hat.

11 W. A. Schröder, M. Porcius Cato, Das erste Buch der Origines, Meisenheim am Glan 1971. V. G. Dory-Mogaert, Enée et Lavinium, Brüssel 1981, S. 84 ff.

12 J. Carcopino, Les Etapes de l'impérialisme romain, Paris 1961. Über das Königtum Caesars S. 118 ff.

13 R. Lesueur, Recherches sur la composition rythmique de l'Enéide, Lille 1974, S. 75 ff.

14 J. Bayet, Les cendres d'Anchise: dieu, ombre ou serpent (Virgile, Enéide 5, 42–103), in: Croyances et rites de la Rome antique, Paris 1971, S. 366–381.

Benützte Quellen

Für die Übersetzung der lateinischen Autoren wurde entweder das Original herangezogen oder aber folgende Übertragungen benutzt:

Vergil: Landleben, übersetzt von Johannes und Maria Götte; Vergilviten, übersetzt von Karl Bayer, Sammlung Tusculum (= ST), München und Zürich 1981.

Vergil: Aeneis, übersetzt von Johannes Götte, ST, München und Zürich 1983.

Horaz: Sämtliche Werke, ST, München und Zürich 1985.

Augustus: Meine Taten, übersetzt von Ekkehard Weber, ST, München und Zürich 1985.

Cassius Dio: Römische Geschichte, 5 Bände, übersetzt von Otto Veh, Bibliothek der Alten Welt (= BAW), Zürich und München 1985–1987.

Epikur: Von der Überwindung der Furcht, übersetzt von Olof Gigon, BAW, Zürich und München 1983.

Lukrez: Von der Natur, übersetzt von Hermann Diels, Berlin 1924.

Platon: Meisterdialoge, übersetzt von Rudolf Rufener, BAW, Zürich und München 1974.

Properz: Elegien, übersetzt von Wilhelm Willige, ST, München 1950.

Verzeichnis der Personen- und Ortsnamen

Namen wie Vergil, Italien, Griechenland, Rom und ihre Ableitungen sind nicht ins Register aufgenommen worden. Vergils Werke wurden als selbständige Stichwörter behandelt (Aeneis, Catalepton, Eklogen, 1.–10. Ekloge, Georgica), ebenso Homers Ilias und Odyssee, während die übrigen Werke unter ihren Autoren zu suchen sind (also Ars poetica unter Horaz, Metamorphosen unter Ovid usw.).

Inhalt